心中有數

一位小学数学教师的知与行

张兴芳◎著

云南大学出版社
YUNNAN UNIVERSITY PRESS

图书在版编目（CIP）数据

心中有数：一位小学数学教师的知与行 / 张兴芳著
. --昆明：云南大学出版社，2020
ISBN 978-7-5482-4071-6

Ⅰ. ①心… Ⅱ. ①张… Ⅲ. ①小学数学课—教学研究
Ⅳ. ①G623.502

中国版本图书馆CIP数据核字（2020）第149143号

策划编辑：陈 曦
责任编辑：陈 曦
学科顾问：段 然
封面题字：刘宝麟
装帧设计：刘 雨

心中有数

一位小学数学教师的知与行

张兴芳◎著

出版发行：云南大学出版社
印　　装：昆明理煜印务有限公司
开　　本：787mm×1092mm　1/16
印　　张：17.75
字　　数：298千
版　　次：2020年8月第1版
印　　次：2020年8月第1次印刷
书　　号：ISBN 978-7-5482-4071-6
定　　价：66.00元

社　　址：云南省昆明市一二一大街182号（云南大学东陆校区英华园内）
邮　　编：650091
电　　话：（0871）65031070　65033244　65031071
网　　址：http://www. ynup. com
E-mail：market@ynup. com

XINZHONG YOUSHU YIWEI XIAOXUE SHUXUE JIAOSHI DE ZHI YU XING

做有情怀有品位的教师（序一）

今天收到张兴芳老师的书稿，立即被“心中有数”这个书名吸引住了，细看了一下内文，当时就有一种“开悟”的感觉，心中多年的一个问题好像有了答案。

我是一位教育科研工作者，研究的重点就是教师的专业发展，课程论、教学论的流派可以数上一些，杜威、皮亚杰、布鲁姆或者布鲁纳的教学理念也算熟悉，听了为数不少引领教师专业发展的讲座和报告。但是，我总感觉当下有的专家讲座和名师报告缺少点什么东西。尽管我不是很熟悉小学数学教学，但是从张兴芳老师书稿的目录到内文，让我有一种亲切感，仿佛又在听一位教师娓娓道来般讲自己的教学和自己的学生。这种讲述，没有太多的名人名言，也没有太多别人理论的重述，每一个教学设计、每一个教学故事，令人感到不是在讲教数学，而在讲自己非常喜欢做的一件事情，要做好这个事情，事前事中事后要考虑什么做什么，如何保证每一次都能成功，如果遇到意外应该怎么办，等等，字里行间充满了为师者对教学的了解和对学生的喜爱。这一切表明，张老师是一位非常喜欢教学的人。

习近平总书记说：“一个人遇到好老师是人生的幸运，一个学校拥有好老师是学校的光荣，一个民族源源不断涌现出一批又一批好老师则是民族的希望。”

怎样做个好教师，才能让学生有人生的幸运感，使学校光荣，让民族有希望？这好像是一个很大的问题。其实，张兴芳老师给我的感觉，做一个“心中有数”的老师，就能做一个好老师！因为，一位教师要“心中有数”，不仅要熟悉教学内容和教学方法，还要了解学生。当今是所谓的信息化时代，知识的可获取的容易程度是老一辈教师不能想象的，教师在学生面前已经不是知识的权威，要将学生的精力集中到学习上来，是一件非常不容易的事。这要求教师不仅喜欢教学，还必须富有一定高度的教学情怀和教育品位。这本著作收集了张老师本人反思性文稿近百篇，但我想他手头上的教学积累绝对不止这些，或许是择优结集。

这就更让我感到，这位老师善于用心做事，善于积累、勤于反思。我认为这正体现了一位教师的高尚教学情怀和教育品位。

“心中有数”的教师，会增强角色定位，会产生坚守教育的定力和淡泊名利的操守。这种定力，来自于孟子所说的“得英才而育之”职业之乐，其操守来自“饭疏食饮水”和“箪食瓢饮”学而不厌的孔颜之乐。我们每天在做教育，不少教师在抱怨自己职业平庸，但是有多少人将自己的工作扎根于对自己教学工作的热爱和对教学规律的探索？又有多少教师尊重学生的发展和内在需求，保持一种爱的警觉和敏感呢？可以说，教师教育水平的不断提升，不能仅仅依靠听了多少专家和名师的报告，或者掌握很多现代教学理论；教师专业发展的过程，应该是一个从学会做有情怀和品位，而且不断提升教学情怀和教育品位的过程。张兴芳老师的成长过程充分说明，一位教师历练自己的情怀和品位的过程，也是从优秀走向卓越的过程。

美国心理学家波斯纳讲过，“教师的成长 = 经验 + 反思”；叶澜教授也指出：“一个教师写一辈子教案不一定成为名师，如果一个教师写三年反思就有可能成为名师。”

“心中有数”的教师，不仅注重教育教学知识的学习和能力的借鉴，更关注对自己成长的反思。教师的反思就是思考教育行为和教育现象，从中总结经验、提升自我的过程，这是优秀教师成长、成才，从普通教师走向名师，从教育名师走向教育大家的必经之路。一个教师如果不具备反思能力，就会照搬别人或者自己过去的经验，容易邯郸学步、鹦鹉学舌，谈不上内化为自己的教育理念，更谈不上形成自己的教育教学风格。《心中有数》这部著作，正是张兴芳老师多年来教育教学反思的结晶。这些反思涵盖了张老师小学数学教学、学生管理、家校共建的方方面面。比如，就小学数学教学而言，一篇篇教学设计后边的反思环节，更多落脚在学生学习主动性的调动上以及教学过程是否流畅高效、作业布置是否科学适宜等方面。其中，不乏实践经验的提升、成功的喜悦，也有对自己教育行为瑕疵的感悟与反省。一个教师做到什么程度不是最重要的，关键是他/她在朝着什么样的方向走。具备了自我反思精神，就会有教育行为的创新，就会有教育教学智慧的提升。“反思—改进—反思”这种在教育实践中的良性循环，就是教师专业发展的科学之路，也是名师的成长的“捷径”。

孔子说过："知之者不如好之者，好之者不如乐之者。"

"心中有数"的教师，注重尊重每一个学生。教育是按照一定的社会要求培养人的活动。但是，如果将人的差异、个性忽略，甚至"目中无人"，仅仅完成所谓的教材任务是远远不够的。一个教师仅仅心中有教材，采取各种办法灌输知识，这就失去了对学生本身的研究和尊重。因为学生的成长绝对不会像工厂里的产品那样规整划一。教育的目的是提升素养，但不是要消灭差异，相反，尊重个性的丰富性、尊重差异、巧妙地引导差异、培育差异，将给学生带来丰富多彩的未来。因此，"心中有数"的教师，会重视激发学生的内驱力。人的成长得益于两种力量，一种是外力的帮助，一种是自身能力的提高。外在的所谓各种压力和灌输，在短时间内或许有效果，但是往往违背了教育的出发点，对未来的发展埋下隐患。教师要成为学生成长中对学生有所帮助人，而不是替代者。我们教育的目的不是让学生永远依靠老师，而是要将学生的内力激发出来，获得自我生长的本领。这就要求教师，当学生厌学时不能单方面分析学生的不足，还要更多地分析自己在调动学生学习积极性方面的技巧和策略，要注重唤醒学生内在的力量，使学生内在的人格意识和动力觉醒，生发求知欲和责任心，让学生能够从学习上进入"衣带渐宽终不悔"的乐学境界，这才是身为师者的莫大成功。

因此，"心中有数"的教师，本身就是一个"乐之者"，只有喜欢教学的人，才可能成为富有高尚教学情怀和教育品位的老师。这种情怀和品位，能够使一个教师在平凡的教育工作中洋溢着教育的智慧和激情，使一名教师从平庸走向优秀，让受教育者感受到教师职业的可敬与崇高！这种可敬与崇高，本身就是"立德树人"的优质教育资源。培养什么样的人和怎样培养人的问题，教师这种富有崇高神圣感的言行，就能帮助学生扣好人生的第一粒扣子，并能做学生品格养成的灯塔、学习知识的磁石、创新思维的助推器和奉献祖国的好榜样。因为，从教师身上，学生就会清楚应该做什么样的人和怎样去做这样的人。这一过程就是彰显教师塑造灵魂之伟大作用的过程。

苏霍姆林斯基说过："理想的教育是培养真正的人，让每个从自己手里培养出来的人都能幸福地度过一生。"

"心中有数"的教师，首先要在心中产生身为人师的人生幸运感，认定教师职业的光荣性，给自己树立充满希望的前景。因此，读者在本书中，会体验到张兴芳老师满满的教师职业幸福感。这本书令我感受到，一位优秀教师的成功过程可以有多种表现，其中共性的表现就是将自己的追求和梦想和学生的成长紧密结合在一起，把自己的幸福和价值转化为学生的成长，在学生的成长中充分享受教育的过程，而少有单纯地追求学科分数的功利主义思想。一个在课堂上禁锢学生思维，将学生视为知识容器的教师，同善于解放学生、尊重学生、信任学生的老师，在幸福感的体现上是不同的。前一种教师的情怀和品位，定位于在创新、创造、创生，充分享受智慧的挑战，在与生命共舞的教育生涯中，分享学生生命成长的快乐；伴随着学生的是被尊重、被解放，在知识的探索和成长的历程中张扬着自己生命的激情。

愿读到《心中有数》这本书的老师，反思自己对教育教学的理解心中有“几何”，审视自己教育教学的情怀和定位，定能进一步激发和升华为人师者的激情、智慧和责任。愿与大家共勉！

山东省教育科学研究院副院长　李文军博士

2020 年 5 月 18 日晚于舜风苑

行有所成（序二）

许多一线教师的书稿，要么文采飞扬，要么理论有深度，或二者兼有，但看过以后，脑海里很难显现出一线老师经常遇到困惑而想方设法解决的场景：

“张老师，学校想安排您这个学期教三年级一班的数学。”“王老师，这两个学生刚从其他学校转来，学习基础有些差，请多关注。”“赵老师，我认为您这节课的教学难点没有很好地突破，学生课堂练习不过关。”“刘老师，你们班这次期末考试的成绩不太理想。您觉得呢？”……

“报告老师，某某同学不干值日。”“报告老师，某某同学又没有完成作业。”“报告老师，他两个在走廊里打闹！”“老师，咱们班到底什么时候去野炊啊？”……

遇到这些问题，大部分老师往往是先皱皱眉头，心里多少堵一下，反正没有人会心平气和地面对，更何况还要想办法把这一地鸡毛收拾干净。

这次我看完了东营市晨阳学校张兴芳老师的《心中有数》，很高兴，觉得他是一个在小学教育教学工作中的“各种麻烦的终结者”，在教育教学方面的小妙招儿还真不少。

张兴芳，迄今已经在小学数学讲台上站了26年，是一名比较成熟的数学老师。关于他的轶事有许多，都是关于其教学能力的。其一，他只要看看数学考试的试题，就能预测出他所教班级的平均成绩，而且能说出某某同学在哪个题目上会丢分，屡试不爽。此事无非是说张兴芳对学生性格和学情了解得极其深透，如同掌上观纹。其二，对学生出现的学习困难，绝不头疼医头脚疼医脚，而是追根求源以治本为要。某四年级学生转学分班考试成绩不理想，家长解释说孩子本学期如何耽误学习云云。张老师却说问题不在四年级而在二年级，是那时的数学基础没打好。很是令人刮目相看。

了解张兴芳的人都知道，他虽是一名普通的小学数学老师，但在数学圈子里造就了许多草根传奇，原因就在于他对小学数学课程标准和教材的知识编排体系熟记于心，就连中学段的数学情况也十分通悉。在本书中，第一章“教有所思”

记述了他在处理教材和教与学的关系上实践，对学生数学思想和数学素养的培育颇有专业见解。第二章“育有所成”和第三章“学有所悟”的一部分内容也体现了一位数学教师的专业功底。书稿起名“心中有数”，我认为十分贴切。

张兴芳不是一名单纯的数学教师，也做班主任工作，学生教育工作做得好，家校共育工作也做得好。从书中可以看出，只要他接手一个班，无论这一地鸡毛如何纷乱，他都会利用自身良好的数学思维和教育机智，特别关注细节，用心去揣摩学生，因此难管的学生变得好管，后进的学生有进步，沉默的学生变开朗，胆小的学生有自信。家访是张老师一直坚持的一项工作，当家长教育孩子遇到困难时，也会在第一时间寻求张老师的帮助。更令人佩服的是，张兴芳关注学生不只是停留在当下，而是会无限延伸，哪怕是小学的学生上了中学、大学，甚至是成家立业以后。当年的学生和张老师的感情自然也是深厚的，师生之间建立了一种不能用如朋友、似父子来准确表述的和谐关系。

书稿虽然不长，但从字里行间我们看到了一个在教室从容上课和教室之外到处行走的张老师。书稿的第四章“行有所知”，给我们展示的就是张老师讲台下的教师风采。

以此书回顾张兴芳老师的职业生涯，我认为，只要方向不错，不管是平坦还是崎岖，坚持走过，路就是对的，走路的过程就是成长。他作为一个中师毕业生，能成长为教学能手、学科带头人、德育先进工作者，得到了学生的爱戴和家长的信任，为社会做出了贡献，此之谓行有所成。

在张兴芳的成长之路上，有很多值得回味的风景，他用笔记下来了，一整理札记竟有百篇，这说明他是一位极其用心于教书育人工作的人。细读一下这些案例，你会发现成文时间跨度几乎等于他的教龄，真可谓是“积沙成塔，集腋成裘”啊！现撷来99篇结集出版，我猜想他用“99”来表达自己的谦逊，大概是希望百尺竿头更进一步吧。

有心才有行，有行才有知。介绍一下数学教师张兴芳和他的《心中有数》，以此表达对一位耕耘教坛26年，且思且行，行有所成的数学教师的敬意。

东营市教育科学研究院副院长　刘知晓

2020年5月6日

目　录

第一章　教有所思

1. 周长的认识

【教材分析】

本节教学内容是在学生认识了一定测量方法与长方形、正方形、三角形、平行四边形和圆等平面图形基础上进行学习的，是今后学习平面图形周长计算的基础。

教材从一般性的角度引入周长的概念，结合规则和不规则的具体实物和图形——树叶、三角尺、数学课本、钟面、黑板等实物和长方形、正方形、三角形、五角星等图形，通过观察、亲身体验等活动帮助学生直观地理解周长的含义，即封闭图形一周的长度。再通过“摸一摸”具体实物——三角板和数学书封面等，“描一描”树叶的边线操作活动，拓展学生对周长的感性认识，建立丰富的表象，初步认识周长的意义，避免学生产生只有长方形、正方形、圆形等规则图形才有周长的思维定式。最后，通过学生动手“量一量”探索一般图形周长的求法，鼓励学生用各种不同的测量工具——直尺、卷尺、绳子等，知道周长是可以测量的，使学生进一步体验到周长与实际生活的密切联系，同时感受“化曲为直”的数学思想方法。

【学情分析】

在小学数学教学过程中，学生数学能力的培养、数学问题的解决，数学素养的提升，实际上是运用概念做出判断、进行推理的过程。因此，数学概念是数学思维的基础，没有清晰的数学概念，就谈不上数学核心素养的发展。“周长的认识”的教学就是培养学生空间观念的重要载体。这是一节概念课，学生在认知上将会遇到以下几个学习难点：第一，学生根据自己的经验对“一周”有所认识，但是这些经验往往是直观的、模糊的，而不能达到“从某点出发，沿图形的边线回到起点”的理解程度。第二，学生在看到物体或平面图形时，关注的是它的整体，很容易受到物体形状的干扰，缺少对“周长”的关注。例如，看到黑板的大小、课桌的大小、数学课本大小都是面积的大小，而不是周长的大小。第三，学生对清晰认识“周长是平面图形所有边长之和”有困难。

【学习目标】

(1) 通过描一描、指一指、辨一辨等活动，知道周长的定义，通过操作丰富学生对周长“形”与“数”的感知，理解并内化周长的概念。

(2) 通过量一量、算一算、拉一拉等操作活动，探索不同图形周长的测量策略，在自主探究、动手实践、质疑思辨中，加深对周长概念本质的理解。

(3) 发展空间想象能力，在学习中体验变与不变、化曲为直等数学思想。

【教学策略】

结合学生认知难点和教材编排内容，在实施课堂教学中做了如下调整：

(1) 从学生熟悉的操场跑圈入手，让学生体验周长就是图形一周的长度，将图形的一周从生活的图形中剥离出来，然后感知多种图形的周长，理解它是与“形”有关的概念。

(2) 通过测量让学生体验到周长有大有小，它又是一个与“数”有关的概念，理解周长就是线段的长度，动手测量让学生感知周长的实际含义。

(3) 利用形状和周长的变式对比（这是学习中最大的知识负迁移影响），让学生掌握周长的本质属性在于“图形一周所有边长的总和”，让学生真正建立清晰的周长空间观念。

教学片段一

设计意图：生活情境导入，结合生活经验初步了解周长。通过摸一摸、描一描描出不同图形周长，拓展学生对周长的感性认识，建立丰富的表象，初步认识周长的意义，理解"封闭图形一周边线的长度，叫它的周长"。

师：同学们，这节课老师带来了一位新朋友，想认识它吗？

生：想。

师（板书）：周长。

师：你对周长有哪些认识呢？

生1：周长就是我手中这张纸的一圈。

生2：周长就是长和宽相加。

生3：一周的长度。

师：对，周长就是一周的长度。看来同学们对周长有了一定的认识，知道周长就是一张纸的一圈，是一周的长度。拿出第一张练习纸，根据自己对周长的认识描出三个图形的一圈。

（展示学生作品，学生演示自己描的过程）

（学生互相评价，指出描得好的地方。描得不好的地方有：有的线描到了外边，没有沿边线画；有的线弯弯曲曲；有的线没有接口，开着）

师：我们看第三位同学描的过程，是从哪里开始的？他描的时候注意了什么？

生：（到前面展台指）他从这个点开始描的，沿着图边走了一圈，又回到了开始的地方。

师：你描的也很清楚，从一个点出发，沿着图边走了一圈又回到了开始的地方，这个地方我们把它叫作起点。大家跟着书空走一圈这个过程。（全体学生动手指）这一圈我们通常叫一周。（板书：一周）

师：（追问）我们指这个图形的一周，只能从这点开始吗？

生：从下面的一个点开始也可以。

学生到前面换了起点，指着从新起点开始一周又回到了起点。

师：（追问）只能从这点开始吗？还有其他点吗？

生：有，从上面一个点开始也行。

学生又从上面一个点开始，绕边线一周回到起点。

师：（追问）只能从这点开始吗？还有其他点吗？

生：（少数）这样的点有无数个，从边线的哪里开始都行，只要绕一周回到起点就行。

师：对，这样的点有无数个。不管是从哪里出发都要回到起点。他们几个指完后什么是相同的？

生 1：走过的长度是相同的。

生 2：都是“一周”。

师：同学们画得这么热闹，米老鼠也要参加我们的活动。体育课上，老师布置了一个任务，围操场跑一圈。想知道它是怎么跑的吗？

（PPT 演示图 1 跑的动画）

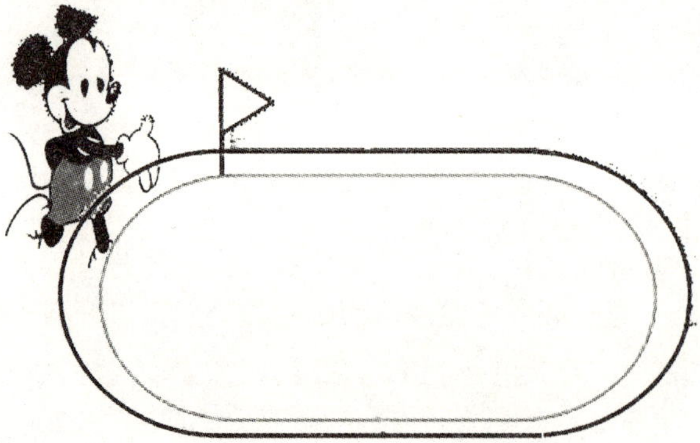

图 1

生 1：米老鼠跑的不对，它跑到外面来了，它应该沿操场边线跑。

师：我们把操场边上的蓝线叫操场的边线。（板书：边线）

师：看第二次米老鼠是怎么跑的？（出示图 2）

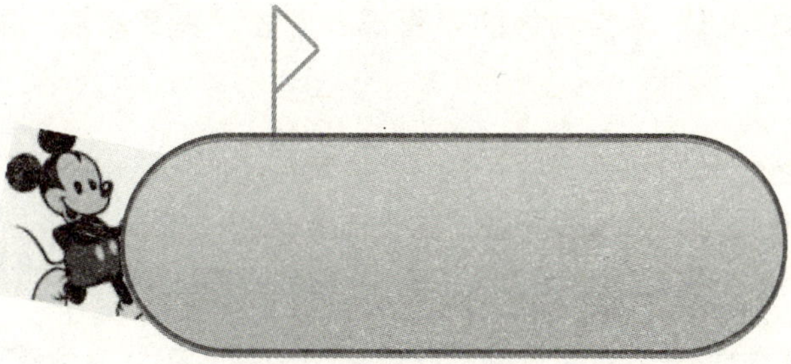

图 2

生 2：这次跑对了，它沿边线跑了一周，又回到了起点处。

师：像这次米老鼠沿操场边线，从起点出发又回到起点，这样围着操场跑的一圈，就是我们说的“一周”。来，请大家再伸出你的小手沿边线书空画一下“一周”吧！

师：我们知道了什么是操场的一周，你想知道米老鼠跑一周到底有多少米吗？一起来看，操场的直道长度是 110 米，弯道是 90 米。你能算出操场一周是多少米吗？（出示图 3）

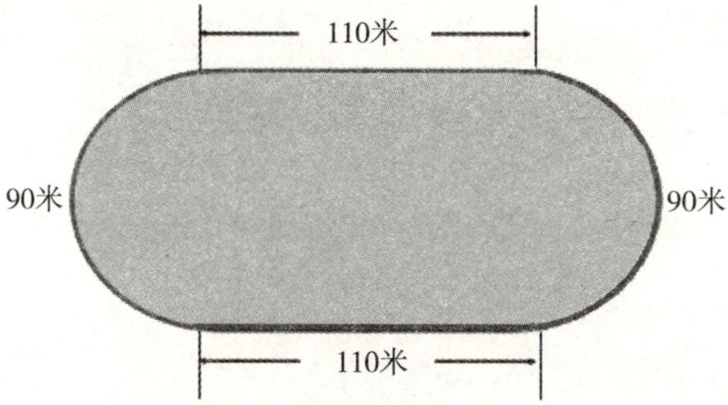

操场的周长是400米

图 3

生：400 米。

师：你是怎样算出来的？

生：一个直道 110 米，一个弯道 90 米，一共 200 米，两个 200 米就是 400 米。

师：操场一周的长度就是操场的周长，我们也可以说操场周长是 400 米。

师：在我们身边，很多物体的表面都有周长。大家来看，老师手里拿的是什么？

生：三角板。

师：三角板一周的边线在哪里？谁来给大家指一指？

（生指）

师：这位同学注意了从起点绕边线一周又回到了起点，她指的三角板一周的边线的长度就是三角板的周长。

师：同学们都有一双善于发现的眼睛，请同学看屏幕，谁来指一指这片树叶的一周？（两名学生分别从不同起点指。）

师：不管是规则图形，还是树叶等不规则图形，我们发现从起点出发绕边线一周又回到起点，像这样，一周边线的长度，就叫它的周长。（板书：图形一周边线的长度，就叫它的周长。）

生齐读：图形一周边线的长度，就叫它的周长。

［让学生拿出练习纸（2）（如下图），自己动手用彩笔描出图形的周长］

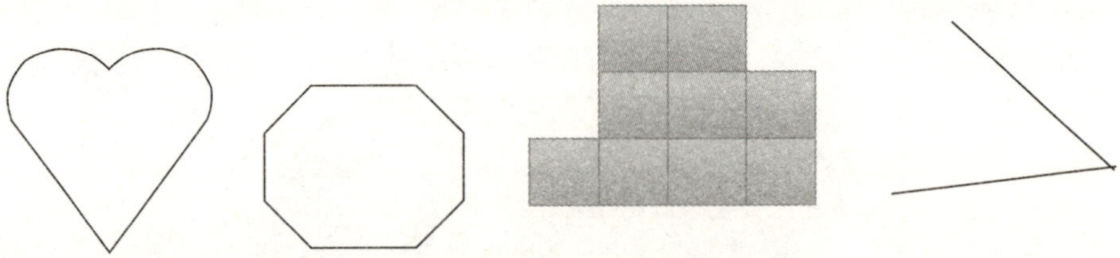

① ② ③ ④

（学生描完后老师展示，第一次展示学生全部描出前三个图形的边线）

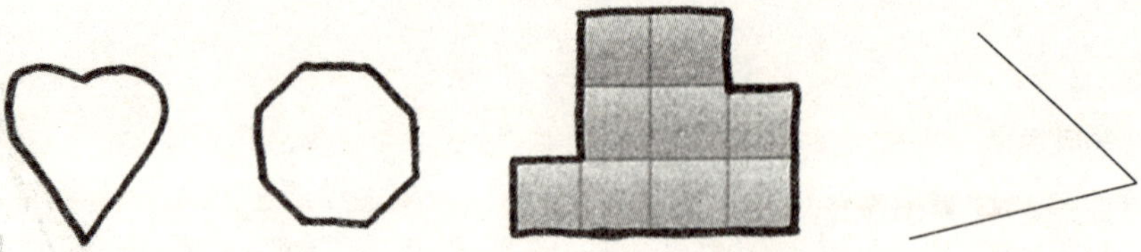

① ② ③ ④

师：同学们，我这里还有一件作品，请看。（再展示将③号图形中间线全部描出的）

①　　②　　③　　④

生：不对，他把③号中间的线也描了。

师（追问）：为什么中间线不能描？

生：周长是绕边线一周，中间的线不能算作周长。

师：对，这位同学的解释你明白了吗？老师这里还有一件作品。（出示下图）

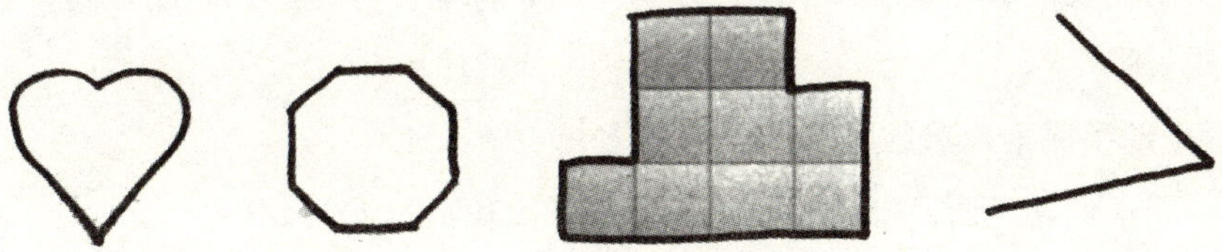

①　　②　　③　　④

生 1：④号图不行，我们从一个点开始描无法再回到起点，无法测量就没有周长。

生 2：它少了一条边。

师：同学们观察得真仔细，这个图从起点沿边线描不能回到起点，像这样不封口的图形叫作不封闭图形，前面的图形叫封闭图形。那么，什么样的图形才有周长呢？

生：封闭的图形才有周长。

（教师在前面的板书上加“封闭”）

学生再齐读：封闭图形一周边线的长度，叫它的周长。

反思：课堂设计从学生熟悉的图形和操场跑步导入建立表象，让学生结合实际生活经验理解沿图形边线一圈就是“一周”，图形的周长就与它的“形”结合了起来。通过学生动手描不同图形的周长，逐渐把周长从图形里剥离了出来，看到了周长的样子，找到了周长的本质：沿图形边线一周的长度。精心设计练习再次让学生建立清晰的表象，通过练习第三个图让学生抓住沿边线一周的本质，通过描几个图形的设计让学生理解“封闭图形”才有周长。教师在与学生交流中的几个追问：只能从这点开始吗？还有其他点吗？为什么中间的线不能描？让学生的思维逐渐深入，抓住周长概念的数学本质特征：不论从哪里出发，沿边线一周回到起点，这一周的长度就是周长。

教学片段二

设计意图：对比了解周长有大有小，通过学生动手“量一量”，认识周长是可以测量的，同时感受“化曲为直”的数学思想方法，通过变化五角星形状，发现周长不变，让学生抓住本质，真正建立清晰的周长空间观念。

师：刚才我们研究发现④号图形没有周长，你能发挥自己的聪明才智，让④号也有周长吗？

（学生动手探索，然后展示）

师：同学们看下面两幅作品，④号图形有周长吗？为什么？

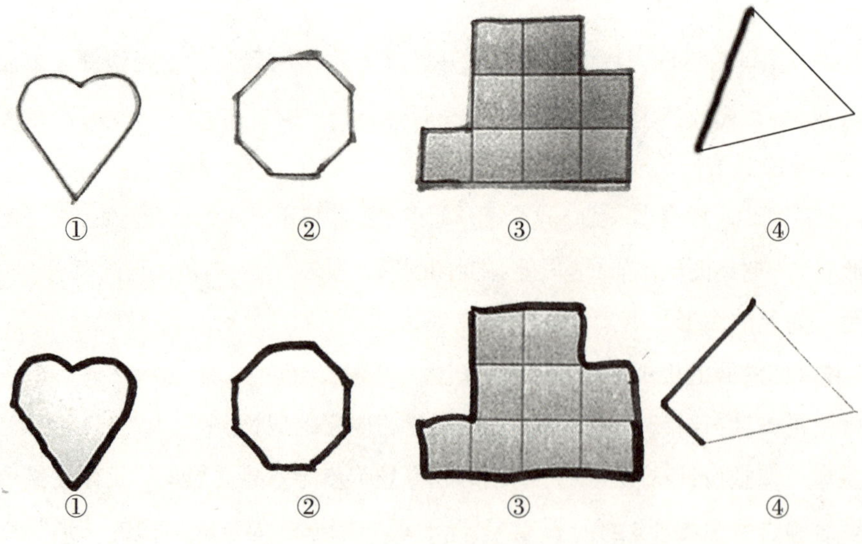

生：有，它们是封闭图形了。

师：两个图比起来哪一个图形的周长要大一些？（指着两个学生的作品）

生：下面的四边形的周长大一些。

师：我们通过比较知道图形的周长有大有小，但要精确知道大多少，小多少，怎么办？

生：用尺子测量记录。

师：好，下面我们就进行一次动手测量周长的活动。老师为每个小组准备了一个学具盒，盒内有不同物品和测量工具以及记录单。小组合作完成。要求如下：

（1）每个小组从三项测量任务中任选一项内容进行测量；

（2）选择合适的工具测量；

（3）为了方便记录，测量结果取整厘米数；

（4）组员分工协作，测量完成算出周长填在记录表中。

周长记录表

测量物品名称	使用的测量工具	周　长
水杯口		
数学课本的封面		
练习纸上的五角星		

（测量完成，学生汇报）

生 1：测量数学课本封面的周长，选用刻度尺，测量两边（或四边）长度后相加。数学课本封面的周长是 90 厘米。

生 2：测量水杯口周长，先用一条线绕杯口一周，在接触点用彩笔点上一个点，然后把线拉直，再用刻度尺测量，线的长度是 17 厘米。

师：刚才这位同学利用细线绕杯口一周然后拉直，测出了杯口的周长，这种方法在数学上叫化曲为直，是一种重要的学习方法，在以后的学习中会经常用到。

生 3：测量五角星周长，先测出一个边长度是 3 厘米，因为五角星 10 条边长度相等，它的周长就是 30 厘米。

师：同学们利用不同的方法测量记录了不同形状的周长。老师这里也有一个五角星（出示图1，这个教具可以任意变形），要想知道它的周长吗？测量几条边就行？

图1

图2

图3

生：一条边，因为它的所有边长度都相等。

师：我测量了这个五角星的一条边长是9厘米，那它的周长是多少厘米？

生：90厘米。

师：老师这个五角星可是一个有魔力的五角星，看它变形了，看，我把它变成了一个七边形（出示图2），现在这个图形的周长是多少呢？

（学生思考，快的同学会马上答出90厘米）

师：老师再把它变成四边形，它的周长是多少呢？（出示图3）

生：还是90厘米，它的模样变了，但是边线没变。

师：哪位同学来变一个图形？

（学生自己变化了一个图形）

师：这个图形的周长是……

生（齐声高答）：90厘米。

生：老师我也想试一试。

（学生改变了另一种形状）

生：不管形状怎么变，周长都是90厘米，只是形状不同。

师：图形形状在变，但是周长没有改变，为什么？

生1：它们的边线长度没有改变。

生2：周长与形状无关。

（老师伸出了大拇指，同学们送来了热烈的掌声。）

师：同学们真善于动脑筋。看来，只要一周边线长度不变，无论形状怎样改变，周长永远不变。

反思：通过加工“角”，将它变成有周长的图形，既让学生自己展开想象，同时又强化了其对“封闭图形才有周长”的认识。通过学生动手测量不同物体周长，让其感知周长是与“数量”有关的概念，周长是可以测量的，使学生领悟到周长就是一周所有边长之和。动手测量就是为学生建立活动经验。测量水杯口的周长，出现暂时困难，原来没有感受“化曲为直”的思想方法，但学生会在提供的学具中选择细线。老师只要注意引导就行，这样学生会对测量体验更深。最后师生利用变化的学具共同演示不断变化其“形”，但周长不变，让学生在变中抓住不变的关键是“一周”长度之和没变，学生利用“数量”解释了“形”，对周长的概念理解就更为深刻了，在这个过程中，学生对化曲为直、变中求不变的数学思想也有了比较深刻的感悟。

教学片段三

设计意图：通过变式练习，再次体验形状相同周长不同和形状不同但周长相同。

题目1：有两个完全一样的长方形，把它们拼在一起组成一个大长方形，如下图所示。

师：同学们想：新组成的长方形周长与原来两个长方形周长之和有什么关系？说明自己的理由。

生1：我认为大小相等，大图形是由原来两个小长方形拼成的，周长相加在一起还是相等。

生2：我认为不相等，拼成的大长方形周长变小了。拼成新图后中间的两条线与边线无关，刚才我们在前面练习中已经见过。它的周长其实少了两条边。

生3：我们现在描一下大长方形的周长就知道了。

师：你提供了一个很好的验证办法。

生4：不用描，看图就看出来了。拼成的新图的周长应该是它一周的边线，中间的宽就不能是它的周长了。

师：现在同学们有两种判断，一种认为大长方形周长比原来两个长方形周长的和小；一种认为周长没有变化，还是相等的。到底哪一种判断对呢？请看屏幕，我们验证一下。

（教师演示三个图形的周长边线）

师：哪一种判断对呢？看来真是大长方形的周长比原来两个小长方形的周长的和变小了，就是刚才第二位同学所说，周长是看所有边线长度之和，中间的宽不再是大长方形的边线了，它的周长变小了。

题目2：出示下图。

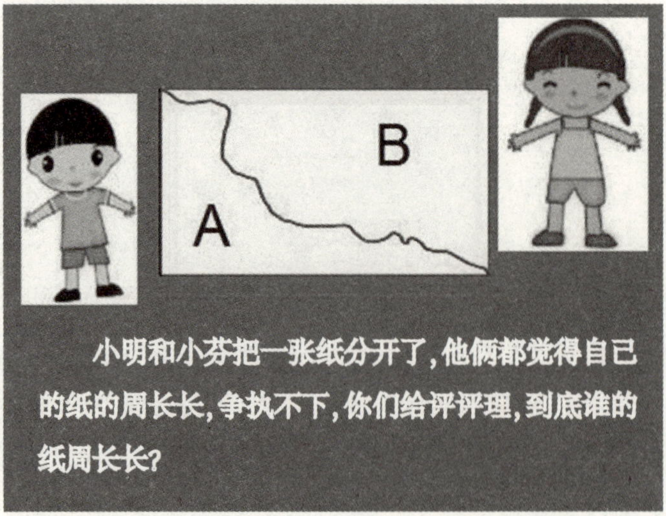

师：看完后你能给他们评评理吗？

生1：我认为相等。

生2：不相等，我认为B部分的周长大。因为从图上看B部分比A部分大，所以B部分的周长大。

师（质疑）：看着图上B部分比A部分大，B部分的周长就大吗？真像这位同学说的一样吗？小组内讨论一下。

（学生讨论，然后交流汇报）

生1：我们组研究后认为A、B两部分的周长相等，有的同学说了B部分大，他可能看成面积了。

生2：我们组描了A、B两部分的周长，都是三部分组成，长方形对边相等，中间的曲线也相等，所以周长一样长。

生3：我们讨论周长是看边线，一周大小，与面积无关。

师：那我们就看看B部分与A部分周长演示图，验证一下我们的推理。

（以动画验证A、B部分周长相等）

2015年东营市小学数学公开课

师：看来图形形状、大小不相等时，周长也可能相等。比较图形周长不能被图形的大小所迷惑，图形的大小是我们以后要学习的一个新知识，今天我们比较的是周长，应该比较的是它们一周边线的长度之和是否相等。

反思：通过分析面积相等周长不等和面积不等周长相等的情况，让学生对比“面积”“周长”两个容易混淆的概念。在辨析中再次明确：周长的大小与图形的大小没有关系，进一步促进学生对周长概念的深刻理解。

2. 面积的认识

【教材分析】

本节教学内容是在学生已经掌握了长方形和正方形的特征，会计算长方形和正方形周长的基础上进行学习的。小学生从学习长度到学习面积，空间认识由一维空间向二维空间转化，这是空间认识上的一次飞跃。学好“面积认识”这节内容，不仅有利于发展学生的空间观念，提高解决简单实际问题的能力，而且还为以后学习其他平面图形的面积计算打下基础。

教材主题图都选择了教室中的课桌、黑板、国旗等作为学习素材，这些学习资源都是将学生身边熟悉的事物作为研究对象，便于学生的直观感知和操作触摸，也让学生体会到数学就在身边。

通过学生观察（看一看）、动手感知（摸一摸）、同桌表述（说一说），对认识“面”及“面的大小”积累充足的感性认识，进而让学生不是死记硬背，而是在具体活动中更好地理解面积的含义。

教学中注重引导学生经历面积单位产生的过程，学生已经经历了用不同形状和大小的图形作单位测量面积的过程，初步体会了统一面积单位的必要性，因而对统一测量面积的单位就会有一种本能的认识。但也不能只靠教师讲，要让学生自己摆一摆，真实感受选择不同图形摆出的不同效果，以获得实实在在的直接经验，这样学生就能体会到从三角形、圆形、正方形中选择什么样的图形作面积单位最适合，更有利于表象的形成，也为后面学习面积单位做好了铺垫。

【学情分析】

学生在幼儿园就认识图形形状并开始感知面积大小，到学习“面积认识”前已经能比较出两个相差较大面积的大小了，但是头脑中不一定真正能建立面积的概念，特别是学生又学习了周长知识，周长是对一维空间（线）的度量，面积是对二维空间（面）的度量，但是周长与面积共同承载于一个图形之中，这两个概念就容易造成学生在认识上的混淆，这是学生学习上的一个难点。在以后的学习中，学生对于长度单位和面积单位的应用还会出现混淆，这都是概念不清晰而导致的错误，这些问题在课堂教学中都需要注意。

【学习目标】

（1）结合实例，让学生通过观察、操作等活动，初步认识面积的含义，知道面积有大有小。

（2）经历不同图形作单位度量面积的探究，知道用正方形作面积单位最合适，能用正方形作单位表征简单图形面积。知道确定面积单位的方法，初步培养度量意识。

（3）体会统一面积单位的必要性，感受正方形作单位的便捷性与合理性，发展学生的空间观念。

【教学策略】

结合学生认知难点和教材编排内容，我（本书作者，后同）在实施课堂教学中做了如下调整，收到了较好的效果。

（1）让学生在观察、操作活动中建立面积概念。

现行教材中已经删除面积的定义，就是为了避免学生死记硬背。在教学中注重从学生身边触手可及的物体表面入手，认识“面”。再通过看一看、摸一摸等探究活动，借助具体事例说明面积，让学生感悟面积的大小。避免学生将“面”等同于面积。

（2）动手操作，从本质上认识周长和面积的区别和联系。

建立周长与面积的联系。在学生建立面积概念的初始阶段，通过动手操作分别描出不同图形的周长、涂出面积，让学生厘清周长是一周边线长度的和，面积是周长围成面的大小，从而加以对比区别。

(3) 创设认知冲突，让学生主动探究获取结论。

学生理解面积有大有小之后，如何测量面积大小？当用观察法、重叠法都无法测量面积大小时，学生在解决问题中出现认知冲突，产生主动探究的动力。引导学生用不同图形作为测量单位进行研究，在探究中逐步认识到统一的面积单位的必要性和选择正方形作为面积单位最合适的结论。通过探究，学生解决了问题，对面积概念的认识更加清晰，同时积累了数学活动经验。

教学片段一

设计意图：通过涂色比赛，唤起生活经验，产生认知冲突，为学习面积提供载体。

师：黑板上有两张白纸，一张是正方形，另一张是三角形。我想让两位同学用彩笔给这两张纸涂色，最快涂完的获胜。谁愿意来？

（学生举手很积极）

（师找了两位同学，第一位到前面的同学拿到彩笔，抢先站在三角形的一侧）

师：你为什么抢占三角形而不抢占正方形呢？

生（第一位同学）：这个三角形的面小，涂起来省事。

生（第二位同学）：老师，他涂的面小，我涂的面大，这个游戏规则不公平呀！

师：同学们认为公平吗？

生：不公平，要想比赛公平，两张白纸的面相等才行。

师：因为比赛规则不公平，不用比就知道涂三角形白纸的同学获胜。我们这里说的大小，就是白纸的面有大有小。其实生活中很多物体都有面，比如这是黑板面，这是门面（师做示范）。谁来举例说一个物体的面？

生1：这是数学课本的封面。（学生拿起书做着示范说）

生2：这是课桌面。

生3：这是讲台的前面的面。

生 4：教室钟的表面。

反思：通过涂色比赛活动，使学生产生认知冲突，感觉到比赛规则不公平，使学生认识到自己原有认知中的大小就是纸张面的大小，从而引出“面”的概念，为学习面积奠定基础。

教学片段二

设计意图：引导学生通过数学活动，感受“面”有大有小，进一步体会“面积”的本质特征。

师：刚才举了身边很多物体的面，请同学们用手摸一摸数学课本的封面，再摸一摸自己课桌的桌面，有什么感觉?

生：课桌面粗糙，数学封面光滑。

师：这是质地的不同。

生 1：摸完课桌面需要的时间长，摸完课本封面需要的时间短。

生 2：课桌面比数学课本封面大。

师：通过摸这两个面和涂色，发现这些面有大小之分。你还能举出生活中这样的例子吗?

（同桌相互说，然后班级汇报）

生 1：我的课本的封面比文具盒上面的面大。

生 2：地面比黑板面大。

生 3：黑板面比国旗面大。

生 4：讲台面比课桌面大。

师：同学们找了这么多的例子，在我们生活和学习中，我们把物体表面的大小叫它们的面积。比如，黑板表面的大小就是黑板面的面积；国旗的表面大小就是国旗面的面积……你能试着说一个物体的面积吗?

生（学生拿着课本边摸边说）：数学课本封面的大小就是数学课本面的面积。

师：你说得真好，你再边说边做，其他同学跟着一起做。

（学生一起做）

生 1（俯下身子边摸课桌面边说，其他同学自然跟着做了）：课桌表面的大小就是课桌面的面积。

生2：墙面的大小就是墙面的面积。

生3：汽车玻璃表面的大小就是玻璃面的面积。

……

反思：通过摸一摸身边熟悉的物品，让学生感知物体的表面，再通过比一比，让学生认识到物体的表面有大有小，结合实例，揭示面积的概念，让学生通过举例边摸边说，用新的概念——面积说话，在大量实例中丰富学生对面积的感性认识，帮助学生建立面积概念。

教学片段三

设计意图：通过活动，感受物体各种面的面积，同时引出图形的面积，丰富对面积的感知，加深对面积的理解，向学生渗透面积守恒原理。

师：刚才我们通过学习知道物体表面的大小就是物体的面积，看老师手中拿的字典，比较一下它的底面面积和侧面面积谁大？

（老师边说边让前面的一位同学分别摸出两个面展示给同学们）

生：底面面积大，侧面面积小。

师：看来我们说的面积不一定就是上面或下面这个面。

师：看老师带了什么？（边说边拿出一个苹果）它有面积吗？

生：有，就是它的表面。

师：你摸一摸它的表面，有什么感觉？

（老师拿着苹果从前走到后，让同学摸一摸）

生1：它的表面是弯的，是一个弯面。

生2：刚才我们摸到的课本封面、桌面、墙面都是平的。

师：对了，这个苹果的表面不是一个平面，我们叫它曲面。那哪里是这个苹果的面积？

生：这个曲面的大小就是苹果的面积。

师：我们知道物体表面有大有小，那么来看一下这两个图形，说一说谁的面积大。

（出示如下两个图形）

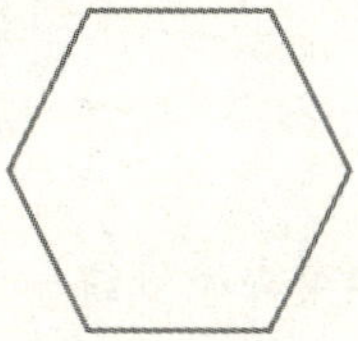

生1：六边形面积大。

生2：通过观察能看出来，右面不规则图形能够放到左面六边形里，所以左边图形面积大。

师：看来平面图形的面积也有大有小，我们把平面图形的大小叫作平面图形的面积，比如，这个六边形面的大小就是六边形的面积。你能说一下这个不规则图形的面积吗？

生：不规则图形面的大小，就是不规则图形的面积。

师：你真不简单，能够这么快就说得这样完整准确。

（学生表述得很到位，全班同学送给了他鼓励的掌声）

师：物体的表面有面积，包括平面的、曲面的，平面图形也有面积，小学阶段我们只研究平面图形的面积，像这样曲面的面积我们到高中才研究、学习它。

（老师把数学课本正面朝着学生，然后旋转摆放三个不同位置）

师：这个数学课本的面积的大小变了吗？

生（齐答）：没有改变。

师：摆放不同，为什么面积没有改变？

生1：还是我们的数学课本。

生2：封面位置改变了，但是大小没有改变。

生3：数学课本不管放在哪里，它不会变成新华字典（新华字典封面小）。

师：也就是说，不论物体位置怎么摆放，面积没有改变。

反思：通过丰富的实例对比，使学生认识到不仅物体的上面、下面有面积，侧面也有面积，曲面也有面积，平面图形也有面积，让学生对面积概念不再停留在长方形、正方形上，进一步完善对面积含义的理解。通过判断摆放不同位置的数学课本封面面积不变，使学生认识到，同一物体无论怎样摆放，面积大小不变，让学生的面积守恒观念得到发展。

教学片段四

设计意图：比较两个图形面积大小，创设认知冲突，感受统一面积单位的必要性，进一步探究选择哪种图形最合适。

师：我们认识了面积，也了解了面积有大有小，很多时候需要比较两个物体、两个图形的面积大小，怎样判断呢？请同学们看老师手中的这两张纸片，谁的面积大？（展示两张大小区别明显的纸片）

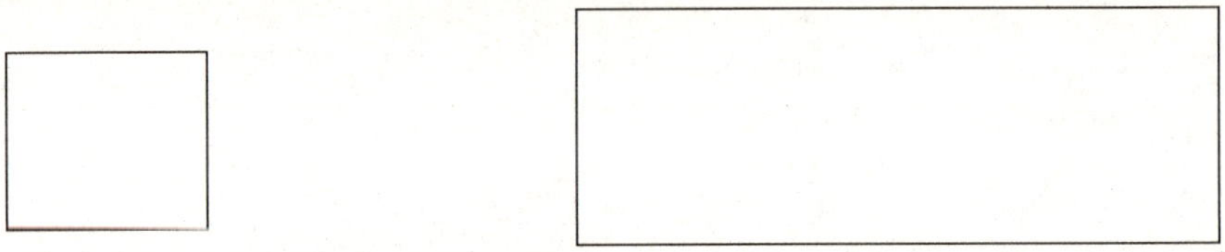

生：长方形的面积大，一眼就能看出来了。

师：这种差距明显的图通过观察法一眼就看出来了。请同学们再看这两张纸片，谁的面积大？（展示两张大小接近的纸片）

（学生出现争论，有的认为右面的大，有的认为左面的大）

师：现在我们意见不统一，有办法比较吗？

（学生思考，没有回答）

（老师举着两张纸往中间靠近了一下）

生：把它们放到一起比较。

（让学生到前面演示发现了用重叠的方法可以比较出谁大谁小）

师：发现用重叠法可以比较面积的大小，这样我们就发现了两种比较图形面积大小的方法了。利用自己的方法，你能比较下面这两个图形面积的大小吗？

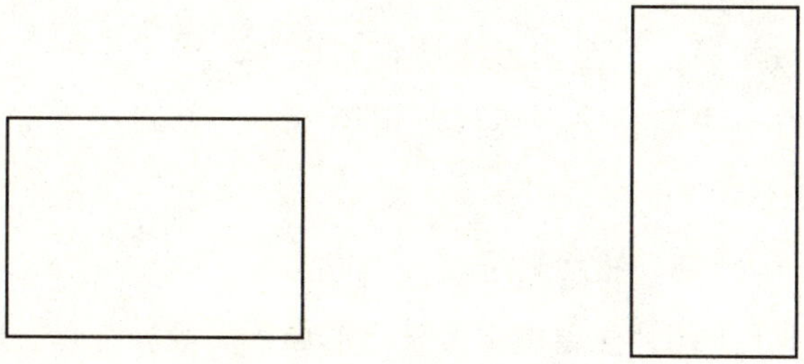

生 1：我感觉左面的图形大，因为它宽一些。

生 2：我感觉右面的图形面积大，因为它高一些。

生 3：我反对，不能单凭眼睛观察来判断谁的面积大，应该放到一起重叠比较才行。

生 4：我们可以试试吗？

（学生取出学具袋里的两个图形进行组内研讨）

（学生通过自己动手，发现重叠后并不能解决这个问题，有的学生想到用剪刀剪下多余部分比较，老师给予引导，不能破坏整体。学生就出现了认知冲突，现在用重叠的方法已经不能顺利解决问题了，能有更好的方法吗？）

（学生思考，没有出现预期想法）

师：现在利用两种方法都无法解决提出的问题，我们又没考虑出更好的办法，我请了小博士帮我们一起想个办法吧！

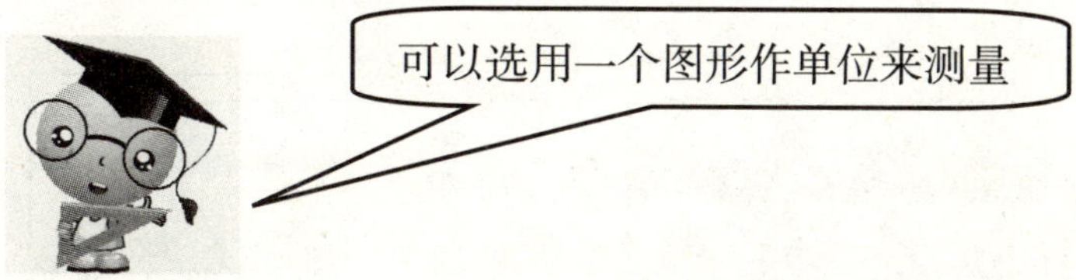

师：同学们听懂小博士的话了吗？如果选一种图形作单位，可以是什么形状呢？

生 1：三角形。

生 2：正方形。

生3：梯形。

师：同学们，我在第二个学具信封里准备了不同的正方形、三角形、圆片、橡皮做的小印章等学具。小组内分工协作，选择一种小图形在两个长方形中摆放，也可以在长方形中画格子，还可以用橡皮小印章在长方形中通过盖章进行度量。

（学生在小组内研究，然后汇报）

生1：选择利用小圆片作单位测量长方形面积。第一个长方形用12个圆片摆满，第二个长方形用15个圆片摆满。第二个长方形面积大。

（学生汇报后，教师用PPT展示规范图片）

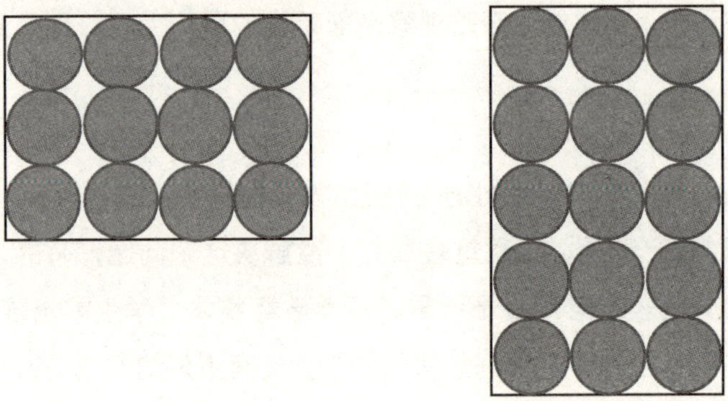

生2：选择利用小三角形作单位测量长方形面积。第一个长方形用12个小三角形摆满，第二个长方形用15个小三角形摆满。第二个长方形面积大。

（学生汇报后，教师用PPT展示规范图片）

生3：利用小正方形作单位摆放了，但是感觉不好摆，就改用在长方形中画小方格，一个方格就代表一个小正方形，这样便于操作。

（展示学生的作品）

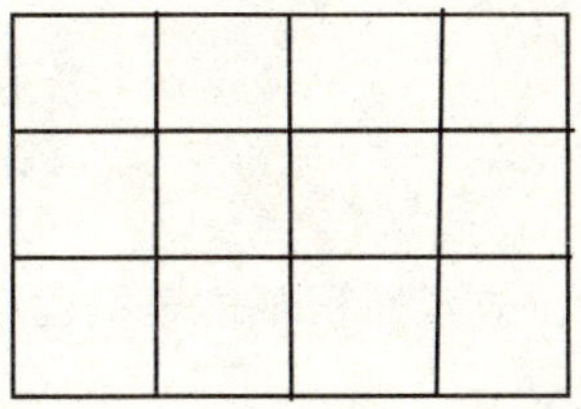

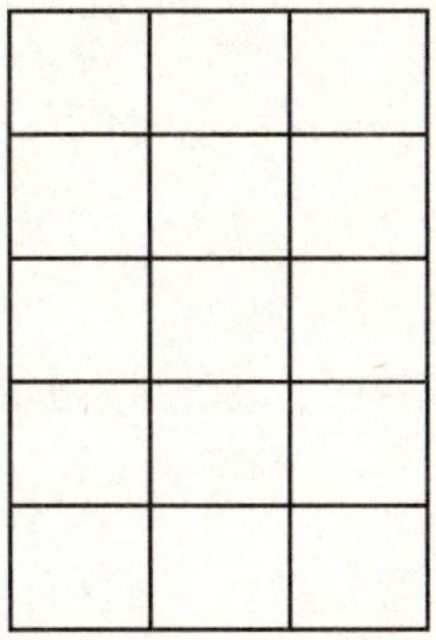

师：我们展示了三种不同方案（用 PPT 展示三种方案），能不能比较出这两个图形面积的大小？

生（齐答）：能。

师：如果准确测量出每个图形的面积，说说你喜欢哪种方案，并说明理由。

生1：我喜欢用正方形作单位测量的方法，他们画出小正方形比摆放图形简单，刚才我们摆放很麻烦，小三角形容易相互碰到，碰到就挪地方了。

生2：我也喜欢用正方形作单位测量的方法，他们组摆满后中间没有空隙，其他图形作单位测量中间都有空隙就不准确了。

生3：我也是喜欢用正方形作单位测量，因为它能铺满长方形，不留缝隙才准确。

师：同学们都喜欢用正方形作单位测量，因为它能够铺满长方形，这里的铺满在数学中叫密铺，以后我们会学到，其实正方形四条边一样长，摆放时不受位置和方向的限制，你低头看看咱们教室的瓷砖是什么形状的？

（学生观察，发现地面瓷砖都是正方形的）

师：同学们的选择与国际规定是一样的。在国际上就规定用正方形的面积作面积的单位。

反思：从生活中的观察法到重叠法，学生利用数学经验解决了比较图形面积大小的问题。但是出示两个长宽都不相等的长方形，用上面的办法无法比较，引出认知冲突，激发学生的探究需要。组内探究让学生动手摆一摆，经历选择不同图形作单位度量长方形面积的过程，在拼摆活动中体验单位的价值（能够比较图形面积大小）和选择面积单位的依据（正方形能够密铺），感受正方形作面积单位的合理性，为后面学习面积单位做好铺垫。

教学片段五

设计意图：通过练习加深面积和周长的对比，应用面积单位表征面积，巩固面积概念。

师：我们认识了面积，就利用这节课所学内容解决以下几个问题。

（1）先用红笔描出每个图形的周长，再用铅笔涂色表示出它们的面积。

（2）下列图形的面积各是多少个？

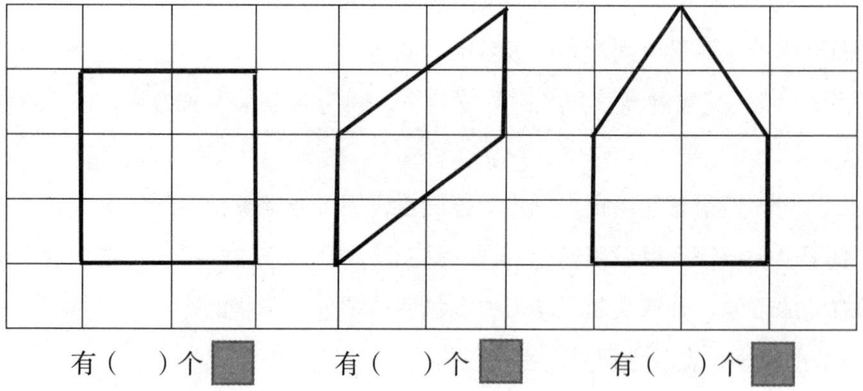

有（ ）个 有（ ）个 有（ ）个

反思：题（1）描周长和涂面积，通过对比将两个易混概念加以区分。题（2）使学生体会到图形中含有几个面积单位，它的面积就是几（几个单位），感悟单位的价值。在平行四边形和三角形中数正方形个数，有的学生就会想到用割补法数方便快捷，同时要让学生体验到割补后图形面积大小没有发生变化，从而发展学生的面积守恒观念，为以后学习面积相关计算打下基础。

3. 烙饼问题

【教材分析】

“烙饼中的数学问题”是人民教育出版社出版（后简称：人教版）的《数学　四年级　上册》《数学广角》的内容。《数学广角》是人教版教材为强化课标中关于数学思考目标而安排的渗透数学思想的一个载体。

《义务教育数学课程标准》（2011 年版）中指出，当学生“面对实际问题时，能主动尝试着从数学的角度运用所学知识和方法寻找解决问题的策略”。在日常生活中，学生很容易找到解决问题的方法，而且会找到不同的策略，这里的关键是让学生通过生活中的简单实例，在尝试用多种方法来解决问题的过程中，体会优化思想在解决问题中的应用，形成寻找解决问题最优方案的意识。教材选材基于学生的生活中怎样才能尽快吃上饼这个问题，赋予优化的思想方法以丰富的现实背景。在解决问题过程中，教材呈现了烙 1 张饼和 2 张饼的对比思考，凸显了烙饼问题的数学本质，建立同时烙法模型。烙 3 张饼是学生学习的难点，教材出示图示，帮助学生直观理解 3 张饼的烙法，建立轮换烙法模型，为学生后面研究烙 4 张饼、5 张饼、6 张饼、7 张饼……做好了转化和提炼规律的基础。最后通过解决不同的生活问题，让学生学会利用基本策略模型解决烙饼这类问题。

【学情分析】

研究烙饼中的数学问题不是让学生学会烙饼，而是通过烙饼问题的研究解决生活中的这一类问题。学生对烙饼问题的研究需要一定的生活经验，但是对发挥“锅”的最大效能，不浪费空间，需要对比体验才能发现。3 张饼轮换烙的数学模型建立是本节课学习的难点，教学实践证明学生研究 2 张饼同时烙后，会影响后面 3 张饼轮换烙的问题的理解，实际操作中学生表述清楚 2 次轮换过程也不容易，教材虽然出示图示，但没有演示的过程，所以学生理解起来还是较困难的。

教学中要通过学生“做”体验2次轮换的过程。

按照数量顺序研究烙法时，学生建立3张饼的优化烙法——轮换烙，接着研究4张饼烙法，就容易产生知识负迁移，有的学生烙4张饼也用轮换烙法，这是因为学生还没清晰建立什么情况下同时烙优化、什么情况下用轮换烙优化的知识。为了避免出现这种情况，从研究2张饼烙法开始，先研究偶数张饼，等学生建立清晰的同时烙法后，再研究3张饼、5张饼等奇数张饼的轮换烙法，就能有效地减少知识负迁移，有利于学生建立清晰的烙饼计算模型。对于6张饼的烙法学生可能会出现6（2，2，2）和6（3，3）两种分组方法，要引导学生对比时间相等时，第一种方法在操作中要简单，体会多样性中的优化方案。

【学习目标】

（1）通过简单事例，初步体会优化思想在解决问题中的应用，形成寻找解决问题最优方案的意识，并尝试寻找解决问题的最优化方案。

（2）通过观察、操作、比较、讨论、思考等活动，体会解决问题策略的多样性，在寻找规律中，培养学生解决实际问题的能力和科学探究的精神。

（3）通过探究活动，让学生体验探索和合作的乐趣，充分感受数学与生活的密切联系，从小培养合理安排、节省时间、提高效率的好习惯。

【教学策略】

结合学生认知难点和教材编排内容，我在实施课堂教学中做了如下调整：

（1）打破教材安排顺序，减少认知负迁移，帮助学生建立清晰的数学模型。

学生对烙饼问题有一定的生活经验，在教学中突破教材编排顺序（教材是从烙1张饼、2张饼、3张饼、4张饼……开始安排探索的），改为从学生最近发展区域入手，小组合作从先探索烙2张饼、4张饼、6张饼……偶数张饼（同时烙）的规律开始，当学生掌握烙偶数张饼的规律并建立模型后，再引导探索烙3张饼所用时间，学生就会出现认知冲突，抓住这个学习难点，让学生通过探究认识到解决问题策略的多样性中的最优化方法，形成寻找解决问题最优方案的意识，学生探究找到轮换烙法后再研究烙5张饼、7张饼……最后总结提升找到规律，建立“烙饼”的数学模型。

（2）练习拓展，提升能力。

通过练习展示生活中众多的“烙饼”问题实例，让学生认识到“数学来源于生活”，使学生在学习过程中感受数学的实际意义，培养学生用数学的意识和积极参与数学活动的兴趣，尝试用数学的方法来解决实际生活中的简单问题，体验探索与创造的快乐，同时感受数学模型的作用。

教学片段一

设计意图：生活情境导入，帮助学生理解题意，为寻找解决问题策略奠定基础。

师：同学们在平时的生活中见过爸爸、妈妈烙饼吗？

生：见过。

师：其实在烙饼中还蕴藏着很多数学知识呢，这节课我们就一起来研究烙饼问题中的数学知识。

师板书：

烙饼中的数学问题。

（用 PPT 出示题目，学生读题，让学生从中找出关键的数学信息）

生：锅里每次只能烙 2 张饼，两面都要烙，每面要 3 分钟。

师：锅里最多能烙 2 张饼，可以烙一张吗？

生：可以。

师：两面都烙，我们用双手表示2张饼，手心代表正面，手背代表反面。我们一起演示一下。（师生一起演示烙饼过程，边演示边说）正面进锅3分钟，熟了出锅，反面3分钟，熟了出锅。

师：还有其他信息吗？

生1：妈妈和我每人一张饼？

生2：就是两个人各吃一张饼，一共烙2张饼。

师：你抓住了“各”这个字，知道要烙2张饼。

生：尽快。

师：“尽快”是什么意思？（同时演示将“尽快”变成红色。）

生：就是最快、很快。

师：从数学思维角度考虑来表示“尽快”的意思。

生：时间最短。

师：对，尽快就是用最短的时间烙好2张饼。

反思：从学生熟悉的生活化情境直接引入课题，激发学生的学习兴趣。通过分析题目中的数学信息，让学生结合生活经验，演示烙饼过程，厘清思路，为下面探究解决“烙饼问题”提供了素材，奠定了情感基础。

教学片段二

设计意图：经历研究烙2张饼的过程，初步建立最佳解决方案的数学模型，再利用这一模型，研究烙4张饼、6张饼、8张饼……的问题，建立解决烙偶数张饼的数学模型。

师：妈妈要烙2张饼用多长时间呢？根据自己的生活经验先猜测一下。

生：6分钟、12分钟。

师：同学们猜测了两种答案，我们就分别演示一下各自烙法，让大家看一下。先请12分钟的同学到前面演示一下自己的烙法。

（学生代表到前面，师生演示）

师：老师伸出一只手代表的是“锅”，你的一只手代表一张“饼”，现在开始烙。

（学生把自己一只手放到了老师的手上，手心代表正面烙 3 分钟，熟了，再用手背代表反面又 3 分钟，熟了出锅，两面 6 分钟；同样，第二张饼也用 6 分钟，一共 12 分钟）

生：老师，锅里能同时放 2 张饼，可以同时烙，节约时间。

师：好的，来前面展示一下你的方法。

（用时 6 分钟的同学演示自己的烙法，把两只手同时放到老师手上）

生：正面 3 分钟，熟了出锅，反面 3 分钟，熟了出锅，共 6 分钟。

（第一次演示的同学笑了）

师：同样烙 2 张饼，第一种烙法用了 12 分钟，第二种烙法用了 6 分钟，看看它们用的时间为什么不同？老师把两种烙法做了一个演示图。（师出示下图）

生 1：第一种烙法锅里每次只放一张饼，烙的次数多了；第二种烙法把 2 张饼同时放在锅里一起烙，节约了时间。

生 2：第一种烙法锅里没有占满，还有一个空余，他要烙四次，需要 12 分钟。第二种烙法同时烙 2 张饼时锅里已经占满了。烙一面都是 3 分钟，2 次就可以烙熟，所以 6 分钟就烙完了。

生 3：第一种烙法锅里有空余，没有占满，有点浪费。

师：对，这些同学善于观察，发现锅没有占满，就会浪费空间，没有发挥锅的最大效能。第二种烙法将 2 张饼同时放到锅里烙，烙了几次？（生答 2 次）锅每次都是满的，所用的时间就短。我们选用哪种烙法？

生：选择第二种烙法，节约时间的烙法。

师：刚才汇报的同学说了，2 张饼同时烙把锅占满了，我们就把这种烙法叫同时烙好吗？我们一起将同时烙的过程写一下。

师生回顾：烙的饼数是 2 张，用的方法是同时烙，烙的次数是 2 次，每次需要 3 分钟，所以用了 $2\times3=6$ 分钟。

师板书：

2 张饼　　同时烙　　　烙 2 次　　　$2\times3=6$（分钟）

师：我们只会烙 2 张饼行吗？

生（笑了）：不行。

师：2 张饼会烙了，用 6 分钟，那么烙 4 张饼用多少时间？

生：12 分钟。（大部分同学能够猜测出来）

师：这么快、这么齐，都说出 12 分钟了，谁来说一下你的依据？

生：2 张饼 6 分钟，4 张饼就是 2 个 2 张饼，也就是 2 个 6 分钟，所以是 12 分钟。

师：说明了猜测理由，那我们就一起验证自己的猜测对不对。同桌先协作演示，然后班级汇报。

（同桌活动完成，然后请一位踊跃的同学到前面演示）

师：要演示烙几张饼？

生：演示烙 4 张饼。

师：你身上带了几张饼？是不是“借”用其他同学的“饼”？

（学生明白，又找了一位同学上台）

师：好的，你们的“饼”在哪里？老师的“锅”在这里。

（第一位同学伸出两只手同时在老师的“锅”里烙了两次，边演示边说，其他同学给他数着时间，6 分钟；同样，第二位同学也是用了这个方法，又用了 6 分钟。四张饼烙熟用了 12 分钟）

师：通过这两位同学的演示，我们可以看出烙 4 张饼时，先后锅里都是放了

2 张饼同时烙的，可以验证刚才同学解释是正确的，就是把 4 张饼分成 2 个 2 张饼来烙，就是有两个 6 分钟，所以有 12 多分钟。大家给他掌声鼓励。我们一起把烙 4 张饼的过程写一下。

师板书：（师生回顾板书，在 2 张和 4 张之间空一行，在 4 张饼后面标注分解过程，表示分为 2 张饼同时烙法）

2 张饼	同时烙	烙 2 次	2×3=6（分钟）
4 张饼（2，2）	同时烙	烙 4 次	4×3=12（分钟）

师：我们研究烙 4 张饼用 12 分钟，那么烙 6 张饼用多少时间？

生（同学们异口同声回答）：18 分钟。

师：谁来解释原因？

生 1：6 张饼里面有 3 个 2 张饼，也就是有 3 个 6 分钟，所以 6×3=18 分钟。用张数乘每面所用时间就是烙饼时间。

生 2：6 张饼也可以分成 2 张饼和 4 张饼来烙，2 张饼用 6 分钟，4 张饼用 12 分钟，所以烙 6 张饼的时间是：6+12=18 分钟。

师：这两位同学想法不同，第一位同学是借用前面的 2 张用 6 分钟，推理 6 里面有 3 个 2，直接列式得到 18 分钟；第二位同学是将 6 张饼转化为已研究的烙 2 张饼和烙 4 张饼的时间相加得到的，这种把要解决的问题转化为原来的问题，在数学中叫转化思想，它是学习数学的重要思想，在今后的学习中我们还会经常用到它。

师板书：（师生回顾板书，在 4 张和 6 张之间空一行，在 6 张饼的后面将转化的方法简记写上）

2 张饼	同时烙	烙 2 次	2×3=6（分钟）
4 张饼（2，2）	同时烙	烙 4 次	4×3=12（分钟）
6 张饼（2，4）	同时烙	烙 6 次	6×3=18（分钟）

师：同学们真善于利用经验进行学习，自己给自己一些鼓励的掌声吧！我们再想一下烙 8 张饼用多少分钟？

生：24 分钟。与前面的计算方法相同。

师：老师报出烙饼的张数，你能回答出所需时间吗？

生：能。

师：报出 10 张、18 张、30 张……

（学生都能顺利答出时间）

（师在板书对应饼数、次数、时间下面添上“……”）

反思：改变从 1 张饼开始按照顺序研究的过程上课，学生从烙 2 张饼开始研究，理解占满锅同时烙节约空间是最优方案，再到烙 4 张饼、6 张饼、8 张饼……研究饼数、面数、方法、烙的次数和所花的时间数的关系，学生经历动手操作、合作探究、独立思考、展示交流的过程，主动构建了烙偶数张饼的清晰计算模型。同时还了解将 6 张饼转化为 2 张饼和 4 张饼的烙法，在这个过程中渗透了转化思想，同时为后面探究奇数张饼的研究奠定了思维基础。

教学片段三

设计意图：引导学生研究烙 3 张饼的最佳方案，产生认知冲突，尝试各种方法找到另一种方案——轮换烙，然后通过研究烙 5 张饼、7 张饼、9 张饼……的问题，建立解决烙奇数张饼问题的数学模型

师：同学们，爸爸回家来吃饭了，现在至少要烙几张饼？

生：烙 3 张饼。

师：能猜出烙 3 张饼最短用多长时间吗？

生（异口同声）：9 分钟。

师：怎么想的？

生：前面我们已经研究得出了烙几张饼就是用饼的张数乘 3，所以是 $3\times3=9$ 分钟。

师：我把同学们的想法先记下来。

（师在 2 张饼和 4 张饼中间补充板书如下）

师板书：

2 张饼	同时烙	烙 2 次	$2\times3=6$（分钟）

3 张饼			3×3 =9（分钟）
4 张饼（2，2）	同时烙	烙 4 次	4×3 =12（分钟）
6 张饼（2，4）	同时烙	烙 6 次	6×3 =18（分钟）
……	……	……	……

师：利用刚才的研究经验推测出烙 3 张饼用 9 分钟，谁来前面给大家演示一下自己烙饼的过程？

（一名学生主动到前面来，发现自己两只手只能代表 2 张饼，于是又请了一名同学到前面帮忙，开始在老师的“锅”里演示过程，其他同学给他计时。第一次把自己的 2 张“饼”同时烙，用 6 分钟烙熟；再将同学的一张“饼”放在“锅”里烙熟后又用了 6 分钟，学生数完用了 12 分钟）

（学生出现疑惑的表情）

师：不对呀？刚才我们用已经研究的方法得出用 9 分钟烙熟（说着在板书 3×3 =9 分钟下面画横线标记），而你实际操作用了 12 分钟。难道我们前面的研究有问题，9 分钟能把 3 张饼烙熟吗？

（学生的表情有些凝重了，有的开始思考了）

师：下面我们就在小组内研究 9 分钟能否烙熟 3 张饼？

（学生小组内研究）

（学生在小组内用学具研究 3 张饼烙的烙法，开始很多学生沿用前面同学的办法，前 2 张饼同时烙，完成了后再烙第 3 张。教师在巡视中注意引导第 3 张饼单独烙锅里只有一张饼，这样就会浪费锅的空间，时间就会变长，如何让锅里始终保持 2 张饼？）

（研究后学生汇报）

（两位同学到教师“锅”里演示烙饼过程，3 张“饼”分别编号为 1、2、3 号）

生 1：第一次把一名同学的 2 张“饼”同时放到“锅”里烙正面，用 3 分钟；第二次，1 号饼翻过来烙反面，2 号饼取出，同时把 3 号“饼”放入“锅”内烙正面，又用 3 分钟；第三次，1 号饼熟了出锅，3 号饼翻过来烙反面，2 号饼再进锅烙反面，第三次 3 分钟 2 号、3 号饼都熟了，这样 9 分钟就烙完了。

生 2：（演示同上）

（学生汇报完成后教师通过课件演示3张饼烙优化烙法）

师：这种烙法与第一次12分钟烙法有什么不同？

生1：从第二次开始，锅里就开始换饼烙。

生2：锅里始终有2张饼，没有浪费锅的空间。

师：对，这种烙法锅里始终是2张饼满的，没有浪费空间，这种烙法我们叫轮换烙。

师板书：

轮换烙

师板书：

2张饼	同时烙	烙2次	2×3=6（分钟）
3张饼	轮换烙	烙3次	3×3=9（分钟）
4张饼（2，2）	同时烙	烙4次	4×3=12（分钟）
6张饼（2，4）	同时烙	烙6次	6×3=18（分钟）
……	……	……	……

师：我们研究发现烙3张饼的轮换烙，进一步了解烙饼中优化烙法。那烙5饼用多少时间？你又是怎样烙的呢？

生1：烙5张饼用15分钟。

生2：我把前两张饼同时烙，后面3张饼用轮换烙。

师：你能把自己的想法写到黑板上来吗？

生补充板书：

2张饼	同时烙	烙2次	2×3=6（分钟）
3张饼	轮换烙	烙3次	3×3=9（分钟）
4张饼（2，2）	同时烙	烙4次	4×3=12（分钟）
5张饼		烙5次	3×5=15（分钟）
6张饼（2，4）	同时烙	烙6次	6×3=18（分钟）
……	……	……	……

师：谁能按照6张饼的方法在后面填写一下吗？

[生填出5（2，3）]

师：我们在计算烙5张饼所用时间，除了用3×5=15分钟，还可以怎样想，很快得出烙饼时间？

生：刚才研究6张饼时发现可以将它转化成烙2张饼和4张饼的方法，时间就是它们的和，烙5张饼同样转成了烙2张饼和3张饼的方法，时间就是6+9=15分钟。

师：我们又用了转化的方法解决问题，说明这个数学方法的实用性真的很好。那烙7张饼用多长时间？怎样想的？

学生答出后，教师板书：

2张饼	同时烙	烙2次	2×3=6（分钟）
3张饼	轮换烙	烙3次	3×3=9（分钟）
4张饼（2，2）	同时烙	烙4次	4×3=12（分钟）
5张饼（2，3）		烙5次	3×5=15（分钟）
6张饼（2，4）	同时烙	烙6次	6×3=18（分钟）
7张饼（2，5）		烙7次	7×3=21（分钟）
……	……	……	……

反思：在研究烙偶数张饼（同时烙）建立烙饼模型后，再研究烙3张饼用多少时间，这是本课教学的重点，也是学生学习的难点。当学生出现12分钟和9分钟两种答案时，学生出现认知冲突，通过思考、操作、观察、交流等活动，让学生在对比中体会到轮换烙用9分钟比12分钟更为优化。这个环节，把静态的知识转化成师生演示的动态过程，让学生在操作、思考、讨论中逐步构建并完善自己的知识体系。不仅注重让学生形成从多种方案中寻找最佳方案的意识，使之在解决问题中体会数学思想方法的应用价值，更关注了学生积极主动的数学思考，激发学生参与知识探究的积极性、主动性。

教学片段四

设计意图：提炼总结烙饼计算模型，培养优化意识。发展学生解决问题的能力。

师：通过研究你发现了什么规律？

生1：烙饼张数越多，时间就越长。

生2：烙饼张数每多1张，时间就增加3分钟，不要让锅里有空余。

生3：双数时都是同时烙，单数时轮换烙和同时烙都用。

生4：我发现烙饼张数乘3就是烙饼时间。

师：同学们的发现很多，总结出了烙饼最优化的时间计算方法。

烙饼张数乘每面时间就是烙饼所需时间（师再将板书最后一列标注出来）。老师现在随便报出饼数，你们能马上答出所需时间吗？

生（高兴地齐答）：能。

师：20张。

生：60分钟。

师：5张。

生：15分钟。

师：3张。

生：9分钟。

师：对，2张。

生：6分钟。

师：1张。

生：3分钟。

（学生回答完成，老师没有马上说话，有的学生马上反应过来，改为6分钟）

师：为什么？

生：锅里1张饼没有占满，它要烙两面。

师（追问）：说明刚才发现的计算规律不能用在1张饼上，只能在烙2张或2张以上的时候才行。现在就想3分钟把这张饼烙熟，有办法吗？

（师伸出自己的一只手表示“饼”，在学生中间找“锅”）

（欢快的课堂马上安静了下来，学生进入了沉思……）

（学生开始伸出自己的手接住老师的“饼”，在自己的“锅”中尝试，第一个没有成功，第二个没有成功，几个学生试过后，有一个学生把老师的“饼”放在自己的“锅”中，然后把另一只手放在上面，两面同时加热就行了）

（学生说出后，其他同学为他送上了鼓励的掌声）

（教师课件展示电饼铛示意图）

师：利用刚才的方法无法实现在 3 分钟内将这张饼烙熟，但是我们可以改变工具和条件就能完成，这位同学是将烙饼的锅进行了改进，这也是一种优化。

反思：通过研究逐步发现了规律，师生一起总结提炼出烙饼的计算方法，同时梳理发现饼数乘 3 的计算方法不适用烙 1 张饼。研究到这里没有停止，老师追问现在想 3 分钟烙熟一张饼该怎么办，又引发学生的深度思考。学生在不断尝试中，结合已有生活经验找到了电饼铛，让学生认识到工具和条件的变化同样是一种优化，从而丰富并拓展了优化的另一种解释，让学生的思维得到进一步发展。

教学片段五

设计意图：练习拓展利用学习方法解决生活实际问题，体验数学模型的使用价值。

师：今天我们学习了烙饼中的数学问题，通过动手操作、小组讨论，掌握了烙饼问题中的优化方法。其实在生活中我们还经常遇到类似的问题，请同学利用这节课的学习所得解决以下几个问题。

（1）复印 3 张正、反面都有文字的资料，复印机一次复印一面，每次最多放 2 张，至少要复印几次？

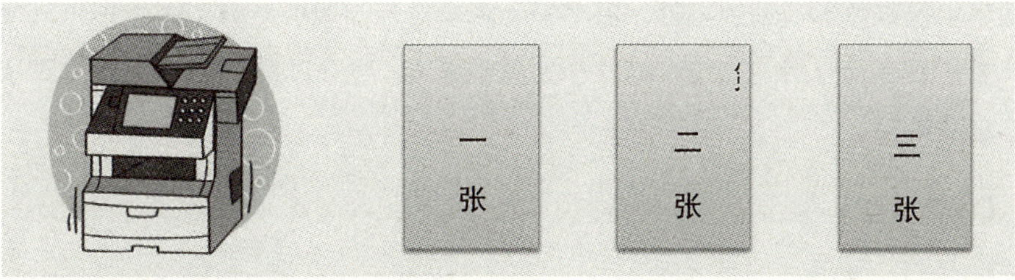

（2）一种电脑益智游戏，玩一局 5 分钟，可以单人玩也可以双人玩。小东和爸爸、妈妈三个人一起玩，每人玩两局，至少需要多少分钟？

反思：通过练习让学生利用所学“烙饼问题”知识解决其他生活问题，让学生体会“烙饼问题”就在身边，但学习“烙饼问题”绝对不是为了学会怎样烙饼，而是以此为例，会解决类似的问题。课堂活动在培养学生动手操作能力、发展学生的数学分析能力的同时，渗透统筹优化的数学思想，提升学生数学核心素养。

4. 植树问题

【教材分析】

“植树问题”是人教版《数学 五年级 上册》《数学广角》的内容，主要探讨在一条线段植树的问题，本节课主要研究两端都栽的情况，渗透有关植树问题的一些思想方法，通过现实生活中一些常见的实际问题，让学生从中发现一些规律，抽取出其中的数学模型，然后再用发现的规律来解决生活中的一些简单实际问题。

《义务教育数学课程标准》（2011 年版）强调：要从学生已有的生活经验出发，让学生亲身经历将实际问题抽象成数学模型并进行解释与应用的过程，进而使学生在获得对数学理解的同时，思维能力、情感态度与价值观等多方面得到进步和发展。

教材在编排上，通过学生熟悉的植树情境引入，结合生活经验提出从简单情况入手开始研究，引导学生借助线段图经历观察、猜测、验证、推理等数学活动，探索间隔与点之间的数量关系，逐步发现隐含的规律，经历建立数学模型的过程，再运用模型解决实际问题。让学生经历分析、思考、解决问题的全过程，帮助学生积累数学活动的经验，提高学生解决实际问题的能力。通过揭示数学知识产生、发展及应用的过程，培养学生勇于探索、敢于质疑、善于思考、严谨求实的理性精神。

【学情分析】

从学生的思维特点看，五年级学生仍以形象思维为主，但抽象思维能力也有了初步的发展，具备了一定的分析综合、抽象概括、归类梳理的数学活动经验。这部分内容放在这个学段，说明这个内容本身具有很高的数学思维和很强的探究空间，既需要教师的有效引领，也需要学生的自主探究。

【学习目标】

（1）经历将实际问题抽象出植树问题模型的过程，借助学生自己的手指及画线段图的方法，掌握种树棵数与间隔数之间的对应关系。

（2）会应用植树问题的模型解决一些相关的实际问题，培养学生的应用意识和解决实际问题的能力。

（3）感受数学在日常生活中的广泛应用，尝试用数学的方法来解决实际生活中的简单问题，培养应用意识和解决实际问题的能力。

【教学策略】

《义务教育数学课程标准（2011年版）》在学段目标的第二学段中提出，尝试从日常生活中发现并提出简单的数学问题，并运用一些知识加以解决，能探索分析和解决简单问题的有效方法，了解解决问题方法的多样性。在教学中主要做好以下工作，帮助学生探索分析，发现规律，建立数学模型。

（1）借助画图直观理解，体验数形结合思想。

“植树问题”是生活中常见的问题，但学生没有“植”的经验，在学习研究伊始让学生选择合适长度画出植树示意图，借助直观让学生探索间隔数和棵数的内在联系，发现两端都栽时：棵数＝间隔数＋1。然后再任意改变总长度和间隔，发现不管总长度和间隔怎样变化，其中不变的是：棵数＝间隔数＋1。最后借助图形演示，解决学习难点：为什么“＋1”？既强化了数形结合解决问题的数学思想，又渗透了一一对应的数学思想方法。

（2）分层练习，从规律使用到数学思维能力提升，了解解决问题方法的多样性。

练习不是简单的知识重复，不是止步于同类的“植树问题”的反复训练，将“树”变成彩旗，变成袋鼠脚印，变成路灯，将问题变成条件，通过不同的“变式”，不断激发学生思考，根据纷繁多样的实际情况来解决问题，在解决问题中接受一次次挑战，理解植树问题不一定是植树，但计算算理没有发生变化。同时，通过解决一类植树问题，使学生感受建立植树问题模型的必要性和重要性。

教学片段一

设计意图：从学生熟悉的植树节引入，认识植树的好处和植树中相关概念。

师：同学们，你们知道3月12日是什么日子吗？

生：植树节。

师：对，是植树节，你对植树有哪些了解？

生1：植树可以绿化环境，美化生活。

生2：植树可以净化空气，制造氧气，减少沙尘暴和雾霾天气。

生3：可以提高森林覆盖率，同时为我们提供使用的木材。

生4：城市街道旁植树，栽种的棵数之间有相等的距离。

……

师：同学们了解的还真不少，说出了植树的好处，还知道在植树时两棵树之间留有相等的距离，这个距离叫两棵树的间距或间隔（出示实际照片让学生了解间隔），有这样的几个间隔，就叫有几个间隔数。同学们对植树的认识说了很多，其实在植树中还蕴藏着很多数学知识呢，这节课我们就一起来研究植树问题中的数学问题。（师板书课题：植树问题）

反思：基于学生已有的生活经验创设植树情境，激活学生原有认知经验。学生了解了植树的好处，同时理解了栽种的棵数、间隔、间隔数等问题，为后面研究问题、解决问题做好思维聚焦和铺垫。

教学片段二

设计意图：经历猜测、验证棵数的过程，体会化繁为简的必要性，结合经验，从简单入手寻找规律。

师：接下来，请同学们来当一回小小设计师。

（出示题目，学生读题）

为了美化城市，绿化队在全长1000米的马路一边植树，每隔5米栽一棵，一共需要多少棵树苗？

师：从题中你了解到哪些重要的数学信息？

生：这条马路全长1000米。

师：也就是植树的长度。（出示示意图）

生：在马路的一侧植树。

师：一侧是什么意思？

生：马路的一边就是一侧。

师：拿出自己的直尺，给同桌指一指自己直尺的一侧。

（学生动手指给同学看）

生：两端都栽。

师：两端是在哪里？

生：在两头，比如我的直尺就是这里，学生用自己的直尺示意。

师：那同桌就在直尺上指一下直尺的两端，代表马路的两端。

（学生相互示意两端）

师：我们看一下马路示意图的两端是在哪里？（演示两端）

生：还有每隔 5 米栽一棵，就是两棵树之间的间隔是 5 米。

师：我们了解了这么多数学信息，那你能猜一下这一侧可能栽多少棵树吗？

生 1：200 棵。

生 2：201 棵。

生 3：202 棵。

生 4：199 棵。

（还有其他答案，教师推迟评价，不作对错的评价）

师：同学们猜测了这么结果，那具体是多少棵呢？我们可以到 1000 米的马路边上种树，5 米一棵一棵的种下去，最后看看栽多少棵树，就知道谁的猜测对了。

生 1：这样太麻烦了。

生 2：我们也没有这样的马路去真正种树呀！

师：对，同学们发现研究 1000 米太麻烦了。为了便于研究，数学上常用的方法是“化繁为简”（师板书）。可以先研究较小的数，找到规律后，再研究较大的数。你想取多大长度来研究呢？

生 1：我想画一条线段表示 10 米来研究，先看看栽多少棵树？找到办法后再研究 1000 米。

生 2：我想取 50 米研究。

生 3：300 米。

生 4：300 米太长了，取 30 米就行。

生 5：20 米。

……

师：你们根据自己的认识，报出了研究的长度，我们都感觉 300 米太长了。可以选择 10 米、20 米、30 米等长度研究。你能看出选择的这些数字有什么特征吗？

生：都是 5 的倍数。

师：这样的数字也便于我们研究，每位同学先独立思考选择合适的长度，然后再在小组内研究，画出线段示意图，看看植树长度、间隔数和植树的棵数之间到底有什么规律？

（学生先独立思考画图表示，有了初步思路后四位同学在小组内交流画法和发现，最后全班汇报）

反思：学生感知实际植树问题，理解题意。让学生经历猜想、验证过程，在这一过程中学生产生了认知冲突，从而驱动产生研究的内动力。学生在研究前发现 1000 米数字太大，研究太麻烦，提出缩小数据研究规律，渗透了化繁为简的数学思想。

教学片段三

设计意图：学生画图研究，发现间隔数与棵数的规律，变化条件验证规律的普遍性。

学生汇报：

生 1：我们组研究的是 20 米线段示意图，结果发现有 4 个间隔数，可以植树 5 棵。

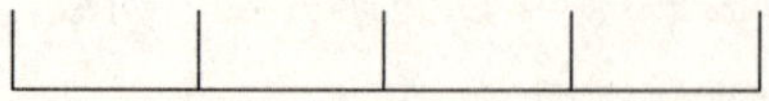

生 2：我们组研究的是 10 米线段示意图，结果发现可以栽 3 棵树，有两个间隔数。我们发现栽树的棵数与长度有关系，与间隔数有关系，就是用长度 ÷ 间隔 = 间隔数，棵数比间隔数多 1。

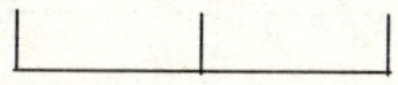

师：我也做了一幅 15 米的示意图。

（出示 15 米长的线段示意图，按照 5 米栽一棵树的要求课件演示过程。完成后学生完成下表）

全长（米）	间距（米）	间隔数（个）	棵数（棵）
15	5	3	4

师：各组研究长度不同，计算出间隔数也不相同，栽种的棵数也不相同，但是通过各小组画线段图和汇报，你能看出它们之间有什么内在相同的地方吗？

生 1：长度越长，间隔数就多，栽树棵数就多。

生 2：间隔数总比棵数少 1。

生 3：棵数比间隔数多 1。

师：我们通过前面的研究，发现这几组数据都是间隔数与棵数差 1 的这个规律，那么这个规律是否是有通用价值？要想证明这个规律，还要通过更多数据进行研究证明才行。每个小组内都有一个研究表，利用刚才的方法，组内填完表格。特别提示：最后两个格，组内讨论取合适长度和间隔米数，试着改变数据再进行研究，看看刚才的规律是否存在。

小组探究表如下：

全长（米）	间距（米）	间隔数（个）	棵数（棵）
10	5		
30	5		

（学生组内研究，全班汇报）

生 1：（展示表格说明研究内容）

全长（米）	间距（米）	间隔数（个）	棵数（棵）
10	5	2	3
30	5	6	7
50	10	5	6
80	8	10	11

通过研究，我们发现，不管取的长度是多少米，两棵树的间隔是多少米，棵数都比我们求出的间隔数多 1。

生 2：（展示表格说明研究内容）

全长（米）	间距（米）	间隔数（个）	棵数（棵）
10	5	2	3
30	5	6	7
10	10	1	2
120	8	15	16

我们小组研究与第一小组相同，就是在后面取不同长度时，我们小组取的长度与他们的不同，但是也发现了棵数都比间隔数多 1。也就是间隔数 + 1 = 植树棵数。

师：我们把这两组汇报的结果放在一起来观察，就会发现他们研究中的内在相同规律：间隔数 + 1 = 植树棵数（师板书）（师用彩笔将间隔数和棵数之间画上箭头，便于学生观察）。那么间隔数是怎样求出来的？

（生说，师完善板书）

全长 ÷ 间隔 = 间隔数

间隔数 + 1 = 植树棵数

师：通过动手画图、小组研讨、验证猜想，我们发现了这个规律（师在植树

棵数 = 间隔数 + 1 的板书下面画横线）。还有其他不明白的地方吗？

生：老师，我不大清楚这个“1”是怎么来的？两端都栽应该加“2”才行。

（学生来解释，然后教师演示课件，突出一一对应思想）

师：这位同学提的这个问题有价值，这也是同学们不易懂的地方，现在通过课件演示看看，这个“1”是怎么来的？

（出示长度 20 米植树演示图）

师（边说边演示）：20 米长的马路一侧栽树，我们先在左端栽上第一棵，每隔 5 米栽一棵，第一个间隔 5 米对应第一棵树；我们再栽上（生答：第二棵），又间隔 5 米；依次类推，第四棵树对应着第四个间隔。（最后出现下图）

生（学生抢先说了）：但是两端都要栽，最右端还没有栽呢？加的“1”就是这棵树。

师：这位同学理解得很透彻。前面用 20 ÷ 5 = 4，求出的是（生答：间隔数），每个间隔数都对应着一棵树，但要求两端都栽，就需要最右端还要栽一棵，也就需要在间隔数上再加 1。

生：老师，这“1”可以对应最左端的那棵树吗？

师：你是一个善于提出问题的孩子。同学们认为可以吗？

生：我认为可以，在数的时候，可以先数一个间隔对应栽一棵树，栽完就剩最左端没栽，所加的“1”就是那棵树。

（学生解释后出示下图，再次对比强化一一对应思想）

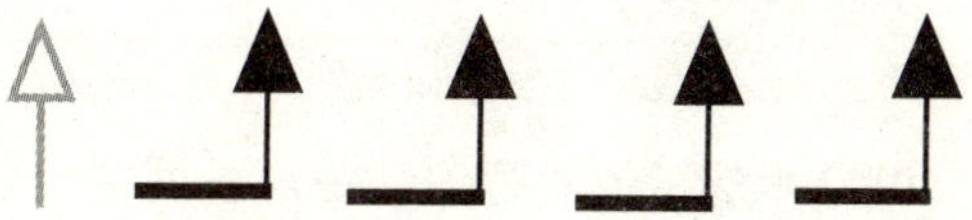

师：提出问题的同学明白了吗？能理解为什么不是加“2”了吗？

生：刚才我只是看到字面意思了，通过演示图我懂了，四个间隔对应了4棵树，最后只有一个端点没有栽，所以加“1”。

反思：学生独立思考、组内研究初步发现“植树棵数=间隔数+1”的规律。然后再扩大研究范围，计算不同长度、不同间隔数，通过概括解决问题中的相同点和不同点，学生从数量关系上发现“长度÷间隔=间隔数”“间隔数+1=棵数”对应关系的普遍性，学生也初步掌握了计算原理和过程。随着学生提出“为什么‘+1’”的问题，通过画图解释，学生又厘清了间隔数与棵数的一一对应关系，清晰地建立了两端都栽的数学计算模型，在这个过程中，渗透了一一对应思想、猜测、验证思想，同时还培养了学生的归纳推理能力。

教学片段四

设计意图：利用规律解决课前研究问题，回应学生开始猜测棵数。应用规律解决变式练习，既利用“植树问题”模型解决了实际问题，又让学生体会到建立植树问题模型是为了解决一类问题。

师：通过研究，我们掌握了两端都栽的植树问题解决策略，那就可以独立完成上课时提出的1000米植树问题。

（学生独立解决后展示）

1000÷5=200（个） 这是植树时的间隔数。

200+1=201（棵） 植树的棵数比间隔数多1。

师：同学们看看开始谁猜测对了，让我们把掌声送给这位同学。猜测199棵和200棵的，下节课我们就会研究到这种情况。

（结合板书师生回头看，回顾本节课的研究过程，梳理学习经历，建立学习方法）

师：通过反馈同学们掌握得很好，请同学独立完成以下几道题目。

（1）运动会上，在笔直的跑道的一侧插彩旗，每隔10米插一面（两端要插）。这条跑道长100米，一共要插多少面彩旗？

（2）在一条全长2000米的街道两旁安装路灯（两端也要安装），每隔50米安装一盏，一共要安装多少盏路灯?

（3）有只袋鼠每跳一下距离约 10 米，在一条小路上留下了它的 20 个脚印。这条小路长多少米?

（同桌完成订正）

师：自己完成这几道“植树问题”，你有什么发现?

生 1：题目由易到难。

生 2：这三道题目都没有植树，第一题就是把每面彩旗相当于棵树，第二题是每盏路灯相当于一棵树，第三题是把每个袋鼠脚印看成一棵树。说明“植树问题”不一定是植树。

师：同学们通过解决问题，发现“植树问题”不一定非得植树，但生活中的这些问题都可以利用“植树问题”的解决思路来解答。在这三道题目中，你感觉哪道题目变化最大?

生：第三道题目与我们前面研究的“植树问题”不同，全长本来是条件，但现在变成了“问题”。我开始直接列式为 $20\times10=200$m。但想到脚印是“棵数”比间隔数多 1，求小路全长是用间隔数乘间隔，所以应该为：$(20-1)\times10=190$m。

师：对，我们在处理“植树问题”时，不是只看题目内容情境，而是要抓住本质的数量关系，正确处理各种变化的“植树问题”。我们要从本节研究解决一种问题的能力上，学会解决这一类问题的本领。

本节课我们研究了植树问题中两端都栽的情况，其实还有只栽一端和两端都不栽的情况，下节课再做研究。在我们身边还有许多问题可以用“植树问题”的思路来解决，如排队、剪绳子、爬楼梯、摆花盆等等，有兴趣的同学不妨也去研究研究，发现它们的规律。相信只要我们用数学的眼光看问题，用数学的思维研究问题，同学们就会越来越聪明，有一天会变成一棵棵参天大树，建设我们的祖国。

反思：练习设计注重层次性和变式训练，从技能熟练到能力发展。第一道练习的变式只是情节变化，由树木变成彩旗，计算方法没有变化，旨在增加学生解决问题的熟练程度。第二道练习的变式属于条件性扩展，两边安装要“$\times2$”常常被学生疏忽。第三道练习的变式是可逆性变化，前面题目中的“全长”都是条件，这里变成了问题。练习设计不是止步于同类的“植树问题”的反复练习，而是通过不同的“变式”，不断激发学生思考，根据纷繁多样的实际情况来解决问题，在解决问题中接受一次次挑战，在挑战中学生的思维灵活度得到一次次的提升，让他们进一步感受到了数学模型的作用。

5. 鸡兔同笼

【教材分析】

“鸡兔同笼”问题是我国民间广为流传的数学趣题，最早出现在1500年前的古代数学著作《孙子算经》中。它集题型的趣味性、解法的多样性、应用的广泛性于一体，是培养学生逻辑思维能力的好素材。“鸡兔同笼”原来是人教版《数学 六年级 上册》第七单元《数学广角》的内容，主要用列表法、假设法和方程法解决问题，修订后将这部分内容移至《数学 四年级 下册》第九单元《数学广角》。由于学生还没学习到方程内容，因此，教材主要通过画图、列表和列式等方法来引导学生逐步解决问题，体会数学的基本思想，培养学生的逻辑推理能力。

《义务教育数学课程标准》（2011年版）在《课程内容》的《第二学段》中提出：“结合实际情境，体验发现和提出问题、分析和解决问题的过程”“通过应用和反思，进一步理解所用的知识和方法，了解所学知识之间的联系，获得数学活动经验”。

【学情分析】

学生在学习“鸡兔同笼”问题之前，对列表法非常陌生，没有用这个方法解决问题的经验。画图法学生能够自己尝试，列式解决开始只有极少数同学能够理解，特别是对于“多出的脚数÷2”的含义，学生开始很难说清楚算理。“假设全部是鸡，先求出的为什么是兔?”“假设全部是兔，先求出的为什么是鸡?”等问题，是学生理解的一个难点。课堂教学要结合学生的年龄特点和认知规律，准确判断学生学习困难产生的原因，借助直观图示，发挥几何直观的作用，及时给学生提供帮助，让学生理解不管是哪种假设，都是先满足一个条件（头数），然后利用假设计算出脚数与实际脚数比较，逐步调换（脚数少了加兔减鸡，脚数多了加鸡减兔），直到满足第二条件（脚数）。学生在调换中厘清思路，加深对假设思想的深刻认识，熟练地掌握这类问题的解决方法，以建立清晰的数学模型。

【学习目标】

（1）引导学生经历猜测、计算、推理、调整等过程，理解并掌握用列举法、假设法、列式法解决鸡兔同笼问题，体会解题策略的多样性，初步形成解决此类问题的一般性策略。

（2）在探究的过程中，培养学生严谨的思维品质和勇于探索、敢于质疑的理性精神，渗透列举法、假设法、数形结合、推理、模型等数学思想方法，进一步提高学生的逻辑推理能力。

（3）通过数学史料，感受古代数学问题的趣味性，增强民族自豪感，同时体会“鸡兔同笼”问题在生活中的广泛应用，增强应用意识。

【教学策略】

结合学生认知难点和教材编排内容，在实施课堂教学中做了如下调整：

（1）结合学生认知规律在导入设计上用鸡兔互学走路引起脚的只数变化，为学生提供学习有用经验，为后面学习列表、画图、列式解决问题时，提供脚数增减变化的思维基础，有利于后续自主探究活动的展开。

（2）引导学生在探索解决问题的策略中，体会画图与列式之间的联系。学习中发现刚开始学生对列式的算理没有理解清楚，特别是对于假设后求出脚的只数与实际只数相比，“多出的脚数 ÷ 2”或“少出的脚数 ÷ 2”是什么含义不理解，“为什么假设全部是兔，先求出来的却是鸡的只数?”这些都是学生学习的难点，学生自己汇报时也不能解释清楚。这时利用“画图”方法学生就一目了然，结合每一步画图对应列出算式就能说明列式的道理了，也让学生体验到直观的优势和列式的数学美，同时在理解画图法和列式法解决问题的过程中渗透了数形结合的数学思想。

（3）帮助学生体验三种方法的内在联系。学生在研究中逐步体验到“画图、列表、列式”这三种方法本质是一致的，只不过是假设思想的不同体现而已。都是先假设全部是兔或是鸡，满足了第一条件（头），然后再计算现在的脚数与实际脚数对比，根据多或少进行调换直到满足第二个条件（脚）。在教师总结学生的汇报时，要有意识地将这些方法对比，让学生发现内在联系，触类旁通，既让学生学会了各种解决问题方法，又让学生对利用假设思想解决问题产生深刻的认识。

教学片段一

设计意图：通过有趣的故事，唤醒学生与本节课有关的生活经验。

课前交流、师讲故事：

鸡学兔、兔学鸡走路的故事：在很久很久以前，有一群鸡和兔子在草地上玩，兔子看到鸡昂首挺胸的样子，觉得很可爱，就模仿起来。我们用下图分别表示兔和鸡。谁是兔，谁是鸡？对，示意图上面表示兔，下面表示鸡。

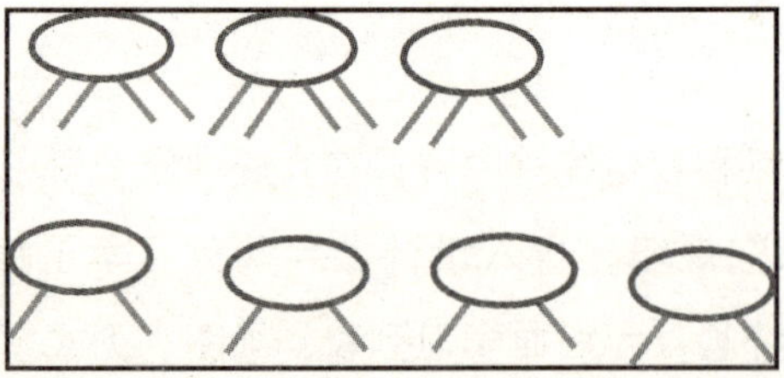

你们知道兔是怎么学鸡走路的吗？（生答：兔子把两条前脚抬起来了）一只兔子学鸡走路，地上少了几只脚？2 只兔学鸡走路少几只脚？3 只兔呢？兔子觉得鸡很可爱，鸡也用欣赏的眼光看兔子，觉得它用四条脚走路很威风，于是也想学兔子走路。如果把翅膀看成脚的话，一只鸡学兔子走路，地上多了几只脚？2 只鸡学兔子走路多几只脚？如果多了 8 只脚，那有几只鸡在学兔走路？

鸡和兔你学我，我学你，玩着玩着，还玩出了有趣的“鸡兔同笼”问题呢，这节课就一起来研究这个问题。

反思：通过讲故事，让学生理解鸡兔转化引起脚数的变化，适合学生的认知起点，也能激发学生的学习兴趣，更为重要的是积累对本节课学习有用的经验，为学生学习“鸡兔同笼”问题奠定情感基础和思维基础。

教学片段二

设计意图：研究列式法、画图法推理过程，初步体验一一对应思想和数形结合思想。

出示问题：鸡兔同笼，上有9个头，下有26只脚。鸡和兔各有几只？

问题出示后，学生读题分析条件和问题。

学生独立尝试，自主探究。学生完成后选取典型做法，全班交流。

生：$9\times4-26=36-26=10$（只）

$10\div2=5$（只）

$9-5=4$（只）

答：鸡有5只，兔有4只。

（以上学生展示完自己的算式，有的学生投来羡慕的眼光，同时也出现质疑的声音，你是怎么做的？）

师：看到同学们的表情，能猜出来有些同学还不理解他的算法。就请这位同学给大家介绍一下自己的算法吧！

生：先把笼子里的9个头全部看成兔，兔有四只脚，那么现有$9\times4=36$只脚，但题目说了实际有26只脚，这样就减少$36-26=10$只脚，就像前面说的，要让兔子变成鸡，每把一只兔子变成鸡就会少2只脚，10只脚就需要把5只兔子变成鸡，鸡的只数就是$10\div2=5$（只），那兔的只数就是$9-5=4$（只）。

我还演算了一下，按照条件正好是26只脚。

$4\times4+2\times5=16+10=26$（只）

师：听了他的讲解，同学们有什么疑问吗？可以向他提问。

生1：他讲的把笼子里的鸡兔都先看成兔，计算出36只脚我都明白。就是不明白为什么要$10\div2$呢，这个“2”是什么意思？

生2：这个“2”表示的是鸡有2只脚。

生3：我认为这个“2”应该是鸡比兔少的2只脚。

师：两位同学们说法不同，你们同意谁的意见呢?"

（同学们的意见不一致。）

师：你是怎么会做的?

生：我学奥数，那里的老师早就讲过这类问题了。

（这位同学在我们班是一位数学明星，他掌握的方法原来是在奥数班学的，他的方法虽有些同学还没有明白，但是他说到了假设的方法很好，为其他同学提供了数学思想方法上的引导。）

师：这个算式确实简练，但现在有的同学还没有理解、掌握。刚才我看到有的同学就是用课前兔学鸡、鸡学兔画图的办法做出来，画图这个方法很直观，通过画图法看看这里的“2”是什么意思也许能够解释清楚。

生：（边讲边画）我先是把 9 只动物全部假设成兔，每只兔都是 4 只脚，一共有 36 只脚，实际上只有 26 只脚，这样就多了 10 只脚，为什么多了呢? 就是因为 9 只里面有鸡，但都假设为兔了，这样我就把部分兔换成鸡，换一只鸡就减掉 2 只脚，10 只脚就需要把 5 只兔换成鸡。所以，算式中的“2”，应该是把 1 只兔换成 1 只鸡，减少的 2 只脚。（学生画的图如下）

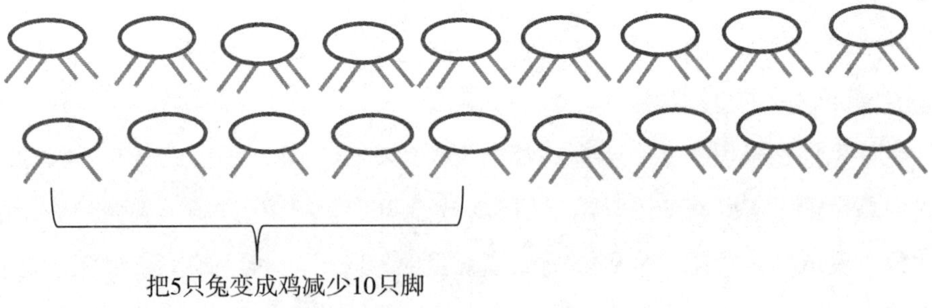

（学生借助直观图讲解，从学生表情可以看出同学们听懂了。）

师：听了他的讲解，同学们有什么疑问吗？可以向他提问。

生 1：你画图时为什么画 9 只兔?

生 2：我是假设全部是兔，只能全部画兔。

生 3：要是假设全部是鸡开始画时简单些。

师：看来前面这位同学没有想到画图麻烦这件事，你想的还是比较全面的。但我们不管是先画谁，都是用了“假设”的方法，这说明画图和刚才的算式计算是有相同点的。请大家看，这位同学假设全是兔，先求出的5只是兔还是鸡的只数?

生：是鸡的只数。

师：这就有疑问了，为什么假设的全是兔，先求出的却是鸡的只数呢?

生：第一步假设全是兔，利用兔4只脚，计算出的36只脚比实际脚的只数多了，这样就需要把兔调换成鸡，每调一只鸡减少2只脚，需要调换5只鸡才行。所以先求出了鸡的只数。

师：我们结合画图再来解释计算过程。(师生共同分析）我们看到其实每一步算式与每一步画图都是一一对应的，尽管方法不同，但是道理是一样的，都是用“假设”看成一种动物，然后再根据脚的只数调整，直到满足脚的只数条件为止。

反思：通过上课证明，优等生虽然能够列出算式，但是对于算式中“÷2”的含义，自己也很难说清楚算理，只是模仿能够计算正确结果。学生通过画图直观地看到“2”的变化过程，正确理解并推理每一步的含义，特别是理解“假设全部是兔，先求出的为什么是鸡的只数”这个问题，这就解决了学生在思想认知中的最大障碍，在这个过程中同时培养了学生利用数形结合思想解决问题的意识和能力。

教学片段三

设计意图：研究列表法，从有序列表中找到替换规律。对比三种解法，提炼假设思想本质。

师：刚才这两位同学用了不同方法解决了这个问题，还有用其他方法做的吗?

生：我们是用列表的方法做的。

师：好的，把你们的做法汇报一下，让同学们分享你们的智慧。

生1：我们是用的假设法。鸡和兔子一共9只，假设有9只鸡，0只兔，算出18只脚，看出比实际脚数少，就改为8只鸡，1只兔，则脚有20只，发现还少，再调换，一直到5只鸡，4只兔，脚数就是26只了。所以我们就找了答案，笼子里有5只鸡，4只兔。(如下图)

鸡	9	8	7	6	5		
兔子	0	1	2	3	4		
脚	18	20	22	24	26		

生 2：我们组也是用列表法做的，但比他们的简单，我们第二次就找到答案了。

师：看来我们班聪明的同学还真不少，那就展示你们的“作品”让同学们好好学习一下。

学生先展示作品，然后解释自己做的过程。

鸡	6	5	4				
兔子	3	4	5				
脚	24	26	28				

生：我们小组没有从 0 开始假设，因为鸡兔同笼不可能出现 0 只鸡或 0 只兔，刚才研究前，我们大体估计了一下脚的范围，就从 3 只兔子开始假设，这样鸡就是 6 只，计算出 24 只脚，发现少了 2 只脚，这样就需要再增加 1 只兔减少 1 只鸡，到第二次就找到答案了。后面这个是起验证作用的，再增加兔，脚的只数就不对了。

师：这个小组同学做的次数比第一组同学的少了，在做之前，先大体估计了一下范围，然后很快找到了答案，这种方法就比前面小组的优化了。这个表格中真的藏着一个小秘密，我们结合第一次汇报的表格来观察。

（师生完善表格如下。箭头指示是学生边汇报边出示）

鸡	9	8	7	6	5	4	3	2	1	0
兔子	0	1	2	3	4	5	6	7	8	9
脚	18	20	22	24	26	28	30	32	34	36

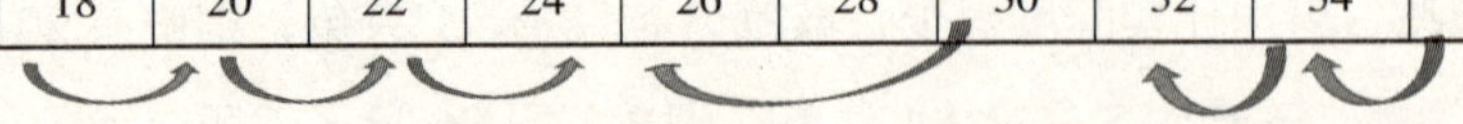

师：仔细观察表格，你有什么发现？

生 1：开始全部看成了兔，兔的只数每减少 1 只，鸡的只数就增加 1 只。同样鸡的只数减少一只，兔就增加 1 只，它们的和不变。

生 2：每增加一只鸡，脚数就减少 2 只。每增加一只兔，脚数就增加 2 只。

师：这是为什么？

生：兔子有 4 只脚，鸡有 2 只脚，鸡每多一只，就相当于把 1 只兔子变成 1 只鸡，也就是前面说的兔子站起来走路了，就减少 2 只脚。

师：那要是减少 2 只兔子呢？

生：减少 4 只脚。

师：减少 5 只兔呢？

生：减少 10 只脚。

师：同样每增加 1 只兔子就会增加 2 只脚，我们这样有序思考就能找到需要的脚数。有了这个经验，像前面这位同学在列表时，就不用一只只地调换了，可以估计出范围跳跃尝试即可。通过列表法能够看到假设只数，计算出脚数便于做出调整。刚才我们利用不同方法解决了“鸡兔同笼”问题，你观察这些方法之间有相同之处吗？（师展示三种方法：画图、列表、算式）

生：有，它们都是用的假设法，把笼子里的动物都看成兔或是鸡，然后计算出脚的只数与实际只数比较，看看是多了还是少了，再调换鸡与兔的只数，直到脚数再相等。

师：对，这三种方法在解决“鸡兔同笼”时，尽管表现形式不同，但是道理是相通的，都是先看头的数量“假设”满足第一个条件，然后根据假设计算出脚的只数与实际脚的只数“比较”，最后根据脚的只数进行“调换”，直到满足第二个条件（脚的只数）。

反思：重点介绍了列表法解决问题的思路，让学生看到列表也是利用“假设”思路解决的，看似三种不同的思路，但有共同的内在联系，学生厘清了“假设同一种动物——计算脚的只数比较——根据脚的只数多少调换对应数量”的解决问题的基本思路。掌握了先满足第一个条件，再满足第二个条件的规律，对“假设法”有了清晰的认识。学生动手操作、班级汇报解题过程帮助学生进行了思辨分析，使学生养成了理性态度，同时渗透了变中求不变的思想。

教学片段四

设计意图：利用规律解决问题，加深对“鸡兔同笼”本质的理解，体会建立数学模型的必要性。

师：我们掌握了用不同方法解决“鸡兔同笼”问题，请同学们用自己喜欢的方法独立解决下面这道“鸡兔同笼”题目。（出示题目）

鸡兔同笼，有30个头，100只脚。鸡、兔各有几只？

（学生独立解答，然后班级汇报）

师：同学们都完成了，我先做一个调查。用列表方法的请举手（不少同学举手了），用算式计算的请举手（也有不少），用画图方法的请举手（没有同学举手了）。

生：这里有30只数量太大了，再用画图方法就麻烦大了。（不等老师发问，有的同学已经说明了原因）

师：刚才我们的研究说明三种方法道理是相通的，但是在选择用哪种方法解决时要根据实际情况来做决定。

（学生展示自己做法）

生1：列表法。

鸡	30	10					
兔子	0	20					
脚	60	100					

我把它们全部看成鸡，计算出脚的只数是60只，这样就少了100－60＝40（只），就要增加兔子的数量，我们已经知道用跳跃尝试，又知道增加一只兔子就要增加2只脚，40只脚需要增加20只兔。那么鸡就是10只了，利用调换后的数量计算出脚的数量正好是100，所以有兔子20只，鸡10只。

生2：列式法。

我把30只鸡兔都看成兔，这样脚的数量是4×30＝120（只），实际脚数是

100 只，多了 120 - 100 = 20 只脚，这样就需要将兔调换成鸡，每增加 1 只鸡就会少 2 只脚，这就需要有 20 ÷ 2 = 10 只鸡，兔子只数：30 - 10 = 20 只。

生 3：列式计算

（4 × 30 - 100） ÷ 2

= 20 ÷ 2

= 10（只）

兔的只数：30 - 10 = 20（只）

答：鸡有 10 只，兔有 20 只。

师：你解释得很清楚，把自己的计算推理过程讲清了。谁能变一下假设，如果把 30 只全部看成是鸡，又该则怎样计算呢？

（很多学生跃跃欲试，选择一名同学板书）

生（边板书边讲解）：30 只全部假设成鸡后，脚的只数是 2 × 30 = 60 只，但实际是 100 只脚，少了 100 - 60 = 40 只，这样就需要增加兔的只数，每增加 1 只兔就会增加 2 只脚，40 只脚需要增加 40 ÷ 2 = 20 只兔，鸡的只数就是 30 - 20 = 10 只了。

列式为：

（100 - 2 × 30） ÷ 2

= 40 ÷ 2

= 20（只）

鸡的只数：30 - 20 = 10（只）

答：鸡有 10 只，兔有 20 只。

（学生讲完，教室里响起了热烈的掌声）

师：看来你们的想法和他的分析是一样的，掌声是给这位同学的表扬鼓励，同时也是给自己的肯定。现在已经明白列式计算的每一步算理。其实在日本还有个“龟鹤算”问题，请看题目：

有龟和鹤共 40 只，龟脚和鹤腿共有 112 条。龟、鹤各有几只？

日本的“龟鹤算”和我们的“鸡兔同笼”有联系吗？

生：有联系，其实本意是一样的，龟就相当于兔，都是四只脚，鹤就相当于鸡，都是两只脚。算法相同。

师：日本的“龟鹤算”问题就是从我国的“鸡兔同笼”问题演变来的。其实，我们研究的“鸡兔同笼”问题也不仅仅就是只有鸡与兔，它是这一类问题的统称。在我们的生活中还有许多类似“鸡兔同笼”的问题，也能用今天的学习的方法来解决它。

（出示题目）

（1）盒子里有大、小两种钢珠共30颗，共重266克。已知大珠每颗重11克，小珠每颗重7克。盒中大、小珠各有多少颗？

（2）信封中放着2元和5元钞票，共8张，共31元。信封中2元和5元的钞票各有多少张？

（3）一班38名同学来公园乘船游玩，共租8条船，大船乘6人，小船乘4人。每条船全部乘满。大、小船各有几条？

（学生独立解答，然后汇报，并说明每组题中谁代表“兔”，谁代表“鸡”，谁又是头数和脚数）

反思：我国数学家吴文俊先生指出：中国古代数学的特点是从实际问题出发，经过分析提高，再抽象出一般的原理、原则和方法，最终达到解决这一大类问题的目的。“鸡兔同笼”问题鲜明地体现了这一特点。如果把“鸡兔同笼”问题仅仅当作一个典型问题，价值不是很大，但当作一个模型来理解，它就具有了现实意义，就是有价值的数学。因此，这一环节引导学生从“鸡兔”“龟鹤”“人民币”“租船”问题中，作出初步的对比、分析、提炼，构建了鸡兔同笼问题的模型，渗透了模型思想。

6. 小数乘整数

小数四则运算在日常生活中应用非常广泛，它在小学阶段“双基”（基础知识和基本技能）中体现尤为明显。例如：在小学五年级上学期就安排了小数乘法和小数除法的计算教学内容，计算过程复杂，是本学期计算教学的重点和难点内容。因为经常会听到有些老师或家长反映说孩子接触小数乘法后计算能力明显下降。小数乘法真的那么难吗？

学生从整数计算到小数计算，是计算能力的又一次扩展和提升，在思维认识上不是简单的一两句话可以概括的。在这里，探究“算理”是重中之重，是数学内涵的一次质的飞跃。我认为，小数乘法是需要转化成整数乘法来计算的，计算方法的推导与小数乘法意义联系不大，所以我们要淡化小数乘法意义的教学，把重点放在计算算理和方法的总结上，让学生真正理解计算小数乘法时需要把小数转成整数的必然性。借助“十进制”计量单位将小数乘法计算转化为已经掌握的整数乘法计算，使学生进一步明确由新知变成旧知，再自然而然地利用已有知识经验解决数学实际问题，这种一系列的思维过程为学生理解算理找到了“支撑点”。

下面，我把自己教学的两个片段做了整理，与大家分享。

教学片段一　导入片段

出示章前图：3 名同学在购买风筝，四种风筝单价分别是：4. 6 元、3. 5 元、6. 4 元、2. 8 元。根据这些信息你能提出哪些数学问题?

学生提出不同问题，老师记录，然后选择一个问题研究。

生：购买 3 个单价是 3. 5 元的风筝需要多少钱?

师：我们一起研究购买这样的 3 个风筝需要多少钱?（师标出问题）请同学们先独立思考，把自己的解决过程记录下来，等一下我们再交流。

（学生独立试做，然后在小组内交流，教师巡视，全班交流，学生作品用展台逐一展示）

生 1：连加：3. 5 +3. 5 +3. 5 =10. 5（元）。

我们结合题意购买 3 个风筝就是 3 个 3. 5 是多少? 我们也想用乘法计算，但是临时不会，就想到用连加的方法解决了。

生 2：转化：3. 5 元 =35 角　35 ×5 =105 角 =10. 5（元）。

我们组研究发现把 3. 5 元转化成 35 角，就变成了以前的整数乘法，这样就能计算了，最后把结果再转化成元就是 10. 5 元。

生 3：乘法：3. 5 ×3 =10. 5（元）。

我们能够列出乘法算式，想 3. 5 元分成 3 元和 0. 5 元，3 元乘 3 是 9 元，0. 5 元乘 3 就是 1. 5 元，那么合起来就是 10. 5 元。

生4：列竖式。

（让学生板书在黑板上）

$$\begin{array}{r} 3.5 \\ \times\ \ 3 \\ \hline 10.5 \end{array}$$

师：只有一个组列出了竖式，请你代表本组解释竖式的计算过程。

生：我们想到以前学习的乘法是将两个因数上下放，又想到位数对齐，所以两个“3”上下对齐。

（学生的解释能看出受小数加减法列竖式负迁移影响较大）

师：你的结果是怎么得到的？

生：“3”与“3.5”从低位乘起，乘完后是105，再点上小数点。

师：乘得结果是105，为什么还要点上小数点呢？

生：105是35×3的结果，但我们计算的3.5×3，所以结果要点上小数点。

反思：出示章前图，学生提出不同问题，根据学生的问题提炼出研究内容，学生独立试做就是让学生头脑中的各种原认知得到“暴露”，组内探索提供了多种解决方案，这些方案的出现就是学生对小数乘法算理的初步理解。通过多样化的算法解释，学生共享全班智慧，利用已有经验和方法解决同一问题，就会产生对比、筛选、提升和加工，找到更为合理的计算方法，从而解决了小数乘法。师生再探究出现的问题，也正是学生思维的难点，借用这些生成资源正好突破学生认知中的困惑。例如，学生列出竖式中两个“3”对齐这就是很好的资源。

教学片段二 变式练习纠错片段

学生理解算理和掌握计算法则后，出示变式练习。

师：下面这个计算对吗？

$$\begin{array}{r} 3.16 \\ \times\ \ \ \ 35 \\ \hline 1580 \\ 948\ \ \\ \hline 11.060 \end{array}$$

生：这个结果不对。计算时看 35×3 就是 105 了，现在结果才 11.06 一定错了。结果应该 105 到 120 之间吧。

师：这个同学一眼就看出来了，他利用了估算的方法，估计出这个结果的大体范围。有办法解决它吗?

生：计算一下就行了，我们已经会计算小数乘法了。

师：那我们自己独立计算一下，看这个积到底是多少?

(学生独立计算，完成后汇报)

师：你说一下计算过程。

生：把 3.16 扩大 100 倍，变成 316，然后按照整数乘法计算，得到的积为 11060，然后需要积 11060÷100，也就是缩小 100 倍，得 110.6。

师：这个同学解释得很清楚，看看这个结果到底怎么错的?

生：多点了一位小数。

(学生仔细对比自己计算过程和错题的结果)

生：老师，我看出来了，他是先划掉 0，再点的小数点。应该是乘完点上小数点再划掉小数末尾的 0。

生：没点小数点前 11060 还是整数呢，怎么能划掉末尾的 0 呢? 老师，这个题目计算没问题，就是最后点小数点和去末尾的 0 的程序出问题了。

师：看来只掌握小数算理和算法还不够，还要注意积最后有 0 的小数乘法，要先数小数位数点小数点，再去掉小数末尾的 0 才对呀。

反思：学生通过研究 3.5×3 和 6.4×12（此题研究过程本书未展示）这两道题目，了解了小数乘整数的计算法则和算理，但是这节课仅仅有这两道题目研究是不够的，我在后面设计了 3.16×35 这道判断正误的练习，让学生经历观察、对比、表述等计算过程，不断强化学生对小数乘法算理、算法的理解和认知。同时通过学生的表述过程也能够看出其对知识的通透理解，为后面学习小数乘小数奠定了很好的认知基础。

7. 两位数除以一位数

《数学　三年级　上册》的第一个单元的教学内容是“除数是一位数的除

法”。凭教学经验，我知道计算的重点是厘清算理、掌握算法。在课堂教学中，我先让学生借助小棒操作分解，再利用 PPT 演示过程，使学生清楚理解每一步的计算原理。一节课下来我感觉到课堂教学很成功，因为我和学生通力合作，教学过程很顺利。可是第二天小崔和小曲两位同学在家庭作业中的计算表现，给了我重重一击，着实有些“打脸”。这两名同学的计算题没有一道是对的，我也没有看懂他们的算式。

我把他们的计算过程拍下来，分析分析吧。

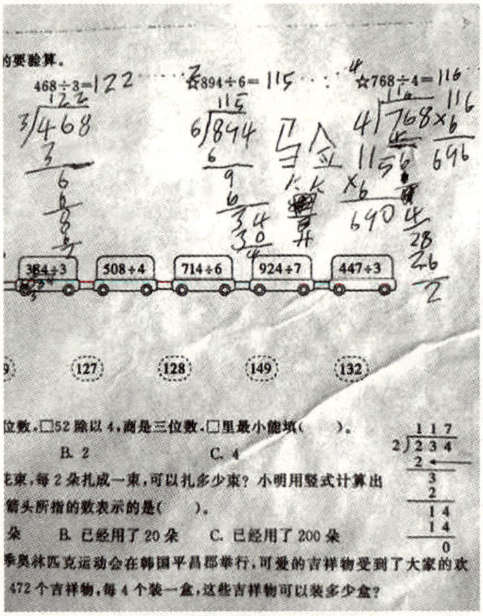

小崔同学的计算过程

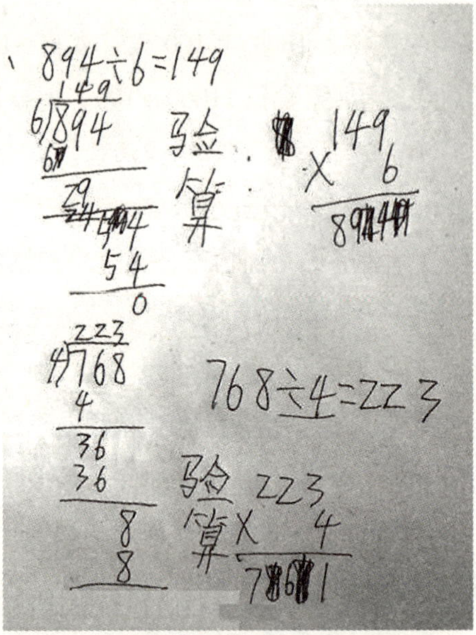

小曲同学的计算过程

小崔同学显然不知道商百位上的 1 与除数 3 相乘，积得 3 个百，再被被除数 4 个百减去，结果他没有写出百位上的差为 1。被除数落下的数，要与原来位数位置对齐，他也不明白，而将个位的 8 写在了十位的位置上。

小曲同学没有掌握除法竖式计算的基本方法，不懂每一步上的商与除数相乘，所以在 768 ÷4 中，第一步在百位上写的商就是 2。商和除数相乘，积应该是 8 个百，但他在被除数下写了 4……可以看出小曲对除法竖式根本不理解。

遇到这种情况，大部分教师会“头疼医头脚疼医脚”，通过再讲解再分析让学生“在哪里跌倒就在哪里爬起来”。我却判断这两名同学的问题不在当下，应该在二年级学习时，对除法的基础起点知识就没学好，不懂每一步的计算算理。现在在课堂上跟着同学和老师的思路走，好像理解了，但是回家“独立作战”，思维就断档了，也就做不对了。

果不其然，我利用课余时间与学生交流，才知道这两名学生是从不同学校刚刚转来的，二年级所学除法知识留有隐患。当天下午，我就利用自习课单独给这两位同学补讲二年级除法的计算方法和算理。在“新内容”上，我没有急于讲解，而是让他们自己先试做。完成后我问小崔：“怎么样？能懂了吗？”小崔说：“老师，我懂了。与前面的算理一样，就是多了一步。”

“老师，我也懂了。昨天我是乱写的。”小曲也不好意思地说。

我看着他们这次真的会做题了，脸上也露出了微笑。

反思：教学中出现学生不会的情况，教师应从学生的实际情况出发，分析出现问题的原因，帮助学生找到知识生长点和认知衔接点，做好知识铺垫，让学生在自己的知识积累中理解新知，构建正确的认知能力。学情是知识的生长点和出发点，我们要努力发挥它应有的价值。

8. 三位数除以一位数

我们在三年级时曾学习过“三位数除以一位数笔算除法”，它是在前面学习“两位数除以一位数”的基础上延伸学习的。在教学中，我感觉学生对前面两位数除法的学习掌握得还不错，预估学生能够借助原有知识解决今天的三位数除以一位数笔算除法。但事与愿违，在真正的课堂教学中学生却出现了我没预设到的问题，但是通过学生间“你来我往”的讲解辩论，找到了问题的核心，解决了本节课学习的难点。一节课下来，我感觉到有争论的课堂更有一番别样的“滋味”，学生对于算理、算法的理解似乎更透彻、更清晰。有几个片段，至今记忆犹新，与大家分享。

教学片段　导入片段

出示问题：我们这里是大蒜之乡，盛产蒜薹。刘经理今年收购了 156 吨蒜薹，他计划将这些蒜薹存放在 4 个冷库中。平均每个冷库存放多少吨蒜薹?

师：通过上面题目你了解了哪些信息?

生 1：刘经理收购了 156 吨蒜薹，要存放在 4 个冷库中。

生 2：平均每个冷库存放多少吨? 就是把 156 吨平均分成 4 份，应该用除法计算。

师：你读完题，根据题意知道用除法计算，同学们掌握得不错。昨天刚刚学习三位数除以一位数的除法，今天我们继续研究它。看看同学们能不能试着独立解决它。

（学生独立试做，教师巡视。在巡视中发现了刘明同学的计算与其他同学不同，我没有急于和他交流，而是让他把自己的计算过程写在黑板上，与其他同学交流自己的计算思想和计算方法）

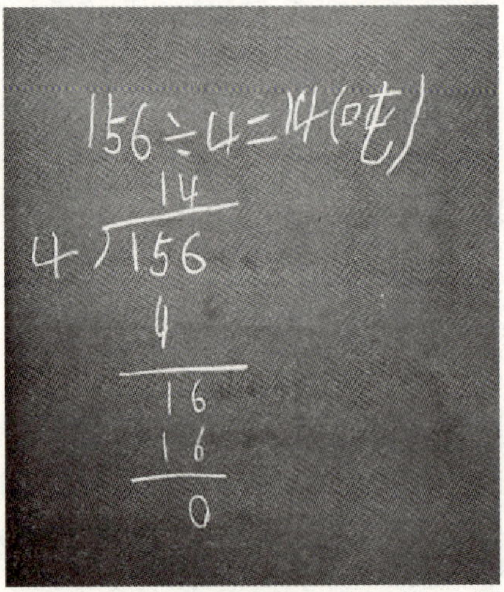

刘明板书

刘明解释：我在列竖式计算时，看到被除数的最高位上的 1 不够 4 除，所以继续往后看，看到 5 够了，就商 1，完成第一步。然后按照以前学习的方法计算，5 减 4 得 1，个位的 6 落下来组成 16 再除以 4，商 4 正好除完。同学们明白我的做法吗?

（同学们没有积极的回应）

师：同学们，刘明讲完了自己的计算，你们懂吗?

（结合刘明的讲解，学生还在看他“合情合理”的算式）

张效瑜：你计算的不对吧！你是在用56除以4的吧！（还是张效瑜先看出了“门道”）

刘明解释道：前面的1不够除我才看后面的5呀！

张效瑜反问：对呀，不够除也不能不要它呀！你这样计算的商是14，那你用乘法验算过吗？

另一位同学追问：是呀，你验算过吗？

师：我们知道用乘法可以验算除法，现在就让刘明先演算一下。

张效瑜追问道：你现在口算一下14×4=？

（刘明也意识到出问题了，马上用手比划着演算起来）

刘明：是56，而不是156。

（刘明知道错了，想擦掉重做，我没有允许）

师：同学们，我们通过用验算的方法发现刘明同学计算错了，但是我们也要感谢他为我们提供了这个“错误的资源”，也正是因为有了这个“美丽的错误”，同学们才知道被除数最高位不够除该怎么办了，是吗？那我们应不应该把掌声送给这位“最勇敢的、最美丽的错误”的持有者，刘明呢？

（教室中响起来掌声）

师：我认为掌声还要送给张效瑜，是他机智的头脑和提供的检验方法，让这个错误能够显出“原形”。这种检验思想值得大家学习。

（于是，又是一番雷鸣般的掌声……）

师：发现最高位不够除，这种情况在前面学习两位数除法时研究过吗？

生：研究过。再看后一位，两位结合后再除。

高紫萱：老师就看看我的算式，我能解释明白。

高紫萱板书后讲解：第一步观察方法和刘明相同，发现百位上的1不够4除，就看到十位上的5，15个十除以4，商3，对着十位写3，得12个十，15个十减12个十剩3个十，再把个位的6落下来，变成36个一除以4，个位商9得36，最后得0。我用39×4验算正好得被除数156。

高紫萱板书

师：你都知道直接验算了，证明自己结果正确。那我问你，这里写的 12 是代表多少？

高紫萱：代表 12 个十。

师：高紫萱你做得很好，讲得也很好。再把你认为计算中需要注意的地方说一说吧。

高紫萱：今天学习的除法与昨天学习的其实差不多，就是最高位上不够除了，需要看下一位，但是刘明只看下一位了，百位的 1 他不要了，那就不对了，他需要把前两位合起来看，这是一个关键，下面的做法与原来的就一样了。

（同学们为高紫萱送上了鼓励的掌声……）

反思：这节课的成功处理就是借用学生的“错误”资源，在寻找出错“病根”的研讨中厘清算理和算法。我关注学生的思维差异和卡点，在学生出现困难、需求时，与我的帮助“相遇”。正是借助“错误”的资源，既对比强化了正确的算理和算法，又让学生养成了自觉检验、自我反思的好习惯。

9. 韦恩图

“韦恩图”是人教版《数学　三年级　上册》第八单元“数学广角·集合”的教学内容。在东营市某次优质课评选中，有来自不同县区，不同学校的 7 位老师分别执教了这节课。讲课过程精彩纷呈，有的导入环节设计很巧妙，有的新授环节有精彩，有的总结提升环节颇有趣味。我也讲过这节课，有我个人的设计思路。现在我把众家所长集中起来，整合成一个教学设计，供大家参考。

教学片段一　设疑的导课

先计算，再观察统计表，引发认知“冲突”。

师：同学们喜欢做运动吗?

生：喜欢。

师：我们学校今年趣味运动会增设了跳绳和踢毽子两个项目。三年级一班参加跳绳比赛的有9人，参加踢毽子比赛的有8人。参加两项比赛的共有多少人?你会计算吗?

生：一共17人。

师：算式怎么列?

生：9+8=17人。

学生根据自己已有的学习经验很快地计算完成。

师：今天我还把所有参赛队员名单带来了，请同学们看看。(出示名单)

跳绳	杨明	陈东	刘红	李芳	王爱华	马超	丁旭	赵军	徐强
踢毽	刘红	于丽	周晓	杨明	朱小东	李芳	陶伟	卢强	

师：观察统计表，你有什么发现?

设计意图：课堂导入简洁，借用学校运动会，告诉学生参加跳绳和踢毽子的人数，求一共多少人?按照“惯例”学生很快计算出结果。仔细观察表格发现问题，引发学生认知“冲突”，从而激发探究欲望。

教学片段二　引出韦恩图

利用“冲突”，设计新的表示方式，引出韦恩图。

学生通过观察，发现实际人数与自己设想的人数不同，开始按照老师的要求设计新的表示方式：让别人一眼就能看出重复的人数。

学生出现不同的表示形式。

生 1：变化统计表（在 3 位重复参加项目的同学名字下面标注不同横线。）

跳绳	杨明	陈东	刘红	李芳	王爱华	马超	丁旭	赵军	徐强
踢毽	刘红	于丽	周晓	杨明	朱小东	李芳	陶伟	卢强	

生 2：把 3 位重复参加的同学名字放到前面，一眼就能看到。

跳绳	刘红	杨明	李芳	陈东	王爱华	马超	丁旭	赵军	徐强
踢毽	刘红	杨明	李芳	周晓	朱小东	于丽	陶伟	卢强	

生 3：重新设计表示形式。

只参加跳绳	两项都参加	参加踢毽子
陈　东、王爱华、马　超 丁　旭、赵　军、徐　强	杨　明 刘　红 李　芳	于　丽、周　晓、朱小东 陶　伟、卢　强

学生认为这种表示方法是把两项都参加的同学名字放在中间，便于观察，还距两项一样远，不易混淆。

老师展示所有学生作品对比，找到相同点和不同。根据学生原图加工，逐渐出现韦恩图初始形状（如下图）。特别是加工统计表的表示，让同学们了解到集合表示更清楚。但是老师没有说出韦恩图这个概念。

跳绳	刘红	杨明	李芳	陈东	王爱华	马超	丁旭	赵军	徐强
踢毽	刘红	杨明	李芳	周晓	朱小东	于丽	陶伟	卢强	

学生汇报完成，老师出示一个图示，但是没有点出这是韦恩图，而是让学生说明这种表示和前面的表示方式有什么区别和联系？

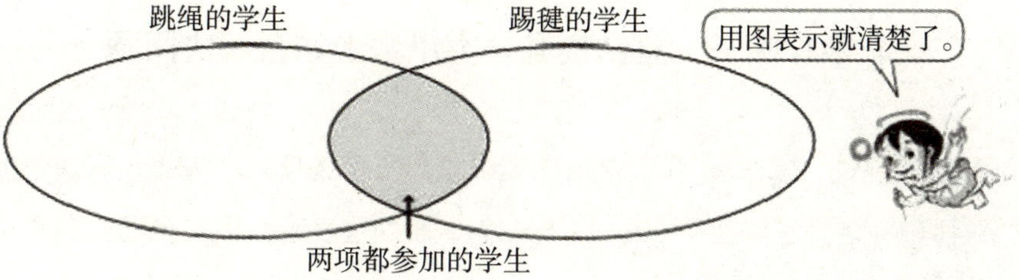

生：老师变化后的图更清晰，更简单，让人一眼就看出各部分表示的含义。

生：重复部分很明显，不会出现两个项目人数简单相加了。

师：我们看到的这个图在数学上叫韦恩图。1881 年，英国逻辑学家韦恩在自己的著作中应用了此图，引起大家的关注。后来此图才广泛应用于生活，人们用韦恩的名字命名了这种集合图。

（观察自己的作品与韦恩图之间的联系和区别）

（师解释韦恩图各部分表示的意义。并说明同一“集合”中不能出现重复名字，集合中名字的先后顺序不作要求）

这里利用课件演示不同的区域范围，学生说出其分别代表的不同含义。

主要有五个部分：参加跳绳的（9 人），只参加跳绳的（6 人），参加踢毽子的（8 人），只参加踢毽子的（5 人），既参加跳绳又参加踢毽子的（3 人）。

设计意图：借用前面的认知“冲突”，引导学生动手表示出两项活动都参加的同学。这个环节学生会出现不同的表示方法，老师要真正关注学生的思维状态，逐步引导学生画图表示，而不能只关注预设。展示学生作品时没有出现韦恩图图示这个预设，是教师尊重学生的思维差异，并从“学生作品”出发解决学生的困难和需求。

教师将多个学生作品逐一展示，然后集中对比，引导学生学会倾听，同时也要学会借鉴他人方法对比调整自己的思维方法。使学生的课堂参与度、深度、广度都得到提升。

看似简单的对比，让学生体会的却是数学研究的思维过程，让学生真切感受到自己的研究与数学家的研究是有相通之处的，是自己和数学的一次倾情对话，这对学生理解概念有更好的作用。激发学生的求知欲，让他们体验到与成功近距离接触的快乐。

教学片断三　总结提升，突出数形结合解决问题

师：通过刚才的研究，我们在韦恩图中表示出了各项参赛人数。同学们能列出算式解答吗？（老师在学生列出的 9 +8 =17 下面划线表示）我们自己先独立试做。

（展示学生的列式解答）

生 1：9 +8 -3 =14（名）。

生 2：6 +3 +5 =14（名）。

生 3：9 +5 =14（名）。

生 4：8 +6 =14（名）。

展示后要让学生解释所列算式分别表示的含义，重点解释第一个算式的含义：要求一共多少人参加比赛，将参加跳绳和踢毽子的人数相加，即 9 +8。但是有 3 名同学两项都参加了，在跳绳的 9 人里面加了，在踢毽子的 8 人里又加了，这样 3 人就加了两次，重复加了，所以在最后的和里减去 3，就得 14 人。

（学生的解释得到大家掌声鼓励）

进一步思考：课堂再延伸是否更好。

老师们的课到这里就基本结束了，学生们认识韦恩图，也能用计算解释每步含义了，后面的练习都是围绕这个“重复”设计的，只是训练时间的问题，学生处理没有问题。我想设计的是学生在课上的发散思维和逆向思维的训练。学生计算完成 9 +8 -3 =14（名），再提出问题：这里三年级一班参加跳绳和踢毽子的有 3 人重复，还能有其他情况吗？

学生开始没有理解老师提问的意思，但慢慢地就会有学生想到：2 人、4 人都行……

生：不行，不能无限多，最多 8 人。

师：为什么最多 8 人？我们一起数一下重复的情况。（师生从 0 数到 8）你能试着画出现在韦恩图的样子吗？

（学生试着画一下，然后教师出示示意图）

师：现在该怎样列式计算?

生：9 +8 −8 =9（名）。

师：我们研究发现重复可以有多种情况，我们列出的这个算式只是表示其中的一种情况。刚才研究是从少到多，如果反向看，它们两个重复最少几人?

[演示渐变交集变小过程，最后成为两个并集，学生列式就是 9 + 8 = 17（人）]

[再拓展到韦恩图的变式（3 个圈，有 1 处交集或 2 处交集），了解生活中还有很多韦恩图的使用，继续激发学生的探究欲望。这也进一步说明了数学来源于生活并服务于生活的数学价值]

设计意图：借助韦恩图学生会列出多种算式，特别是最后题目的提升：三年级一班参加跳绳和踢毽子的有 3 人重复，还能有其他情况吗？最多重复多少人？最少重复多少人？学生研究人数的变化过程，发现重合部分越来越大，两项都参加的人数就越来越多，最多 8 名踢毽子同学全部参加跳绳，踢毽子的 8 名同学全部包含在跳绳的 9 名同学内。同理，减少到 0 人，即两项重合人数 0 人时，就是开始同学们列出 9 +8 = 17 人的算式。这种韦恩图动态变化的过程，更有利于学生借助算式理解算理。

10. 多边形的面积

学习完多边形的面积，我在复习课上对教材做了变通，课上学生表现得非常好。回顾课堂精彩环节，主要是我在本次复习课上准确地把握教材，创造性地使用教材，才使学生有了创造的载体、发现的源泉，进而使课堂精彩纷呈、丰富多彩。现把自己的几点浅见分享如下。

教学片段一　重组带来新的教学内容和目标

师：哪个小组愿意来汇报一下你们整理的内容?

师：其他同学认真听。如果他回答得很精彩，请你们用掌声鼓励他；如果他回答得有不完整或有错误的地方，请你们来帮他补充指正，好吗?

生：我们学习了五种平面图形，我知道了正方形是特殊的长方形，正方形和长方形是特殊的平行四边形，梯形是四边形。学习了平行四边形的面积公式是 $S=ah$，三角形的面积公式是 $S=ah\div2$，梯形的面积公式是 $S=(a+b)h\div2$。求组合图形的面积就是把一个图形分成几图形，分别计算出每个图形的面积后，再加起来。

（学生一边总结，教师一边把五种图形的关系用集合表示在黑板上，把三个公式用板书写在黑板上）

师：你的意思是说，把我们临时不能解决的图形，运用转化的方法转化成为学过的图形，再进行面积计算，是吗？

生：是。

师：你们觉得他总结得怎么样？

生1：我觉得他总结得很完整。

生2：我觉得这位同学既说了图形的特征，又说了图形的面积公式，很好。

师：我也觉得他总结得很完整，汇报得很精彩。非常感谢你让我们一起回忆了这么多的多边形面积的知识。

师：谁还总结了和他不一样的知识？

生：我想和同学们说，我们这一单元还学习了平行四边形的面积公式，是把平行四边形沿高剪开，剪成一个三角形和一个直角梯形，通过平移可以拼成一个长方形，长方形的长等于平行四边形的底，长方形的宽等于平行四边形的高，利用长方形的面积公式 $S=ab$ 可以知道平行四边形的面积公式是 $S=ah$。两个完全一样的三角形可以通过旋转、平移拼成一个平行四边形。三角形的面积是拼成的平行四边形面积的一半，所以三角形的面积公式是 $S=ah\div2$。梯形的面积和三角形的面积一样。（学生边操作边在实物投影仪上演示）

师：还有补充吗？

生：我觉得黑板上的"图形朋友"还不全，缺了三角形。

师：三角形的位置在哪里？放在外边还是里边？（指着刚才的五种平面图形的关系图问）

生：放在外面，因为它不是四边形。

反思：数学教材编排时采用螺旋上升的方式，有时把一些本来很有探究价值的知识分析得既细又碎，一点点教给学生，并强化训练，让学生稳步前进。这样教学，难点分散了，学生的“双基”扎实了，但创新潜能、探究能力得不到充分的开发和培养。而这次复习课教学，老师根据学生的知识经验，大胆地改变教材的呈现方式，运用“整体原理”，灵活驾驭教材，把分散的知识点重新组合成大的“知识板块”，提供给学生，让学生充分开展探究活动。这种重组由单一演变成了整体，利于学生思维框架的整体形成。

教学片段二　教学情境激发学生的再创造

师：我们学校东南角上有一片空地，请看大屏幕。（屏幕出示空地的图片）春天快要到了，学校想美化我们的校园，现在请你当“小小设计师”，帮助学校设计绿化方案。

生 1：可以在四周种树，在中间种花。

生 2：可以栽种两种花。

……

反思：教材的设计是直接呈现复习内容，并进行巩固训练。而教学中老师充分运用校内的生活资源，创设了请你当一回“小小设计师”，为学校设计一份绿化方案的教学情境。这样的问题情境使学生进一步感受到数学与现实生活的密切联系，更能激发学生主动尝试运用所学的知识和方法来解决生活实际问题的欲望。从学生身边的素材展开教学，学生会感到亲切、自然，主人翁意识和责任感也得到了增强。

教学片段三　教学环节设计有思维梯度

师：你们的设想都很好，可是学校要美化校园，最需要知道什么？

生：这块空地的面积。

师：对，要知道空地面积才能设计种植树木花草。还需要知道什么？

生 1：要知道每棵花、每棵树占地多少平方米。

生 2：还要提前知道哪些树种和花草适合我们这里的气候。

师：对，选择绿化品种还要因地制宜。还有呢？

生：还要知道学校计划投资多少钱？计划购买的树木、花草的单价是多少元？

师：你厉害，说到最直接的问题上了。学校都是希望花最少的钱办最大的事。要花最少的钱把校园打扮得最美丽是校长最大心愿。（生笑。教师板书这3个问题:？平方米;？棵;？元）

师：下面以小组为单位设计出最佳方案，画在图中，然后帮校长解决这3个问题，并写在练习本上。为了研究方便，老师把空地的图形用1厘米代表1米，画在了一个作业纸上。你在测量时，注意用整米数来计算。

（小组合作解决问题，教师巡视指导）

反思：帮助校长设计校园空地，美化校园生活，这一实际问题非常契合孩子的口味，孩子们既兴奋又饶有兴趣。这一系列探究活动，拓宽了学生的思维广度和深度，提高了学生的发散思维能力。

课前让学生自主整理知识，课始小组交流知识的整理过程，课中设计绿化校园方案，都是为学生提供的自主探索的创造性活动。特别是为学校设计绿化方案这一活动，巧妙地渗透了归纳、转化、分割等数学思想方法，引领学生经历探索的过程，学生天生的探索欲望得到满足和激发，有效地培养了其探索精神。这个探索活动中，有复习巩固，有新知生成，有数学思考，有思想渗透，有智慧启迪，呈现立体化、多维化课程目标。教材中很多内容是点状的、线性的，而我在实际教学中善于把这些内容立体化，使知识从一维走向多维，能够“站”起来走向学生，具有辐射性。

叶圣陶先生在几十年前就指出：“我相信书本是一种工具，或者说是一种凭借，却不是惟（唯）一的工具惟（唯）一的凭借。”“语文教材无非是个例子，凭这个例子要使学生能够举一反三。”叶老说的是语文教材，其实数学教材也不例外。作为数学老师也要从学校、学生和自身的实际情况出发，主动地、合理地、创造性地对教材进行再加工，引领学生走进教材，走进生活，去感受数学的内涵，体会数学的真正价值。

11. 比的基本性质

我在上“比的基本性质”一节课时，巧妙应用转化，让学生大胆猜测比的基本性质，把课堂放手给了学生，收到了良好的教学效果。

教学片段一　复习旧知，找到新知生长点

师：同学们，前面学习了除法、分数、比，各部分之间有什么样的关系？

生：（略）

师：还记得除法有什么性质吗？

生：除法有商不变规律。

师：谁能说一下商不变规律？

生1：被除数、除数同时扩大或缩小相同倍数，商不变。

生2：应该还得加上0除外。

师：对，要是同时乘0就没意义了。我们在很多时候要想到这个0的特殊性。

生（自告奋勇）：我能说出分数的基本性质。分数的分子、分母同时乘或除以相同的数，0除外，分数大小不变。

师：这位同学在回答时，没有漏掉“0除外”这个条件。分数基本性质中，为什么也加上这个条件？

生：分子、分母同时乘0，那分母就是0了，分数就没有意义了。

师：你对学习内容掌握得很扎实，不但知道不能漏掉“0除外”这个条件，还知道为什么加上它的原因。你是知其然，还知其所以然。

师：我们为什么复习这个内容？大家先猜猜。

生：老师，我感觉比也有这样的基本性质。

师：说一下你这样猜测的依据。

生：我们前面已经学习了分数、除法、比的各部分之间的关系，了解到它们的形式可以相互转化。既然前面两项有这样的基本性质，那么比是不是和它们一样也有这样的基本性质？

师：你真了不起，具有小数学家的推理能力。掌声送给我们的小数学家。我们先依照前面的知识认识，试着写出自己的发现。

（学生独立在练习本上试着写出比的基本性质）

反思：老师的设计从学生已有的经验出发，非常真实、实用。复习商不变规

律和分数的基本性质，唤醒学生对原有知识的回忆，为学生建立化归、类比、迁移、储备工作。在这种情况下，学生才能通过合情推理，大胆猜想提出：比也应该有这样的基本性质。

教学片段二 学生提出猜测

师：刚才有的同学提出了“比可能有像分数一样的性质”。同学们现在先独立写一下，然后再小组交流自己的猜想。

（学生小组内活动）

生1：比的前项、后项同时乘或除以相同的数，比的大小不变。

生2：老师，我感觉到应该与分数性质一样，加上“0 除外”这个条件。比的前项、后项同时乘或除以相同的数（0 除外），比的大小不变。

生3：我们组前面的与他们组说的相同，只是最后我们组说的是比值不变。

师：同学们都具有数学思维能力，能够把本组的猜想用自己的语言表达出来，通过讨论逐步完善，（师在“0 除外”下面做出标记）最后表述“比值不变”更为规范。

反思：学生经过独立思考、小组内交流、全班汇报等环节将自己的发现逐步完善。让学生从会想到会说、会做，让课堂成为学生展现思想和成长的舞台。

教学片段三 验证猜想，应用猜想

师：怎样才能知道我们的猜想是否正确呢？

生：举个具体例子试一试，验证我们的发现是否正确。

师：那我们就在小组内举例验证，看看我们的猜想是否正确。

（生小组验证）

（汇报验证结果）

……

反思：“提出猜测—举例验证—发现规律”是学生经历的一次完整的类比推理学习过程。教学中，我创设了适合学生提出猜想的教学情境，使学生经历了从除法商不变规律、分数基本性质到比的基本性质的猜想，通过举例验证，最后发现规律。整个课堂教学围绕学生探究实践展开，让学生全程感悟类比推理的数学思想，积累了数学学习经验，提升了他们的数学核心素养。

12. 周长和面积

春节开学前的集体备课，有一项很重要的内容是分析整册教材的教学重点和难点。我们教研组的老师都认为，三年级的学生在学习面积后，周长和面积两个概念易产生混淆，这是学生学习的难点。要帮助学生突破这个难点，需要分析学生出现混淆的本质原因，再针对原因在教学中予以解决。

我认为，周长是对一维空间（线）的度量，面积是对二维空间（面）的度量，但是周长和面积大多共同承载于一个图形之中。也就是说，学生在观察图形时，图形的边线（周长）和面积同时看到，这样在视觉上很难剥离，容易造成学生认识上的混淆。周世军在“5—13 岁儿童对面积概念的掌握与发展”研究中，发现小学生对面积的理解，总的趋势是从面积表征和周长表征混淆，到最后分化为清楚的面积表征。三年级的学生在这个年龄阶段受到大脑发育的局限，真正理解面积公式也不是一件容易事。

我在教学中注重从以下几个方面帮助学生区分两者的不同。

第一，在建立面积概念的初始阶段，要采用多种操作对比活动，帮助学生加以区别。例如下面两题：

（1）用红色描出每个图形的周长，再涂色表示出它们的面积。

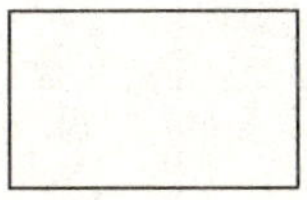

图一

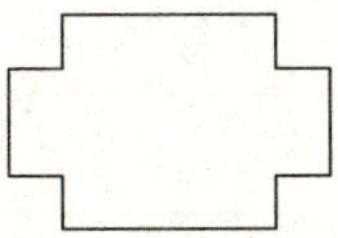

图二

图三

完成后，提出问题：“如何测量图三的周长?”学生想到用绳子绕图形一周，然后拉直测量绳子的长度，测得这条绳子的长度就是这个图形的周长，让静态的变成动态。学生在变化中理解绕图形一周长度是周长，也就是让周长从图形中剥离了出来。

（2）利用边长是1厘米的小正方形摆出下列图形，分别说出四个图形的面积和周长各是多少？

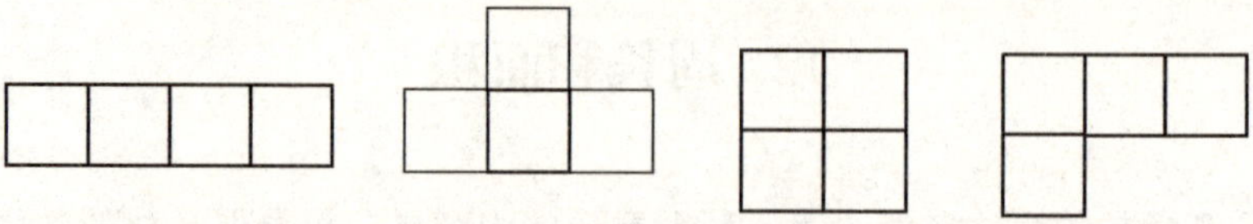

学生通过这组练习，体验面积相同的图形周长不一定相同，进一步区分面积是看图形所含面积单位的多少，周长则是看围成图形一周边线的长短。

第二，学生有一个固定思维模式，认为周长大的图形面积就大，周长小的图形面积就小。在教学中，让学生通过画一画，体验周长相等的图形面积却不相等。例如，让学生在下面表格中画出周长是16厘米的图形，有的同学可能画出长方形（7×1、6×2、3×5厘米），也有的同学画出正方形（4×4厘米）。经过计算发现，这些图形周长相等，但面积不等。

在方格纸上画出周长相等的几个长方形或正方形，比较它们的面积，你有什么发现？

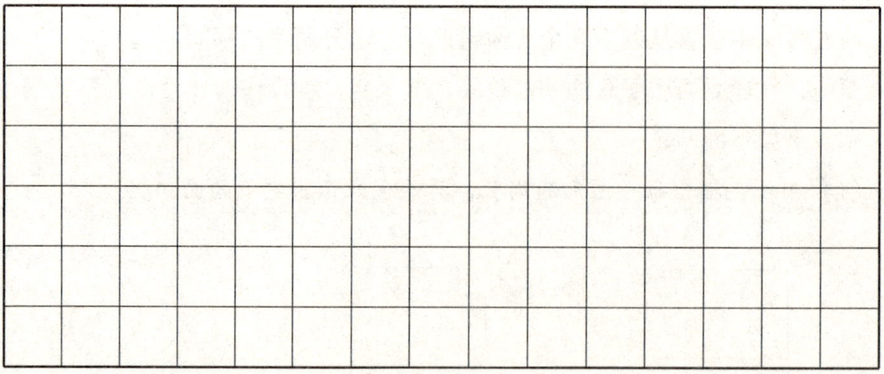

第三，学习面积公式时，让孩子充分操作，深入理解推导过程。

三年级学生学习长方形面积＝长×宽，皮亚杰把这种长度乘以宽度求面积的能力划分为智慧水平，这个发展水平一般要到十一岁或十二岁才出现，也就是说让三年级学生（9周岁）真正理解面积公式并非一件易事。记得自己小时候学习长方形面积计算时，老师没有推导而是直接告诉计算公式，并让我们熟记，再通过利用公式解决题目，逐步达到会做题就行了。这样做学生只是知其然，但不知其所以然。

有了理论指导和亲身学习感受，我在教学中就主要引导学生参与操作活动，通过活动感悟方法。

课前布置学生准备四个长方形，边长分别是 2×3、3×4、5×6、10×8（单位：厘米），以及 12 个边长是 1 厘米的小正方形。

课上让学生用小正方形分别测出四个长方形的面积。学生在操作中逐步发现，随着长方形越大，自己动手测量的难度就越大，在小组探究中，慢慢发现长方形面积与所摆小正方形个数之间的关系。当学生发现这个“真相”时，面积公式的出现也就水到渠成了。

第一次学生用小正方形摆边长为 2×3 厘米的长方形。每个学生用自己的小手把小正方形小心翼翼地摆上，虽然有点麻烦，但是大部分学生很快完成了，数出了 6 个小正方形，知道这个长方形的面积就是 6 平方厘米。我又强调了这个长方形的长是 3 厘米，宽是 2 厘米。

第二次学生用小正方形摆边长为 3×4 厘米的长方形。有了第一次的经验，学生手中也有足够用的 12 个小正方形。但是这时的难度就大了，小正方形太小，在摆时不小心就会相互影响。但我还是和学生慢慢地摆完，测量出这个长方形的面积是 12 平方厘米。这时许毅辉同学指出，上述方法有点麻烦。他提出了一种更简单的方法：只用摆一排和一列，用排和列的个数相乘得 12，就知道长方形的面积是 12 平方厘米。许毅辉展示了他的摆法，说明理由后，同学们认同了他的创新摆法。

第三次学生用小正方形摆边长为 5×6 厘米的长方形，这时学生自己手中的小正方形已经不够摆满，自然就会与同桌商量，渐渐的大家都用许毅辉同学的方法——只摆出一排和一列就可以知道这个长方形面积，也就是知道长方形长和宽是多少，就可以摆多少个小正方形了。

第四次学生用小正方形摆边长为 10×8 厘米的长方形，开始时有的学生还试着摆一排和一列，但是之后有很多学生已经不摆了。

“老师，太麻烦了，不用摆了，直接长宽相乘就行了。”

学生经历了从全部摆满，到只摆一排和一列，再到不摆，直接量出长和宽的长度相乘得到长方形面积，思维深度和广度都得到了发展，老师何乐而不为呢！

第四，通过实际问题解决，提高学生对周长和面积的区分。如下题：

一个长方形花坛长150米，宽30米。要在花坛四周围一圈围栏，求围栏长度是多少？这个花坛的面积是多少？

学生审题理解第一个问题，“求围栏的长度”就是计算周长，第二个问题是计算面积。

学生空间观念的建立是看不见摸不着的，只要教师在教学中采取有效的教学活动，学生在“做”中积累经验，发展空间观念，对周长、面积的概念有了更深刻、更清晰的认识之后也就不会再混淆了，认识中的这些“拦路虎”就会被一一清除。

13. 循环小数

学习“循环小数”这节课，我除了重视学生的探究过程，让学生理解循环小数相关概念外，还重视了学生对极限思想的感悟。开始我提出“$0.\dot{9}=1$吗”？学生回答是“不能的”。不只学生这样认为，也有老师认为不管$0.\dot{9}$的后面有多少个9，它永远到达不了1，永远小于1。这是大部分人用有限思想看待无限问题时出现的错误观念。课上我用了两种方法与学生交流分析。

第一种方法：

$1-0.9=0.1$，$1-0.99=0.01$，$1-0.999=0.001$，$1-0.9999=0.0001$

$1-0.99999\cdots\cdots=\cdots\cdots$

学生观察：随着小数部分9的个数不断增加，与1的差距就会逐渐减小，而0.99999……后面有无限多个9，那么差就越来越小，最终逼近于0。借助线段图让学生闭上眼睛想一下，最终$0.\dot{9}=1$。学生解决这个问题的过程就是感悟无限的过程。

第二种方法：

设$0.999\cdots\cdots=x$

两边同乘 10 得

$10x = 9.999\cdots\cdots$

$10x = 9 + 0.999\cdots\cdots$

$10x = 9 + x$

$9x = 9$

$x = 1$

所以 $0.999\cdots\cdots = 1$

学生在学习完成后的惊叹溢于言表，数学的奥秘在他们的心灵里又一次升华了。无限是一个不断变化的过程，是否能够到达极限并不重要。因为极限是解决问题的一个方法，它是一个变化着的量，在变化过程中无限趋近于一个固定的值，这个变化过程的结果就可以用极限来表示。

我旨在通过一个事例阐述一种数学思想，以提升学生们的数学素养。

14. “分数与除法的关系”和“真、假分数”

在人教版《小学数学　五年级　下册》《分数的意义》一章中，“分数与除法的关系”和“真分数假分数”是前后相接的两节内容。在教学中发现，如果以“平均分”为抓手，沟通“分数与除法”的关系，把“真分数与假分数”的概念与“分数与除法”进行内容整合，学生用除法计算表示平均分的过程，用分数表示平均分的结果，掌握分数单位的累加过程是产生假分数的基础，找到知识的生长点就是分数单位，让学生真正认识到假分数到底“假”在哪里，教学能收到事半功倍的效果。

教学片段一　感知用分数表示商

（师用课件出示题目）

（1）8 张饼平均分给 4 位同学，每人分得多少张？

师：这个题目会列式计算吗？

生（齐答）：会，简单，$8 \div 4 = 2$（张）。

师：确实简单，这是以前学过的除法问题。再往下看这些题目。

（师继续出示题目）

（2）4 张饼平均分给 4 位同学，每人分得多少张？

（3）1 张饼平均分给 4 位同学，每人分得多少张？

（4）2 张饼平均分给 4 位同学，每人分得多少张？

（5）3 张饼平均分给 4 位同学，每人分得多少张？

……

[学生解决第（2）个问题很顺利，$4\div4=1$（张）]

师：第（3）个问题，独立完成后班级汇报。

生：把一张饼看成单位“1”，平均分成 4 份，每人分得一份，所以是$\frac{1}{4}$。

（师课件展示平均分的过程和分得到的结果）

[学生列算式，师板书：$1\div4=\frac{1}{4}$（张）]

师：2 张饼平均分给 4 个人，每人分得几张？我们先猜测一下？

（生猜测结果：$\frac{1}{4}$，$\frac{2}{4}$，$\frac{1}{2}$，$\frac{3}{4}$）

师：这么多猜测谁的对呢？

生 1：我认为$\frac{1}{4}$不对，前面分 1 张饼时就是$\frac{1}{4}$了，现在分 2 张饼不可能是$\frac{1}{4}$。

生 2：我认为是$\frac{2}{4}$，因为平均分 1 张饼每人分得$\frac{1}{4}$，2 张饼应该有 2 个$\frac{1}{4}$，也就是$\frac{2}{4}$。

（师演示平均分 2 张饼的过程，学生列式并表示出结果，说明$\frac{2}{4}$是在前面的基础上又加了一个$\frac{1}{4}$）

生列算式，师板书：

$2\div4=\frac{2}{4}$（张）

师：平均分 3 张饼，利用学具先独立思考，然后小组内研究，最后小组全班汇报。

（学生研究后汇报）

生 1：将 3 张饼全部平均分成 4 份，剪开共 12 份，平均每人分得 3 份。

生 2：将 3 张饼全部平均分成 2 份剪开，共 6 份，每人先分得 2 份，再将剩余的 2 份再均分得 4 份，每人再分得一份，也是每人分得 3 份。

生 3：将 3 张饼对折再对折平均分成 4 份，然后将它们放在一起对齐，用剪刀剪下其中一份，完成后每人得到 3 份，其中 3 人得到的形状是，只有一人得到的形状是。

师演示第三种分法：

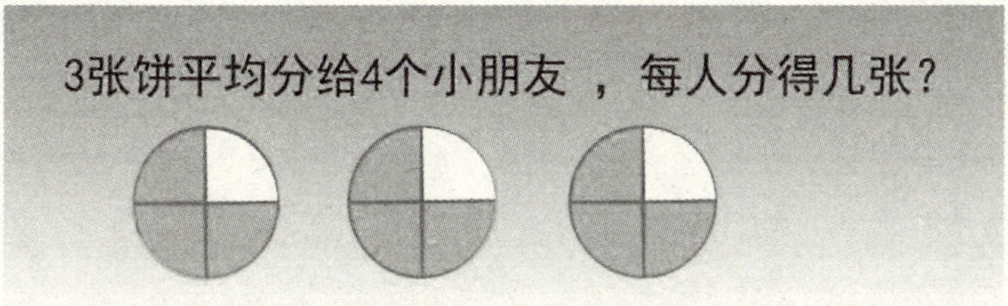

$$3\div4=\frac{3}{4}\text{（张）}$$

对比发现三种研究都说明每人得到$\frac{3}{4}$张饼，第三种方法剪法最优化。说明每人分得的$\frac{3}{4}$是 1 张饼的$\frac{3}{4}$，也可以看作 3 张饼的$\frac{1}{4}$。就是在$\frac{2}{4}$的基础上又加一个$\frac{1}{4}$。

生列算式，师板书：

$3\div4=\frac{3}{4}$（张）

教学片段二 知识迁移，会用分数表示任意商

师：如果平均分 5 张饼、6 张饼、7 张饼呢？

（学生依次回答相应的算式和结果）

师：如果平均分的饼数继续增加，你还会分吗？

（引导学生平均分 9、10 张饼，依次完成板书）

$1 \div 4 = \frac{1}{4}$

$2 \div 4 = \frac{2}{4}$

$3 \div 4 = \frac{3}{4}$

$4 \div 4 = 1 = \frac{4}{4}$

$5 \div 4 = \frac{5}{4}$

$6 \div 4 = \frac{6}{4}$

$7 \div 4 = \frac{7}{4}$

……

教学片段三 提炼分数与除法关系

师：请同学观察这些算式，你有什么发现？

生 1：平均分的饼数越多，每个人得到的份数就越多。

生 2：左面是除法，右面是分数，被除数相当于分子，除数相当于分母。

师：原来除法和分数存在着一定的关系，这种关系可以用关系表示为：被除数 ÷ 除数 = $\frac{\text{被除数}}{\text{除数}}$，你能用字母表述出来吗？

（学生写出了不同字母的表示方式，最后选择：$a \div b = \frac{a}{b}$）

师：写出的字母表达式中“b”可以为任意数吗？

（研究发现 b 不能为 0，板书加上 $b \neq 0$）

师：从上往下观察这些分数，你还能发现什么？

（引导学生一起发现：4 个人平均分 1 张饼，每人得到 1 个$\frac{1}{4}$；$\frac{2}{4}$就是 1 个$\frac{1}{4}$加 1 个$\frac{1}{4}$；$\frac{3}{4}$就是 2 个$\frac{1}{4}$加 1 个$\frac{1}{4}$；$\frac{4}{4}$就是 3 个$\frac{1}{4}$加 1 个$\frac{1}{4}$，每人分得一张饼，$\frac{4}{4}$就是 1）

师：谁来说一下$\frac{5}{4}$这个分数是怎么产生的？

生：$\frac{5}{4}$是 4 个$\frac{1}{4}$再加 1 个$\frac{1}{4}$，一共 5 个$\frac{1}{4}$。

师：4 个$\frac{1}{4}$就是 1，所以$\frac{5}{4}$是 1 个 1 加 1 个$\frac{1}{4}$组成的。能说一下$\frac{7}{4}$怎样得到的吗？

生：$\frac{7}{4}$是 1 加 3 个$\frac{1}{4}$组成的 7 个$\frac{1}{4}$。

师：这样加下去，就像刚才那位同学说的一样分数会越来越大。你能像老师一样写出几个分数吗？

（学生在练习本上写出自己想写的分数）

教学片段四　根据实例分清真假分数

师：你能把老师板书的这些分数和你自己写的分数按照一定标准分类吗？

（学生先独立思考，小组研讨后班级汇报）

生：第一类是$\frac{1}{4}$、$\frac{2}{4}$、$\frac{3}{4}$、$\frac{7}{13}$、$\frac{15}{20}$，它们的分子比分母小；第二类是$\frac{5}{4}$、$\frac{6}{4}$、$\frac{7}{4}$、$\frac{12}{8}$、$\frac{8}{4}$，它们的分子比分母大；第三类是$\frac{4}{4}$、$\frac{8}{8}$、$\frac{5}{5}$，它们的分子等于分母。

师：同学们按照自己的分类标准将研究的分数分为三类，其实数学家把最后两类合并成一类。规定像$\frac{1}{4}$、$\frac{2}{4}$、$\frac{3}{4}$、$\frac{7}{13}$等分子小于分母的分数叫真分数；像$\frac{5}{4}$、$\frac{6}{4}$、$\frac{7}{4}$、$\frac{12}{8}$、$\frac{8}{8}$、$\frac{4}{4}$等分子大于或等于分母的分数叫假分数。

反思：这节整合课教学既让学生掌握了分数与除法的关系，同时认识了真分数、假分数的划分依据，特别是在累加分数单位中理解了假分数的产生过程和意义，不再靠死记定义划分分数种类。

15. 三角形面积计算

东营市教科院郭子平主任说过，学习完平行四边形面积，学生掌握转化思想后，再学习三角形面积可以完全放开。老师可以到幕后指导，让学生自己动手探究，总结提炼计算公式。

我执教“三角形面积”时，就在课堂真正“放手”试了一把。

上课开始，我就向学生说明这节课学习内容是三角形面积，自己利用手中准备的三角形学具独立研究，然后组内交流，最后班级汇报。

学生开始独立研究。前面已有平行四边形面积计算转化思想基础，不少学生的研究就从三角形一条高线入手，将三角形沿高线剪开，然后拼摆。在这过程中，有的学生发现自己剪开的三角形能够成功转化为已学习图形——长方形，试着推导出“三角形面积＝底÷2×高”。但有的同学没有转化成功。

小组汇报各自研究结果。我暂不说谁对谁错，而是引导学生观察各组研究中使用三角形形状的不同，学生逐步发现：转化成功的三角形都是等腰三角形，不成功的三角形都是不等边三角形。

那么，如何将不等边三角形转化已学图形呢？

一阵窃窃私语，学生的各种思路逐渐呈现出来了。有的小组发现两个完全相同的直角三角形拼成了长方形。有的小组发现两个完全相同的钝角三角形可以拼成一个平行四边形。慢慢地，学生的想法逐步从原来的剪拼转化到两个完全相同三角形的对拼，拼出的平行四边形中包含了两个完全相同的三角形，而且从“平四边形面积＝底×高”，推导出了“三角形面积＝底×高÷2”。

这时候，又有同学发现前面推导的三角形面积 = 底 ÷ 2 × 高和刚推导出的三角形面积 = 底 × 高 ÷ 2 是不一样的。我再让学生讨论公式的推导过程与两种拼法的内在联系，目的在于让他们弄清楚三角形面积和平行四边形面积之间的内在联系，深化数学中的转化思想。经过讨论，学生们理解了两者之间“本是同根生”，统一到“三角形面积 = 底 × 高 ÷ 2”上来了。

由此看来，教师放手后，学生有了更大的探究活动空间和思维空间，课上独立操作探究，探究积极性更高，收获更大。

16. 商不变性质

在学习“商不变性质”练习课时，我设计了一个有“陷阱”的计算题，学生很快独立完成后，我没有急于评价对错，而是让学生验算结果，他们发现轻松计算出的结果不对，学生出现认知冲突，从而产生探究动力，我再引导学生探索原因，课堂教学收到了良好效果。

教学片段

师：同学们，前面我们学习了商不变性质，现在老师出一道题目，你们能用商不变性质简算吗？

生：能。

师：好，看题目，“2300 ÷ 300 = ?”，先独立计算。

（学生刚学习完商不变性质，在计算方法上没有问题。教室里安静下来，学生快速地计算起来）

生：老师，我完成了。

师：第一名

生：老师，我也完成了。

师：第二名。

（教室里的小手越举越多）

师：好，请张月同学说一下自己的算法。

张月：我看到2300÷300，被除数和除数同时缩小100倍，就是23÷3了，结果是2300÷300=7……2。

师：大家计算的结果都是商7余2吗？还有其他想法吗？

生：没有。

（学生们高高地举起自己的小手表示同意张月的算法）

师：好，既然没有其他意见，那就验算一下你们的计算结果吧。

（学生验算，一会儿教室里不再安静，有的同桌开始了小声议论）

师：通过验算有问题吗？

生1：老师，我的验算结果是2102，与原来被除数不相等，说明我们的计算结果不对。

生2：没有错误呀，我们是按照商不变性质步骤做的，被除数和除数同时缩小了相同的倍数，怎么会不对呢？

（学生面面相觑，验算后发现计算的结果不对，但自己又找不到错误原因）

师：对呀，我们按照步骤计算的怎么会错呢？但通过验算发现商7余2不对，那错在哪里呢？我们就研究“2300÷300商7余2”错在哪里这个问题。我们还有其他方法计算吗？

（学生独立思考）

生1：我不用商不变性质计算2300÷300，直接用2300除以300列竖式算出商7余200。

生2：我们在计算2300÷300时利用商不变性质将被除数和除数同时缩小100倍，余数2的位置是在2300的百位上，应该代表2个百，所以2300÷300=7……200才对。

生3：我用商×除数+余数=被除数验算，第一步7（商）×300（除数）=2100时，我就能判断出余数应该是200，不能是2，但没有找到错误原因，通过其他同学解释我明白了被除数、除数缩小相同倍数后有余数的，要看原来的余数在原数的数位。

生4：计算2300÷300时利用商不变性质将被除数和除数同时缩小100倍，看成23÷3了，所以23÷3=7……2，但余数要回到原数乘100，所以是200。

生5：我懂了，在利用商不变性质做有余数的除法时，要看余数的位置是在原被除数上的数位，而不是看缩小后现在的数位。

生6：我们学习的是商不变性质，只是被除数和除数同时扩大（缩小）相同倍数不影响商的大小，余数还要看它处在原始数据的位置。

（班级上响起了热烈的掌声）

反思：课堂上我给学生设计认知冲突，产生疑问，然后给他们更多的时间和空间展开思考、讨论，课堂教学进入关键点时老师不包办，促进学生深度学习，让学生逐步厘清问题产生的原因，找出解决的方法，使学生探究解决问题的数学能力得到发展和提升。

17. 脱式运算

复习脱式运算内容，学生出现了一些典型问题。为了梳理常见问题，提升计算能力，我专门上了一节脱式运算常见错误分类整理指导课。通过课下学生梳理自己出现的错误类型与课上汇报，整理出脱式运算中常见的问题，主要集中在以下几个方面。

（1）数字影响，运算顺序出错。

$87+13\times4$　　$36\div3\times12$

$=100\times4$　　$=36\div36$

$=400$　　$=1$

这种情况主要是运算顺序出问题，没有厘清第一步先算谁，受到特殊数字负影响，学生的思维就向着错误的方向去思考。例如，第一个例子就是因为$87+13=100$，这个结果是整百数，再与后面的4相乘就简单了，而在审题时没有思考计算中含有几个运算符号，按照法则要求应该先算谁，从而导致了计算错误。第二个例子是一个同级运算的算式，应该从左到右依次运算，但是学生先计算$3\times12=36$，后面的计算就简单了，但这样先计算3×12就相当于有括号了，也是没有按照计算法则从而导致了计算错误。

（2）计算式子中漏掉数字。

$360+(270-14\times4.5)-20.7$

$=360+(270-63)$

$=360+207$

$=567$

算式中运算较多，学生计算时注意力只在小括号上，运算数字较多没有全面照顾，所以后面的20.7就丢了。出现这种情况要提示学生每一步只处理一个运算符号，临时没有计算的，要把运算符号和数字抄下来，放在下一步处理。

（3）简便运算出现问题。

①乘法分配律、结合律出现的问题。

$4\times(2.5+7)$

$=4\times2.5+7$

$=10+7$

$=17$

$0.25\times32\times125$

$=0.25\times4\times8\times125$

$=(0.25\times4)+(8\times125)$

$=1+1000$

$=1001$

出现第一种情况是在四年级学习乘法分配律时，受到加法结合律和交换律影响，出现知识负迁移，造成对乘法分配律没有理解而出现的错误。这需要对原来学习的五个加法、乘法的运算定律再次厘清。第二题是运算混淆造成的，学生改正相对简单。

②填括号、去括号出现的问题。

$12.7-5.9-3.1$

$=12.7-(5.9-3.1)$

$15.8-(7.6+5.8)$

$=15.8-7.6+5.8$

出现这两种错误情况的学生虽然不多，但是说明了这些学生没有理解计算的基本原理，需要专门讲解变化根据，让学生明白转化原理。

③只是移动数字，但是没有带走符号。

$18.27-6.8+1.73-3.2$

$=18.27-1.73+6.8-3.2$

反思：出现问题不可怕，只要找准病因，对症下药，对出现的问题及时“修复”，学生学习能力就会得到逐步提升，良好的学习习惯也得到了培养。

18. 用方程解决问题

《小学数学 五年级 上册》《简易方程》是学生学习代数的开始，是发展代数思想的重要契机。一方面，学习简易方程有利于培养学生的抽象概括能力，发展学生的数学语言与符号意识，是小学生数学认识上的一次重大飞跃；另一方面，学生在列方程、解方程的过程中，体会其中的建模思想、化归思想。从算式到方程，这是数学思想认识上的又一次飞跃，它使学生发现问题、提出问题、分析问题、解决问题的能力及思维的灵活性都上升到一个新的水平。

同时，小学阶段学习简易方程也有利于加强中小学数学知识的衔接，学生在小学接触一点代数知识，能使学生逐渐摆脱算术思维方法中的某些局限（逆向思考，未知数不参与运算，增加思维步骤），为今后学习代数知识做好准备和铺垫。

然而在实际教学中，开始接触用方程来解决实际问题时学生并不习惯。原因在于以下几个方面：首先，用方程解决问题，学生要在未知数和已知数之间建立起等量关系式，也就是把未知数和已知数联系起来，借助等量关系式列出方程。这看似简单，但其实是要在错综复杂的条件关系中，将最本质的东西抽象出来，对于初学的学生来说这个过程实属不易。其次，学生在小学阶段用算术法解决问题的思维根深蒂固，他们接触到问题时的第一选择不是方程，而是考虑如何用算术法解决。最后，现行小学段教材中涉及的用方程解决的题目普遍比较简单，大部分学生沿用算术法就能顺利地解决，而用方程解决问题还要写解、写设，比较烦琐。学生选用方程解答更多的是因为题目要求用方程解答，而不是自觉选择方程解答，这就背离了我们学习方程的初衷。

为了解决这个问题，我主要从以下两个方面入手，帮助学生树立用方程解决问题的意识。

一、巧设题目，感受思考方向由“逆向”转为“顺向”的便利

1. 巧设题目，创造认知情景

如何让学生认识到解决问题的方法是简易还是烦琐，不在于写字的多少，而在于思维方法是否简洁，毕竟思维上的简洁才是真正的简单。我设计了这样一道题目：

猎豹是世界跑得最快的动物，速度能达到每小时110千米，比大象的2倍还多30千米。大象最快能达到每小时多少千米？

2. 对比方法，深入感知运用方程的意义

对比方法，就是要让学生在同一题目中采取不用的策略来解决问题，从而激发学生的内在思维，感知方法的优越性，最终选择一种最佳的解题思路。面对上述题目，学生习惯性地用算术方法解决。大部分学生列式为：(110 + 30) ÷ 2 = 140 ÷ 2 = 70（千米），少数学同学列式为：(110 − 30) ÷ 2 = 80 ÷ 2 = 40（千米），经统计，正确率不足30%。

我让学生讲解自己的解题依据，采用第一种解法的同学说看到多30千米就加上了。第二种解法是深入考虑，分析到110千米不是大象速度的2倍，它比2倍还多30千米，应该减掉30千米后才是大象速度的2倍。还有的学生提出用结果去验证，也能发现第一种方法是错误的：70 × 2 = 140（千米），140 + 30 = 170（千米），170 > 110。

但如果采用方程的方式，就会大大降低犯错的概率。

解：设大象每小时跑 x 千米。

大象速度的2倍 + 30千米 = 猎豹的速度（110千米）

$2x + 30 = 110$

$2x + 30 - 30 = 110 - 30$

$2x = 80$

$x = 40$

对比之下，方程的优越性也就被鲜明地揭示出来。

3. 讨论辨析，在把握本质中感知方程的优势

两种方法的区别在哪里？为什么一种容易出错，另一种就能做对？在讨论中，学生逐渐认识到算术方法思维是逆向的，容易出错，使用方程解题，则可以变“逆向”为“顺向”，直接根据题意找出等量关系列出方程，比用算术法思考更顺利。

二、逐步推进，体验方程解决问题的应用价值

上述问题用算术方法解决容易出错，但接下来这种含有两个未知数的实际问题，用算术法解决就很费劲了。

果园里有桃树和梨树，桃树是梨树的3倍。

（1）桃树和梨树共600棵，桃树和梨树各有多少棵？

（2）桃树比梨树多300棵，桃树和梨树各有多少棵？

一开始也有学生利用算术法完成的，但当一名学生列出算式 $600 \div (3+1)$ 后，大部分同学就对算式中的“1”是怎么来的表示不理解。当求出得数150棵时，到底是桃树还是梨树的棵数，学生又要费一番考虑才能“对号入座”。如果用方程解答相对就简单了，设梨树棵数为x棵，则桃树棵数就可以表示为3x棵，再根据题目提供的和倍、差倍关系列出方程解答就简单多了。

（1）解：设梨树棵数为x棵。

桃树棵数 + 梨树棵数 = 600

$3x + x = 600$

$4x = 600$

$x = 150$（设中已经说明梨树是x棵，150是梨树棵数。）

桃树：$150 \times 3 = 450$（棵）

检验：$450 + 150 = 600$（棵）

（2）解：设梨树棵数为x棵。

桃树棵数 - 梨树棵数 = 300

$3x - x = 300$

$2x = 300$

$x = 150$

桃树：$150 \times 3 = 450$（棵）

检验：$450 - 150 = 300$（棵）

反思：当然，列方程解决问题是一种不同于学生已经熟悉的算术法解决问题的策略，要让学生在短时间内接受并运用并不容易，确实需要一个过程。只要我们从学生学习的困惑点、解决问题的需求点出发，整体把握学生的代数思想发展脉络，提升学生的代数思维认识水平，在平时学习中提高学生使用方程解决问题的能力，体会用方程解决问题思考的便捷性，学生使用方程解决问题的意识就会慢慢根植于心，落实在行动上。

19. 利 息

前几年教学百分数中“利息”这节课，都是按照教材编排，讲解什么是利息、怎样计算利息，学生熟记公式并会计算各种变化题目，就算完成教学任务了。学生对利息的产生、存款类别、存款单的填写都没有接触、了解，我觉得这是学习与生活的脱节。

这次又学习百分数中的“利息”，我提前联系了银行，把这节课的学习地点搬到了银行。参与教学的不只是作为数学老师的我，还有银行营业员和分管储蓄的银行副行长。

新颖的上课方式激发了学生无限的热情。“老师，银行的利率是谁规定的？填存款单为什么不能用圆珠笔？实名存款有什么好处？”孩子们滔滔不绝地询问着“老师”，行长和营业员耐心地解答着孩子们的提问，还为同学们讲解了一些储蓄的专业知识。

为了让学生体验存款，来银行之前已经安排学生带了自己的零花钱亲自存款，银行也专门为我们班这 40 多个学生开设了一个专柜。学生利用刚刚学习的储蓄知识认真地填写存单，有的学生还到利率显示屏下重新观察利率表，计算自己的存款期限和到期利息。轮到自己存款时，学生们认真地将户口本、存款单和存款交到营业员手中。在设立 6 位数字存款密码时，学生又开动脑筋想出既要好记又有特殊意义的密码。

存款活动结束时，银行正好在发行国债，学生们又邀请营业员讲解国债的有关知识，行长还为学生解释了国债利率较高的原因。有的学生还咨询正在购买国债的叔叔，了解了购买国债利率比一般存款利率高，还能支援国家重点项目建设，为国家建设贡献自己的力量。

这节课把课堂搬到了银行营业厅，学生自己存款、自己计算利息，还了解了实名存款的好处、设置密码时需要注意的事项、购买国债对国家的利处。我们 3 个“老师”的这堂课，让学生掌握了三堂课也学不到的知识和能力。

生活是数学的大课堂，数学应用于实际，才会变得有血有肉、富有生气。回归生活学数学，既让数学自身的魅力得到了充分的展现，又让我们积极主动地学到了富有真情实感的、能动的、有活力的知识。充分挖掘数学知识本身所蕴含的生活性、趣味性，调动学生善于质疑、自主研究，主动寻觅数学与生活之间的密切关系，探索生活材料数学化、数学课堂生活化的教法，使学生轻松愉快地掌握数学，才能让学生体验到数学的价值和意义，树立用数学解决实际问题的意识和信心。

20. 公　顷

学习“公顷”这节课时，我没有在教室中上课，而是与同学们把“课堂”搬到了学校操场上。

上课伊始，先认识公顷的大小，学生了解边长100米的正方形的面积是1公顷。1公顷到底多大呢？学生自己先在头脑中想象，再估计我们学校操场有几公顷？（学生估计有10公顷、7公顷、5公顷、3公顷……）一听学生的猜测，就知道他们头脑中并没有1公顷大小的概念。

为了解决这个问题，我和学生在操场上围成一个100米的正方形，与自己想象的1公顷进行对比，使之建立1公顷的正确表象。

将全班44名学生分成五个小组，四个10人小组，一个4人小组，我加入了4人小组。我们5人组先用皮尺在学校操场上从一边的跑道上测量出100米，让第一小组同学均等站立。依次类推，用40名同学围了一个边长是100米的正方形。当全部同学站完，我又让四位同学在围成的正方形内跑动，学生就发出了感叹声：1公顷原来这么大呀！

接着估计学校操场大小，这时学生的估计结果就在比较接近的范围内了。我又让学生估计我们校园的大小，学生的估计差别很大，经过辩论，学生们都认同了大约5公顷。再估计我们学校所处的安兴南区的大小，这次面积更大，学生估计就有难度了，但是有的学生也能够估计得比较接近。陈隆赫同学就解释了自己方法，他是借助小区围墙和学校围墙对比，估计小区的面积大约是学校面积的4倍，计算出小区面积大约是20公顷。看学生都能够借助参照物进行估算了，这说明孩子已经会学以致用了。

这节课，我没有像常规课一样，在练习中设计公顷和平方米的各种单位转化练习，而是通过学生认识1公顷，不断估计操场、校园、小区等生活熟悉的场所的面积，在学生头脑中从1公顷到几公顷都有了清晰的表象，学生在实际活动中发展了空间观念和实际估算能力，收获了在室内无法达到的学习效果。

充分挖掘生活资源，将数学教学生活化，让学生感受生活化的数学，使学生有更多的机会从周围熟悉的事物中去学习数学和理解数学，使课堂教学充满了对智慧的挑战和好奇，这样的课堂学生会更喜欢、更受益。

21. 直线“斜”了

今天学习“直线、射线和线段”。从生活入手，学生对线段、射线的理解认识还比较好，课堂进行顺利。在认识直线时，我在黑板上画直线示意图，因板书靠黑板下方，三角板没有水平放，而是放斜了。没等我画完就听见一名学生小声说：“老师画得不对，把直线画斜了。”

听到有学生的质疑声，我稍微慢了下来，有意识地给全体同学看我是怎样画这条直线的机会。学生也有些反应，张老师怎么做“慢动作”（平时我上课动作比较利索）。画完，我慢慢转过身反问：“张老师画的是直线吗?”

“是。”大部分同学回答。

“不是。”小部分同学回答。

“刚才张老师在画时，听到一位男生说我画的直线不对，感谢这位同学提出质疑。你能说说为什么老师画的不对吗?”我注视着几个男生。

几个同学的眼神马上“指向”了马晓波。

马晓波慢慢站起来说：“老师，你画的直线斜了。”

“老师画斜了，那你认为怎么画才对呢?”我追问道。

“你应该和上面的线段、射线一样，画平了才行。”马晓波说出了自己心目中直线的样子。

他说完我才意识到前面学习线段、射线时，PPT展示给学生的图例和我在黑板上画图图例都是一种情况——水平的图例。这样才使有的学生认为只有水平的才能叫直线。

我没有急于给学生纠正认知中的错误，而是领着他们回头再认识线段和射线的本质特点：具备了这些条件才是线段，而不是看它的方向。随后我又在黑板上画出斜度不同、方向不同的线段和射线，同学们再判断它们是否是线段、射线，这时学生就能从本质出发判断了。当我再提问怎样判断一条线段、射线时，学生就从是否是直的、端点个数等数学特性分析判断，而不是看它的非数学特性——方向。

学生认识到位后，我再拿着三角尺在黑板上，向任意方向旋转画出不同的直线，再让马晓波判断，他就没有疑问了。

“老师，我知道了，看是否是直线，要看它的端点，看看能否具备这些特征。刚才我的认识不对。”马晓波解释道。

我表扬马晓波说：“你刚才的质疑很好，恰好是你的疑问提醒了老师，让我看到之前我画线段、射线时的缺陷。你的疑问也是一部分同学的疑问，解释你的疑问，其实在课堂上也解决了其他同学的疑问，能够把自己的疑问说出来，也是好学的表现。不过老师提一个小要求，就是以后提出质疑的声音要大，这次多亏你离我近听到了，要不，这么好的质疑就和同学们擦肩而过了。我代表同学们感谢你提出的这个质疑。”

全班响起了热烈的掌声。

下课后，我反思马晓波的这个质疑，认为自己处理得比较恰当、及时。他提出的质疑是顺口“随意”说出的，反映出他对这个问题认识的自然流露。初学几何知识，很多空间观念不好的同学经常出现这样的疑问。我就是抓住学生瞬间质疑的火花，很好地解决学生在学习直线时出现的认知错误，通过补充练习让学生建立了正确的空间观念。作为老师，就要善于在知识生成中抓住学生瞬间的思维火花（不管是正确还是错误），通过对比强化，让学生厘清认知，掌握数学本质，从而提高数学思维能力。

22. 特殊方程

解方程是五年级代数计算的重要内容，教学多年的我已经习惯用四则运算各部分间的关系来解，要求学生熟记“加数 = 和 − 另一个加数”“被减数 = 差 + 减数”“被除数 = 商 × 除数”“因数 = 积 ÷ 另一个因数”等计算公式，然后根据未知数的位置选择相应的公式进行计算。

和原来的教学设计相比，新课程改用“等式的性质”来解方程。教材设计由天平的性质引入等式的性质，然后利用等式的性质解方程，这种方法不用记忆上面的计算公式，便于学生理解。更重要的是，这种解题方法与初中解一元一次方程的内容接轨，为初中学习打下良好基础。但是在解方程的题中有两种题型，学生由于认知能力的局限性解决起来比较困难，出错较多，一种是未知数在减数位置上（例如：$86-5x=41$），另一种是未知数在除数位置上（例如：$36\div 2x=18$）。在教学中，我给这两类方程暂且取名为“特殊方程”。

在教材例题中“特殊方程”已经完全被规避了，但练习题中还时有出现，例如，题目“42 的 6 倍比 x 的 7 倍大 21，求 x 的值”。这道题学生能够按照题意列出正确的方程，但是能正确解出未知数的却很少。

在教学中通过巡视观察，发现了学生们的不同解题方法，就让其中一个学生把自己的解题过程写在黑板上，并让他给同学们讲解自己的解题依据。他的解题过程如下：

$42\times 6-7x=21$

解：$252-7x+252=21+252$

$7x=273$

$x=39$

通过这个学生分析自己的解题过程，我明白了该生会出现此类问题的原因，就是受前面解一般方程方法的影响，该生已经初步形成一种意识，即含有未知数的项通常在方程的左边，这样方程左边就多了 42×6，即 252，然后利用等式的性质两边同时减 252，但发现右边的 21 不够减，自然想到了方程两边同时加 252（学生还没有学习有理数内容，故“$21-252$”还不会做），这样解出的未知数答案就是 39。

“解完方程后检验过吗?”我认真地问学生。

“没有，我认为解的过程没问题。”学生很自信地答道。

“那我们先来检验一下吧。”

“老师，我检验完了。只算左边就知道了，42×6 的积小于 39×7 的积，”许璐晗同学这时已经检验完了，大声答道：“我是用另一种方法做的，我的结果与他不同。”

于是我请许璐晗同学将自己的解题过程也写在黑板上，并将他做的与之前那个同学做的进行对比。

$42\times6-7x=21$

解：$252-7x=21$

$7x=252-21$（减数＝被减数－差）

$7x=231$

$x=33$

写完后，许璐晗同学对自己的解题思路进行了讲解：第一步完成后也想到方程两边同时减252，但看到方程右边的21是不够减的，这个方法就行不通了。仔细想了想，看到7x在减数的位置上，就想起用以前学过的“减数＝被减数－差”这一关系式写出第二步。下面的解法就简单了。完成后我检验过，这个结果是对的。

他的解释得到了同学们的一致认可。

这种解法会让同学们回忆起对之前学过的知识的应用，借此我便马上向同学们出示了第二类“特殊方程”，让同学们试着做一做：

$75\div x=25$　　$40\div2x=4$

巡视中我发现，大部分学生已经理解了许璐晗解题的方法，即观察含有未知数的项所在的位置，然后运用逆运算来解题。看到学生们完成得不错，我让他们自己总结了解题方法。学生们表示当遇到解“特殊方程”时，可以先不用等式的性质解，可以用“许氏做题法”（谁发现的方法就用谁的姓氏命名，平时课堂上学生们已经习惯了这种命名方法）来解题。

利用“加、减、乘、除”各部分间的关系解决了困惑学生的“特殊方程”，能让学生更清晰地理解算理。看来我们不应该在小学阶段就完全摒弃原有的解题方法，而应在适当时机有效地渗透，让学生根据方程的实际情况，灵活掌握各种解题方法。

23. 上好复习课

数学学科单元学习任务完成后，一般都是老师带领同学们梳理知识，强调知识重点、难点及考点，之后再进行单元测试；教师通过试卷分析，对出现的问题进行重点讲评，巩固知识，最后结束本单元学习任务。

这种形式的单元梳理是以教师讲为主，学生被动接受为辅，学生没有根据自己对知识的掌握情况提前梳理，特别是对自己掌握差的知识点没有做自我分析，复习课上也只是跟着老师的节奏再把知识复习一遍，不懂、不会的知识点可能就被一带而过了。针对这种情况，我在单元复习时做了以下尝试，收到了良好的效果。

单元学习结束时，提前一天或两天告知学生根据自己的学习情况，将本单元知识做一个整理。整理形式可以是知识树或知识表格、知识图谱等，整理内容要包括本单元所学知识点，自己认为本单元的重难点、易考点、易错点等。那么在复习课上，学生就可以利用自己整理的内容进行交流汇报了。

这种复习课一般分为三个阶段。第一个阶段是同组交流自己的整理内容，相互比较进而查缺补漏。第二阶段是小组汇报展示，在班级内汇报交流，其他小组同学提出修改补充建议。第三阶段是教师汇总点拨提升。这样的组织形式让学生在复习前就是复习内容的主人，通过整理知识了解本单元学习内容体系，同时也对自己的学习情况做一次“筛查”，知道自己哪里掌握得好、哪里掌握得不好，提前做一次反思。同组交流时，学生先在本组内将自己整理的内容与其他同学比较，找到差异进而相互补充。班级交流汇报时，老师则退到“后面”（我的学生已经习惯了，按照小组顺序轮流进行汇报），由汇报人到展台上依据小组内补充完善的最后内容进行汇报，将本单元知识内容逐一讲解，对学习重点、难点、易错点、易考点进行分析。值得注意的是学生汇报评价互动环节，这时有的小组会把认为比较“好”的题目呈现给同学们，并讲解这道题的出错原因及改正方法。这些题目是同学们从自己的纠错本中一一摘抄出来的，为全体同学做了范题。我认为，在这种复习过程中，学生全程参与了知识的梳理过程，而教师的作用则体现在针对课上情况进行及时点拨，提升思考，这样的课对学生来说才是真正的复习课。

通过多年的实践证明，这种方法让学生自己梳理知识、查缺补漏，小组交流相互借鉴，班级汇报中实现资源共享，使复习课有了更好的效果。

24. 快乐学数学

世界上最好的教育本质上都是快乐的，快乐是一种愉悦的心理体验。快乐的数学教学就是用愉快的学习环境去唤醒学生的学习经验，激活学生的教育情思，使学生在学习中得到快乐，在快乐中得到发展。

一、创设故事情境，激发学生学习的兴趣

布鲁诺说得好："最好的学习动机莫过于学生对所学材料本身具有内在的兴趣。"在数学课堂中创设有趣的故事，既有利于学生新知识的学习，又利于激发学生的学习兴趣，何乐而不为呢？我在教学中经常利用创设故事情节的方法，使学生的学习效果事半功倍。例如，在教学"10 的认识"时，我用一个有趣的故事调动了学生的兴趣：有一天，0— 9 几个数字娃娃做起了排队游戏。9 最大，当上了队长，就骄傲起来，看不起别的数字娃娃。他神气地对 0 说："你呀，表示一个物体没有，和我比起来真是太小了。"0 听了很伤心，感到自己真没用。看到 9 这样欺负 0，1 很不高兴。他牵着 0 的手走过来对 9 说："你看，如果我和 0 站在一起比你还要大。"9 听了之后感到非常吃惊："真的吗？"故事到此，我接着说："1 说的话到底对不对呢？这节课我们来学习……"这样创设出来的学习情境令课堂显得生动有趣，大大地调动起了学生的积极性，使学生能很快地进入学习角色，学习效果自然很好。

二、注重动手操作，让学生在操作中体验到学习的乐趣

"儿童的智慧在他的手尖上。"学生在动手操作时，思维和想象是最为活跃的，这时他能够对所学内容获得直接认知。故引导学生利用动手操作参与知识的形成过程，能够激发学生参与学习的兴趣。因此，将数学课堂中的"要我学"改为"我要学"，使学生在愉快的操作活动中既能掌握数学知识，又能发展数学思维能力。例如，在教学"分类与整理"中，新课开始时，我发给每个小组 12 个气球图片，这些图片按形状分三类：心形、圆形和糖葫芦型，按颜色分三类：红色、黄色和绿色。首先让他们认识了这几种气球，然后问学生："有这么多的

气球，老师想知道每种气球各有多少个，怎么办呀？请大家动手分一分。”这时学生的兴致很高，赶紧动手操作起来，有的按形状分，有的按颜色分……操作完之后，我邀请各小组代表展示自己小组的分法，一一展示之后，我和学生一起得出了分类与整理的方法。实践证明，课堂上让学生动手操作参与，比只看老师演示、听老师讲解效率要高得多。学生通过小组内讨论研究得出不同的分类标准，统计出不同的分类方法，学生在动手操作中既提高了学习兴趣，又发展了学生的数学素养，培养了团结协作的能力。

三、感受数学与生活密不可分，培养学生灵活运用数学知识的能力

新的课程标准更多地强调学生用数学的眼光从生活中捕捉数学问题，主动地运用数学知识分析生活现象，自主地解决生活中的实际问题。因此，在数学教学中应重视学生的生活体验，把数学教学与学生的生活体验相联系，把数学问题与生活情境相结合，让数学生活化，让生活数学化。例如，学习“认识人民币”时，课堂以一组生活主题图导入，图片中展示了小明在生活中使用人民币的一系列活动，用人民币购买文具、乘船买票、购买报纸、存零钱等。这些生动的例子帮助学生回忆生活中使用人民币的经历，让学生感知人民币在社会生活中的重要作用。然后利用学具人民币逐一认识各种币值的人民币，再利用购物游戏设置与实际生活接近的数学问题，学生自主解决问题，这样一来可以帮助学生加深对人民币的认识，同时还可以对学生进行爱护人民币的教育。课后可以给学生布置一项任务，让学生观察并记录在实际生活中家长或自己是怎样利用人民币购买生活用品的，要求学生整理好资料，在下一节的数学课堂上会进行交流。通过一系列的教学活动，学生们对数学与生活密不可分的关系有了更深刻的体会。

我们都清楚“知之者不如好之者，好之者不如乐之者”的道理。作为教师，只有依据学生的认知规律以及学生的年龄特征，结合自己所教学科的内容，精心设计自己的课堂教学和课外实践活动，丰富学生学习数学的素材，激发学生学习数学的兴趣，调动学生学习数学的内在积极性，才能使学生自觉主动地学习，才能使我们的教学效果达到事半功倍的效果，使我们的学生达到好学、乐学的境界。

25. 简便算法

原题：

兰州到乌鲁木齐的铁路全长约1900千米，在比例尺为1∶40000000的地图，它的长大约是多少？

今天批改作业，发现刘斌同学在解决这道题目时的列式如下：$1900\times\frac{1}{400}=4.75$（厘米）。我分析，只看他的结果是对的，但他不是按照昨天学习比例尺的意义进行计算，将铁路长度1900千米转化为厘米，而是改变比例尺计算。是不是真的这样呢？为什么这样做呢？我带着疑问找他，了解后才知道这是他爸爸告诉他的一个办法。家长认为把1900千米=190000000厘米的转化添上5个0太多，书写麻烦，孩子容易出错，倒不如直接将$\frac{1}{40000000}$的分母去掉5个0，与1900相乘积不变，计算起来就更方便省事。

原来是父母给孩子想的“简便算法”。这仅仅是让孩子计算得出结果，没有考虑解决问题的过程在孩子学习数学中的重要性。这类题目的设计目的在于通过解决生活中的实际问题，让孩子从读题到列出算式解答，每步都在培养他们审题、做题的严密性、逻辑性，家长不能让孩子图省事去做题。

家长辅导孩子做作业固然是件好事情，但像数学这种专业性较强的学科，每道题目后面都有严密的数学逻辑和数学思想的普及要求。如果家长能掌握一些数学学习的基本要求，再去辅导孩子，效果岂不更好？这就需要数学教师充分利用家长会、家访等机会给家长多“补课”了。

26. 画 图

早晨刚刚起床，电话铃响了。我一看是三年级一班的许老师。

“张老师，这么早打电话，打扰您了，想麻烦您给我代一节数学课。”许老师从医院打电话给我说。

“没事，昨天计划考试的事你就放心吧！我给他们测试就行了。”我爽快地答应了许老师。

第一节就是一班的数学课，我拿上试卷到了一班教室。我与同学们说明原因，同时讲了考试审题要求和我的批阅方法，就是同学们边做我边批，学生做完我也能基本批完，这样同学们就能及时发现自己的问题。学生听明白后发试卷开始考试。

前面填空、计算、选择学生做得还不错，对有问题的，我一般单独点拨处理完成了。到一道画图题时，一名学生画的“锐角”让我意想不到。我不假思索就在试卷上打了一个小错号，打完后意识到应该问一问这个孩子。

“你会画角吗?”

“会呀，我的三角板就是这样!”他理直气壮地说。

说着，这名学生将自己的三角板拿给我看，并用手指着已经磨损的那个角给我看。

“你能画个锐角让我看看吗?”我和学生商量道。

我说完，他就拿起三角板放在了练习纸上开始画锐角。他把三角板压在练习纸上，让铅笔沿着三角板从一个边一笔画到另一边。

我没有马上说明这种画法是否正确，而是平和地对他说：“老师知道你是怎么画的了。”学生抬头看着我，好像还在告诉我：“我会画。”

在批阅中，我又发现几名同学所画锐角与前面同学的一样，有的还在所画角上写上了“边”“顶点”等角的各部分名称，还出现了不用铅笔画图等其他不规范作图的情况。我感觉到一班同学还没有掌握好角的基本特征和作图要求，这时讲解是学生理解、纠正错误的最佳时机。作图题目完成后，我就让学生停下答题，先让其他学生说一下自己画角时要注意什么。学生说，画图时要用铅笔作图，便于改正，铅笔尖不能太粗，画出的角要尖尖的，等等。学生表述完成后，我用三角板演示如何画一个锐角，每一步都慢慢地给学生演示清楚，让全班学生厘清画锐角和作图的注意事项。通过纠正现场作图的错误，让学生既掌握了作图流程，又养成了规范作图的习惯。

我再问那位男同学：“现在你会画了吗?”

男生不好意思地说：“老师，这次我是真会画了。”

27. 化简比

今天学习化简比。教材例题出示了三组形式的例题，第一个是整数形式的（36∶24），第二个是小数形式的（0.25∶7.5），第三个是分数形式的（$\frac{4}{5}:\frac{2}{9}$）。这些年我都是按照例题解答方式，让学生利用比的基本性质按部就班地解决。学生对第一个例题整数比的解决没有疑问。对第二个例题，学生先是将比的前项后项都扩大100倍，然后再按照第一种整数比的形式进行化简。但今天三班李克同学没有这样处理，他用的方法是这样的，容我和大家说一说：

李克法：

$0.25:7.5=(0.25\times4):(7.5\times4)=1:30$

对比课本例题：

$0.25:7.5=(0.25\times100):(7.5\times100)=25:75=(25\div25):(75\div25)=1:30$

对比例题所做过程，李克的解题步骤更简练。问起他是怎么想到的，他解释说，我们熟悉$0.25\times4=1$这个口算小数乘法，思考从这里出发，看7.5与4相乘，末尾一定是0，积也是整数了。这样前项已经是1，后项又是整数，这个比一定是最简整数比。

通过李克的解释可以看出，这位同学的口算能力很强，最关键的是他的数感好，他没有按照课本出示的方法思考，自己通过创新找到了小数比化简更为简单的方法。我表扬了李克的创新思想，同时用他的名字命名这种特殊解法就叫"李克法"。这种方法也有局限性，它只是对一些特殊数字或前后项有倍数关系的比化简时适用，对一般小数比化简还是有局限性的，还需要用一般方法处理。对于口算能力弱的同学来说，如果看不出数字关系，就要用一般方法解决。

"李克法"启迪了其他学生的思路。到第三个例题分数比化简时，学生的思路让我刮目相看：

课本例题：

$\frac{4}{5}:\frac{2}{9}=(\frac{4}{5}\times45):(\frac{2}{9}\times45)=36:10=(36\div2):(10\div2)=18:5$

学生方法：

$$\frac{4}{5}:\frac{2}{9}=(\frac{4}{5}\times\frac{45}{2}):(\frac{2}{9}\times\frac{45}{2})=18:5$$

问及理由，学生们解释：

这种做法是先找到两个分母的最小公倍数，利用比的基本性质将其转化为整数比，然后利用整数比化简办法处理完成。既然找到分母的最小公倍数，看到分子是倍数关系，就可以在第一步时前项后项同时乘分子、分母的最小公倍数的倒数，这样做简单、省时省力。

这节课在“李克法”的启迪下，学生创新地发现了两种更为简洁的化简比的方法。学生根据所学知识灵活处理新知，让我这个老师也学到了新的解题思路，感谢这些聪明的学生的创造发现。这节课，正应了著名教育家陶行知先生说的“处处是创造之地，时时是创造之时，人人是创造之人”。

28. 为什么考不好

学校年初布置教研活动，安排我在期中测试前做一个专题研究汇报，讲一讲数学考试中应该注意的事项，旨在让高年级数学老师学会分析考试中易出现的问题，正确指导学生在考试中审题、答题。为此，我从开学初就着手准备，首先根据个人教学经验总结出学生在考试中容易出现的问题，其次跟踪两个年级多次单元测试试题，与任课老师分析学生出现问题的原因，最后查阅了近年来期末考试试卷分析，查看考试中出现的典型问题。

在期中过关模拟测试前的教研会上，我从以下六个方面向老师们作了汇报。

一、核心概念和主干知识不过关

通过试卷分析能够看出学生在核心概念和主干知识上掌握不好。比如：三年级学习的长方形周长和面积概念混淆，有的学生分不清是求周长还是面积；除法计算能力不过关，有的学生没有掌握竖式计算；四年级学习的乘法分配律出问题较多，学生没有理解它的意义，利用它进行的相关计算是学生得分的“拦路虎”；五年级学习的体积和表面积混淆；综合运算能力相对弱，计算结果正确率低；解决问题类题目，因生活经验少而不理解题意。这些就要求各年级教师帮助学生对数学基本概念、公式、计算算理、计算算法理解、记熟。不管题目怎么变，只要数学概念清晰、主干知识扎实，学生看到题目就不会慌，就能够轻松应对。

二、学生审题不细致，读题时看一眼就开始动笔做

通过平时单元过关测试分析发现，很多学生没有良好的读题习惯，因审题读题不认真出现的错误占了很大比例。所以，培养良好的读题习惯很重要，老师应该要求学生在考试中，不管是遇到计算类还是问题解决类题目，首先从前到后一字一句读完。只有充分理解题目要求，挖掘出题目条件，有了明确思路后才能动笔。下面举几个审题不认真出现问题的实际例子：

1. 五年级测试题中有一道测试旋转题目，要求长方形向左旋转90°。同一班中有3名同学画的是向右旋转90°，其中就有一名非常优秀的学生。这就是没有充分读题理解要求造成的失误。

2. 三年级一道填空题：长方形的长是2分米，宽是8厘米，这个长方形的面积是（　　　）。这道题目错误率非常高，第一是单位没有转化，直接得16平方厘米的，还有的注意转化单位了，填写160，没有加单位名称。

3. 再如五年级题目中有隐藏条件的几个例子

（1）粉刷墙壁问题，地面不能粉刷，只是求5个面面积；

（2）计算通风管需要铁皮问题，只计算侧面积，没有底面积；

（3）按比例分配应用中，已知三角形三个内角比，求每个内角度数，隐藏了三角形内角和180°的条件。

4. 计算中出现特殊数字，利用简便方法计算的题目

（1）$3.57\times2.8+3.57\times8.2-3.57$（隐形“1”题目）

（2）$2.5\times32\times12.5$（拆数注意小数点）

解决这些题目，需要老师们培养学生认真审题，吃透题目的已知条件与要求，从题目显性条件中挖掘出隐含条件，从中获取尽可能多的信息，找准解题方向后才动笔，正确率就会大大提高。

三、学生追求做题速度，但是没有把握好做题质量

考试中，有些中高年级学生追求做题速度，忽略做题质量。调查发现，有的

学生用2/3的考试时间就可完成试卷，剩余1/3时间就是在得意和马虎中消耗掉了。本可以有好成绩却得了个低分数，教训很深刻。只有做对了才能得分，不是做完了就得分。要让学生知道考试是在规定时间内完成规定任务，比的不是谁用的时间短，而是谁在这段时间内做得准，也就是说，考试中“准”字则尤为重要。只有“准”，才能得分，只有“准”，你才可不必考虑再花时间检查。学生做题习惯要在平时培养，从书写规范到卷面整洁，让学生养成扎实的做题习惯，改变一味求快的坏习惯，否则只会落得错误百出。适当地慢一点、准一点，可得多一点分；相反，快一点，错一片，花了时间还不得分。

四、没有学会合理安排答题时间

学生试卷答题一般都是从前面往后做，中间遇到难题，就会卡壳，没有合理安排答题时间的习惯，这就要求老师要培养学生在拿到试卷后第一时间干什么。学生应将全卷通览一遍，看看这次试卷中有哪些题型，哪一道自己会做，哪一道自己生疏，一眼看不出思路，然后按先易后难、先简后繁的顺序作答。在试卷中题目顺序并不是按照先易后难的规则排列，如果在中间某个卡住的题上“久攻不下”，学生就会浪费时间还拿不到分数，后面会做的题目也没时间处理了。所以要让学生学会临时“放弃”，等完成会做的题目后再回头“鏖战”，拿下难题。对于简单的题目，学生也容易大意马虎而出现丢分情况。所以，教师应培养学生在考试中面对“难”题不胆怯，冷静思考，仔细分析，遇到容易的题也不要掉以轻心，认真对待，就会得到理想的分数。

五、没有学会科学使用草稿纸

有些学生在考试中没有养成科学使用草稿纸的好习惯，这一点要引起我们数学老师的高度重视。有一次期末测试，校长在巡视中发现部分学生在数学考试时没有准备草稿纸，事后专门要求数学教师培养学生使用草稿纸的习惯。学生从小会科学使用草稿纸，能将自己的考试解题过程按照题目顺序清晰地记录下来，避免自己在誊写答案时出现问题（有的同学草稿纸上写对了，但往试卷上誉写时错了），同时为完成后检查试卷节约时间，还为考完后自己的反思做好了初步记录，能够及时发现自己现场处理时的错误原因。科学使用草稿纸训练时，每次考完后要收缴孩子的草稿纸，检查学生的使用情况，同时根据情况做出个别指导，这样学生就逐步养成按照要求科学使用草稿纸的习惯。所有老师都要抓好学生的这个习惯养成，它会对孩子的生活、学习大有帮助。

六、高年级学生要建立试卷纠错本，写出错误原因和纠正方法

学生屡次考试，出现同一问题却一错再错的原因，就是学生从第一次就没有弄明白题目出错原因，以后出现类似问题还是出错。例如，以下这两道题目可能很多学生经常出现错误：

6 米长的绳子平均分成 7 段，每段占全长的$\frac{(\quad)}{(\quad)}$，每段长$\frac{(\quad)}{(\quad)}$米。

2 吨花生仁可以榨出 0.84 吨花生油，每吨花生仁可榨油（　　）吨，榨 1 吨花生油需要（　　）吨花生仁。

每次考完老师都要讲评，当时学生认为听明白了，于是在试卷上写上了正确答案，但没有单独记录、分析错误的原因，结果一段时间后又忘记了，再次变化考查又出现了同类错误。学生建立试卷纠错本就是将每次考试的错题记录下来，出现的问题要说清楚，自己改正的过程也要记录清楚（我一般要求学生用红笔记录改正过程），这样每次考试的纠错过程就是找到错误原因并记录自己的分析与改正的过程。善于总结的学生还可能举出其他同类问题，举一反三。如果下次出现类似或同一问题也会查找到上次的改正记录，再次对照原因，加深理解。这个纠错本还是复习时的法宝，每次考试前我都要求学生翻阅它，仔细查看自己以前出现过的问题和改正的过程，避免本次测试再重蹈覆辙。

以上六个方面是我通过实践得出的经验，各位老师在自己的教学中可以批评借鉴，让孩子们在考试中养成良好的审题、做题习惯，提升严密的思维，考后养成及时反思的习惯。

29. 怎样考得好

考试是检验学生知识掌握情况，反映学生学习能力的一项重要检测方法。为了让同学们在考试中少出现问题，避免无谓的错误，每次考试前我都要与同学们从审题到做题，从易考问题到常犯易犯问题，从合理安排时间到做完检查问题等一一梳理，提出注意事项，收到了良好的效果，现在把自己的几点做法分享如下。

一、正确审题是做对题目的前提

做题前自己首先要读懂、读透题目内容，题目要求了然于心后才动笔。我们做题出错很多原因是没有读懂题目要求而动笔造成的。例如：

（1）填空题：10 克盐放到 100 克水中，盐占盐水的$\frac{(\quad)}{(\quad)}$。

有的学生读题时看成盐占水的几分之几了，填写$\frac{1}{10}$。产生这样的错误不是因为不会做，而是在读题时没有认真读透题目要求，同时因题目出现的 100 和 10 又有很大的“欺骗性”，从而才会犯错。

（2）判断题：所有自然数不是质数就是合数。(　　)

打上“√”的同学，就是没有厘清自然数、质数、合数的概念。只要仔细思考，就会想到 1 这个特殊数，它既不是质数也不是合数，而自然数中包含 1，这个判断题的对错自然而知。所以，只有认真读题，理解题目考察的内容，分析对比后才能正确判断。

（3）解决实际问题：有一节长 1.2 米，横截面是 4 平方分米的正方形通风管，做这样的 10 节通风管需要多少平方分米的铁皮？

此题需要注意的地方：第一是单位不统一。统一单位时要综合考虑出现两个单位与最后所求问题使用的单位，本题转化成分米较好，前面的 1.2 米化为分米变成了整数，便于计算，最后结果就是平方分米，不用再转化了。第二是求通风管的表面积非常特殊，它没有底面，只需求出四个侧面积。第三是横截面为 4 平方分米的正方形，虽然没有学习开方知识，但利用所学知识，通过正方形面积为 4 平方分米，能够推理出正方形（横截面）的边长为 2 分米。只有读懂并理解这些相关知识的内在联系，学生才能处理好这道题目。

（4）计算中出现的问题：

第一，计算顺序出问题。

$\frac{3}{5}+\frac{1}{2}-\frac{3}{5}+\frac{1}{2}=0$（四年级小数计算类似问题：$3.5+2.7-3.5+2.7=0$）

这是个有“陷阱”的典型题目，很多学生都出现过类似问题。产生错误的原因就是在审题中潜意识里加上了“括号”，没有按照从左到右依次计算的顺序考虑，关注点放在了前两项和后两项相同上，特别容易出错。

第二，去括号出问题。

$7.83-(4.83-2.17)$

$=7.83-4.83-2.17$

审题中观察到了数字特征，想用凑整方法简便计算，让有特殊关联的数字“见面”。但是在去括号时，没有注意变号而出现错误。

第三，改变数字位置出现问题。

$\frac{5}{7}-\frac{8}{13}+\frac{2}{7}-\frac{5}{13}$

$=\frac{5}{7}-\frac{2}{7}+\frac{8}{13}-\frac{5}{13}$

$=\frac{3}{7}+\frac{3}{13}$

$=\frac{60}{91}$

观察题目，看到分母是7的和13的数字各有两个，第一步思路是对的，让分母相同的数字在一起计算不用通分，但在移动数字时没有将它前面的计算符号一起带走（我称之为数字的“腿”），出现错误。正确的做法是，在移动$\frac{2}{7}$时，要把前面的“+”一起带走，同样移动$\frac{3}{8}$时，要把前面的“-”一起带走，计算应为以下形式：

$\frac{5}{7}-\frac{8}{13}+\frac{2}{7}-\frac{5}{13}$

$=\frac{5}{7}+\frac{2}{7}-\frac{8}{13}-\frac{5}{13}$

$=\left(\frac{5}{7}+\frac{2}{7}\right)-\left(\frac{8}{13}+\frac{5}{13}\right)$

$=1-1$

$=0$

二、了解自己的弱项，在考试中要注意克服，合理安排时间

每个同学在学习上都有自己的弱项，比如，有的同学计算能力弱一些，有的同学空间图形移动或计算弱一些，有的同学解决实际应用问题能力弱一些。每个同学都要了解自己的不足，并在做题中注意克服自己在这方面的弱项，不给自己留下太多的遗憾。

答卷时长是有限制的，一定要注意合理安排时间。虽然已经知道自己的弱项，但是在试卷解答中也许会在其他地方“卡壳”。遇到不会的题目不要浪费过多的时间，要学会临时“放弃”，抓紧时间处理后面会做的题目，如果在不会做的题上占用大量时间，后面会做的题目也可能没时间处理了。所以，对不会的题目临时“放弃”，等完成会做的题目后再回头处理它，这就是合理安排答题时间。

三、书写规范，画图干净

试卷要求书写规范，字体美观，卷面整洁。作答试卷反面时，注意不要把答案写进密封线以内。不要使用涂改液涂改试卷，想好了，拿稳了才动笔写。解决问题的答语要完整，可以简练，但不能只简单写几个字。画图要用铅笔、直尺等工具，作图规范美观。出现差错要擦干净后再画，不要原来的线没有清除干净就急着再画。

四、完成后要认真检查试卷题目

试卷是在规定时间内完成规定任务，不是像运动会上跑步比赛谁用的时间短，谁就是冠军。所以在做题时不要图快，而是要在合理的时间内比赛谁做题稳，做对的题多。试卷题目做完了不等于做对了，认真检查每个题目，就是自己提高成绩的又一条保障线。完成试卷进入检查程序，要先检查大题，再检查小题。自己对每道题都要重新做一遍（时间允许的前提下），保证前后一致。一旦出现结果前后不一致，就立即对应两次草稿纸解题过程，找出原因。其次对第一遍“放弃”的题目要再次斟酌，从不同角度思考解决方法，争取能够完成。最

后检查试卷姓名等信息填写好了没有，不能有遗漏。考试结束信号响起来，准备交试卷。

30. 让学生写“考后反思”

一

我们现在一般测试多是笔试（东营市晨阳学校语文、英语都有单项非笔试测试），家长往往很关注学生每道题目得分和试卷最后得分以及等级，却很少分析学生个体学习情况和出现错误的原因。老师讲评试卷一般也是从前到后讲解纠正，把做题想法生硬地“塞”给学生，较少考虑学生是否能够接受，或者是否还有其他更好的方法。长此以往，就造成了试卷讲评效率低下甚至无效，以后再现类似题目，学生还会出现同类错误。

试卷讲评应该是学生积极参与、主动探究，找到自己出错原因，主动地、充分地把数学问题暴露出来，老师才能准确地找到学生什么地方不会，什么地方还有问题，才能有效地调控教学，在以后教学中查缺补漏，帮助学生提高做题能力。

二

这届学生我是从四年级教起的，至今已有两年了。每次过关模拟测试后，我都安排学生以撰写“考后反思”的形式分析改正试卷，写出错题原因，分析本次测试中自己做得好的地方和不好的地方，今后自己努力的方向等。这样可以培养学生发现问题、提出问题、分析问题和解决问题的能力，促使他们对自己提出更高的学习要求。

比如，升入五年级，第一次学生“考后反思”情况是这样的：

学生在课堂上先在小组内交流试卷考点和自己的改错情况，让全组分享自己的“成果”。然后进行师生交流，在这个环节中我主要讲出现问题多而且有共性的典型题目。全对题目或个别题目不在课堂上讲解，因为我对每个学生的问题都很清楚，有的是需要课下单独交流的，要个别处理，况且有的学生也不是知识性问题，而是学习态度问题。

下课前布置学生结合全班试卷分析会，完善自己的第二次“考后反思”。主要从两个方面反思：一是这次考试你觉得自己考得如何？二是如果考得不错，请简单总结自己的收获；如果考得不理想，请分析一下自己没考好的原因。

等同学们把“考后反思”反馈回来，我了解到了许多新信息。

有30位学生认为自己考得不错，占全班的67%。全班试卷分析会给了学生不少启发。成绩好的同学体会到课堂上能够认真听课，老师讲的知识当堂学会，作业认真完成，特别是每天练习的题型自己都要求学会，对于典型例题要专门多练习，了解自己的不足，在考试中自己特别细心，就会取得好的成绩。

张伟同学说：“这次考试我的计算得了满分，几个小‘陷阱’都被我在审题时看破了。例如：‘$24\times5=?$’，这个口算很多同学马上填上‘100’，其实这就是没有认真审题造成的错误，受到‘$25\times4=100$’的影响了。还有一道我们以前练习过，这次我也差点出问题：$3.6\times7\div3.6\times7=?$ 我第一次就是填上的1，多亏完成回头检查时发现不对，自己又把小括号加上了，正确结果应该是49。”

杨斌同学说：“我的计算原来不好，经常出现抄错数、看错符号等小问题。但从张老师教我们后，提出计算要审透题目，看清数字和运算符号后再动笔，在计算中要一步一回头，重视每一步计算过程。我将这个要求落实到自己的计算中，在试卷题目前写了‘此题不丢分’。这次考试我的计算没有丢分，得了满分，很高兴。张老师要求我们不光写在试卷上，更要把这个要求刻在心里，还在全班同学前表扬了我。我今后要把这个要求刻在心中。”

牟帅臣同学说：“考试中读题思考全面后再动笔。这次考试有个题要填空：一个三角形的面积是48 ㎡，底是2m，高是（　　）。这道题目有些同学填写的是48或24米。我在审题时就注意了两点，首先这是三角形面积，要注意三角形面积计算时可是除以2的。前面张老师在纠正类似错误时讲到了，用方程解决最好，我就用方程计算的。还有这道题目最后没有单位也很‘坑人’，不过我注意了全面审题再动笔，没有出现‘会而不对’的情况。”

成绩不好的同学也很有收获。有的同学在分析考得不好的原因时，提到了自己基础知识不牢固，概念不清。有同学举例说，一个三角形的面积是48 ㎡，底是2m，高是（　　），自己的错误答案是$48\div2=24$（米）。为什么会出现这样的错误呢？同学分析，原因在审题时只想到面积 ÷ 底 = 高，直接填写24m 了，这是自己没有理解三角形面积计算公式 $S = ah \div 2$ 中的“2”造成的。应先让三角形面积回到平行四边形上，再利用面积 ÷ 底 = 高计算就对了。这类题目提醒我们以后要看好是平行四边形还是三角形，如果是三角形不能直接用面积 ÷ 底来计算高。

还有的同学反思自己计算出问题，原因是抄错了数，将 31. 5 抄成了 3. 15。表示以后在计算中，要特别注意，按照“一步一回头”的要求，抄完数字都要看看上一步的数字是否写对了，不能想当然的就往下计算。

这次考试中有一道特殊题目：一根木头长 8 米，要把它锯成 5 段。每锯一段需要 4 分钟，一共要花多少分钟？有的同学读题时想到了锯 5 段就是锯五次了，直接用 5 次与每次时间相乘了。其实他并没有读懂，又没有画图提示自己。这次记住了，在解决问题时要学会通过画图给自己找思路。

三

波斯纳认为：没有反思的经验并深入思考，只能形成肤浅的知识。让学生从小学阶段开始尝试自己写考后反思，就是以考试内容为思考对象，对自己所做题目的对错以及学习态度进行个人分析的过程，它不仅能促进学生内省能力的提升，而且有利于学生的个人成长。

学生学会反思就会对考试中暴露出来的问题做深入思考（最基本的是能找到自己不会的原因）。找到错误的根源，通过老师的讲解和自己的反思对比，就会对同类问题积累解决问题的经验和方法，提升解题能力和学习能力。作为老师，则可以通过学生的反思了解每个学生的学习状况，对不同学生的辅导就会有的放矢。我读到杨斌同学的反思，就能体会到他对计算得满分的成功感到快乐，这种情绪的力量就会成为他努力学习的动力。所以，考后反思给学生反思问题的时间和空间。自我反思、自我完善对培养学生良好的解题习惯、提升数学素养有着重要的作用。

第二章 育有所成

31. 香蕉的故事

2017年，我曾经教过的一名学生邀请我参加他的婚礼，并让我给他当证婚人，时隔近二十年，怎能不令我感动呢？为人师者的荣耀油然而生，我欣然应允。

问题是，师生之缘已经过去这么多年，况且证婚人的角色是很多人适合担任的，为何单单请我这个小学老师呢？参加完婚礼我才明白，事情的起因还要从一串香蕉说起。

1997年秋，我因病住进人民医院。四五天后，我感觉已基本恢复，但大夫说还要住十多天才能出院。住院时间长了，我最担心的是耽误学生们的课。校长来医院看望我，并且告诉我课都已经安排好了，不用担心学生。学校解决了我最大的后顾之忧，自己既然不能出院，那只能既来之则安之，静心休养就是了。

几天后，护士整理对面的空床，更换被褥并进行消毒。我问护士是不是要来新病号，护士说这个病号早上已经进了手术室，术后就会住进来。果然，病人下午来到了病房，护士、家属都跟着前后忙活一通后，病房里逐渐安静了下来，我也拿起书看了起来。

“这不是张老师吗？”对面陪床的中年女子突然说话。

我一听“张老师”，下意识地抬头向对面看去，但确实不认识她。看到我茫然的眼神，中年女子忙解释道：“我是四年级二班王乐轩的妈妈，前几天听说您病了，这么巧，他爸爸和您住进一个病房了。”

我刚刚接手这个班，只开了一次家长会，参会的还是爸爸，所以我不认识这位女家长。

王乐轩妈妈说，孩子爸爸昨天晚上骑自行车磕着了，伤到了头部，造成颅内大出血，手术用了6个多小时。

傍晚放学后，王乐轩来到病房看望爸爸。他妈妈让孩子到我这里来问候，但是孩子很腼腆，问候了一声就快速跑到爸爸病床边了。

几天下来，我了解到王乐轩的家庭情况并不宽裕，爸爸一人打工供两个孩子上学，这次受伤还不是工伤，家庭负担更重了。在医院里陪护的妈妈不舍得到食堂去买饭菜，而是吃自带的干粮，更不用说水果了。

有一天，我妻子正在收拾朋友探病时送的水果，恰巧王乐轩又来医院看望爸爸。

“把香蕉给王乐轩吧，这段时间他自己在家很听话，算是奖励他的。”我和妻子说。

“行，王乐轩可是个听话懂事的好学生!”妻子边说边拿着香蕉走了过去。

“不行，不行……我们不能要老师的香蕉。”王乐轩妈妈拒不接受。推让间，她都语无伦次了。

“这不是给您的，是给孩子吃的，不用客气。”妻子硬把香蕉塞到他们床边。

王乐轩的妈妈又拿了回来，妻子又送了过去，两人这样几个来回。

“你就收下吧，张老师一片真心，让孩子吃吧。”我床边一个大爷说了这句话，王乐轩妈妈才肯收下香蕉。

“孩子，快谢谢老师!”妈妈喊着王乐轩。

小家伙不好意思地和我们说了声“谢谢”。

“来，把你的作业拿出来，我给你检查一下。”我不忍孩子的局促不安，于是用轻松的语调转移话题。

孩子把作业交给我，我检查出错误并让他更正。就这样，只要王乐轩来医院，我都给他吃的，给他检查作业，并把我的解题“秘籍”教给他。相处时间不长，我和王乐轩成了好朋友。

不久，王乐轩爸爸苏醒了。王乐轩妈妈就和他说张老师对孩子多么好，给孩子检查作业，还给孩子香蕉吃。虽然孩子爸爸还不能说话，但我能看到他嘴角的抽动和满眼的感激之情。

多年后的一个暑假，我在菜市场偶遇王乐轩和他妈妈，王乐轩已经成了一名大学生。几句话，他妈妈就把话题转到了当年住院的事情上，说感谢我给孩子香蕉吃、给孩子辅导作业等等，她的眼睛都有些湿润。多么小的一件事啊，她要不说，我都已经忘记了。我询问了王乐轩的学习、生活情况，鼓励了他一番。

后来，大学毕业的王乐轩通过考试，成了北京市东城区的一名国家公务员。

2017 年，王乐轩要回东营老家结婚，让我给他当证婚人。婚礼上，给自己的学生当着证婚人，我自然是热情洋溢地夸奖一对新人一番。席间给我敬酒时，王乐轩对新婚妻子介绍说："这就是小时候给我香蕉吃的张老师！"

一串香蕉，竟让一个孩子和他的家庭近二十年念念不忘！

著名教育家苏霍姆林斯基说，教育者的关注和爱护，会在学生心灵上留下永不磨灭的印象。一串香蕉换来了一个证婚人的角色，教育者的幸福感是别人体会不到的。

32. 珍贵的礼物

亚斯贝尔斯在《什么是教育》一书中提到，教育就是一棵树摇动一棵树，一朵云推动一朵云，一个灵魂唤醒另一个灵魂。我第一次读到这句话时只感觉到句子优美，并没有真正体会到其中的深刻内涵。直到那天我收到了一份特殊的礼物才深有体悟。

教书这么多年，我送走很多毕业班的学生。很多学生毕业前会拿个留念册让我在上面写一段祝福的话，算是师生之间的一场见证。2019 年我教的这级毕业班学生也有这个流程。但是这个流程完成后，班长代表全班也送给我一个礼物——一个带有压扣的笔记本。

"老师，这些年您辛苦了！这是全班同学给您的留言，请您收下。"班长郑重地将笔记本送到我眼前。

"这还是我第一次收到全班同学为我写的留言纪念本，我要好好保存下来。"我高兴地接过来。

当时班级事情很多，我没有马上打开看里面的内容。

我忙完回到办公室，看着这个特殊的笔记本，就迫不及待地打开想看看 46 名同学送给我的到底是什么"宝贝"。打开本子，第一页映入眼帘的是各种数学符号，有小学学过的圆周率字母、计算公式，也有高中才会学习到的无穷大等符号，看来这些孩子是用心了。平时在课堂上我经常说：我们是数学人，我们要善于用数学眼光观察世界，用数学思维思考世界。他们居然牢牢记住了老师上课说的话，送给数学老师的留言本首页全部是数学符号。还有什么能比这个更让人幸福、更让人感动的呢？

我仔细翻着本子的每一页，原来是学生在不同颜色的便利贴上写的留言，并按照学号顺序粘在上面。留言中有的是寥寥几语的感谢，也有的是表达对我上课风格的喜欢，还有的是表达我对他学习、做人的影响和熏陶。下面是我的几个学生的留言。

您的到来让同学们对数学有了很大兴趣，我也渐渐喜欢这门学科，我们能遇到您这样的老师是我们最大的福分。

——学生王宣棋

敬爱的张老师，时间过得真快呀！一转眼我们毕业了，我永远不会忘记您第一堂课跟我们说的那句话：积善之家必有余庆，积恶之家必有余殃。感恩遇见，感谢有您，谢谢您张老师。

——学生李邑欣

亲爱的张老师，在五年级这个关键的学年，我很幸运成为您的学生。您睿智、幽默、风趣、平易近人。您孜孜不倦地传授我们知识，并教会了我们很多人生道理，让我树立了学习信心，还记得有一次，您在课堂上夸奖了我的解题方法，从此，我更加喜欢数学了。您是我求学路上的一盏明灯，我将永远感谢您。

——学生苑宇轩

张老师，你对我很好，很喜欢我，这些我都知道。能在人生中遇到您这样的老师，是我的福气。我一直把您当成我的榜样，您也一直特别谦虚，我也很想成为像您这样的老师。您平时风趣幽默、为人老实，讲课时一目了然。我特别感谢您从我的世界划过一道标记，我永远不会忘了您。张老师再见，勿念。

——学生姚昊辰

张老师，您的爱如太阳般的温暖，如春风般的舒适，如雨般的滋润，如天空般的纯洁。虽然和您相处的时间只有一年，但您那伟大的形象已经深深地印在我的心中。

——学生张云赫

亲爱的张老师，虽然我们相处时间不算长，但我从中感受到您非常细心的教导，您那幽默风趣的教学方法，使我从此爱上了数学，在毕业的今天，我对您表达深深的感谢。

——学生王一凡

……

读着学生们发自肺腑的留言，我仿佛看见了他们纯真的笑脸，真切地感受到了校园这方净土的温馨和可爱。那一瞬间，我心飞扬！

也是因为这些话，更使我立志要做一位有教育情怀的老师，成为更多孩子的榜样，唤醒更多孩子想学愿学的心灵！

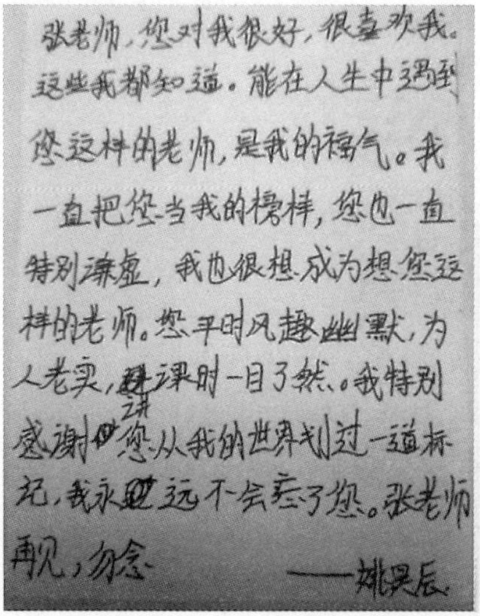
张老师，您对我很好，很喜欢我。这些我都知道。能在人生中遇到您这样的老师，是我的福气。我一直把您当我的榜样，您也一直特别谦虚，我也很想成为想您这样的老师。您平时风趣幽默，为人老实，讲课时一目了然。我特别感谢您从我的世界划过一道标记，我永远不会忘了您。张老师再见，勿念

——姚昊辰

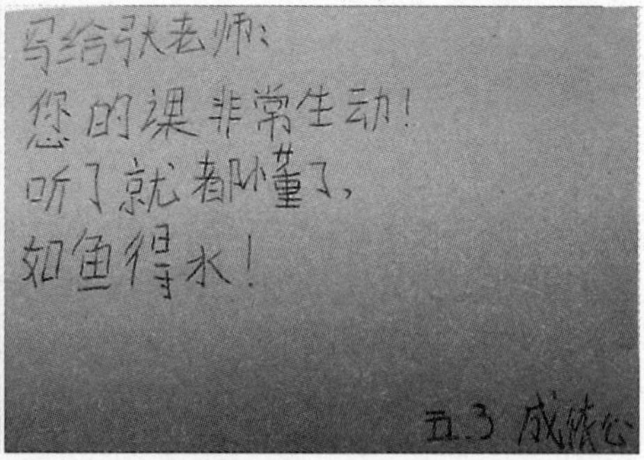
写给张老师：
您的课非常生动！
听了就都懂了，
如鱼得水！

五.3 成依心

《留言纪念本》上的部分学生留言

33. 两张贺卡

从教十五年以来，我收到了学生寄来的很多贺卡。贺卡的字里行间都充满了学生对我的感激、怀念甚至是赞誉之词，其中两张贺卡令我印象深刻。

第一张贺卡是2004年元旦前收到的，来自西安美术学院，是我在实验小学教过的学生陈贵玲寄来的。我像往常一样打开信封，但是里面的贺卡却彻底让我

惊艳了。

贺卡上面有一双圆润的双手捧着一支金光四溢的红烛，是陈贵玲自己画的。可是第一眼看去，这哪里是手工绘制的，分明就像是印刷品嘛！临摹字画，以假乱真者在美术专业中并不少见，我没想到的是，她的美术功底如此之深！令我惊讶、赞叹不已。

我记得她上小学时是一名不显山不露水的学生。

作为一名小学数学老师，我只记得曾经用数学这把尺子来衡量这个学生，如通过她的计算能力、问题解决能力、数学分类测试成绩等来评判这个学生的学习能力，而其他方面的能力我就关注得很少了，更不用说培养了。

陈贵玲同学的一张贺卡，把我这个数学老师的教育思路打开了。我尝试着用发现的眼光来欣赏我的每一个学生：他的这方面行，她的那方面行。用多把尺子一量，我的每一个学生都行！

第二张贺卡是2005年收到的，是一位正在读初二的学生寄给我的。当我从收发室拿到后，看到里面鼓鼓囊囊的，我就猜想里面肯定是从市场上买的那种比较高级的贺卡，在上面写着各种祝福的话。但等我打开，里面的东西却完全出乎我的想象。

那张贺卡干干净净没有一个字，只夹着一封信和两张照片，照片上笑容洋溢的少年正是我原来的学生张永涛。他在信里说，他和同学们十分想念我，非常怀念我在课堂上的风趣、幽默。如果有可能，希望我再给他们上几节数学课。看到这里我笑了，真是一个稚气未脱的孩子！

然后，他在信中给我出了5道初二的代数题，让我解答一下。他说，他想考查一下我解方程的水平。

最后，他说题目答案在贺卡里藏着，只有完成“作业”后才能看。

我收到过无数贺卡，在贺卡中给我出题的还是第一次。

我很认真地完成了学生给我布置的作业，而且通过回信告诉那位“小老师”，我把那5道题目全部算完了，同时让他给我“批改”一下，也给当年的小学老师打上5个大红“√”，让老师感受一次作业全对的成功感。

这张小小的贺卡，使我想起在与学生相处的时候，我没有老师的架子，能够蹲下身与学生平等相处的点滴。课上辩论、课下游戏。我们一起踏青，一起秋游，一起打雪仗……我不能从理论上解释我为什么这样做，但我知道学生喜欢我这样做。

我把这两张照片和我儿子的照片挨在一起，压到办公桌的玻璃板下面，让它时时提醒我不断思索并践行——让更多学生给老师出题做。

34. 一张合影

今天是正月初八，很多单位已经上班了。晚上，我和孩子到一楼邻居刘老师家串门。几个孩子到自己房间玩，我们几个同事在客厅聊天。一会儿门铃响了。刘老师以为又有客人到了，急忙去开门，没想到是我的妻子。

“快回家吧！你的爱徒武军宇来看你。”妻子面带喜悦地说。

这个学生是我2005年教的，2005年9月刚到实验中学读初一。在上小学时是我班的班长，并且在数学方面特别优秀，所以我常常对别人说：武军宇是我的爱徒。

听说爱徒来了，那就赶忙回家吧。一进家门，看到武军宇和他爸爸、妈妈都来了，半年不见孩子长高了很多。

家长与我交流了孩子这半年的学习和生活情况。武军宇爸爸说：“孩子进入初中后学习更努力，学习成绩在全校名列前茅。他还是班长，这主要是在小学您就给他提供了锻炼的机会，有了管理班级的经验，这才在竞选中获胜。”

我说：“这哪里是我的功劳！武军宇在小学学习就很优秀，作为班长还为班级管理出了不少力，给班级做出过许多贡献。”

“在小学您对他影响很大，除了数学成绩提高快，关键是做人做事方面影响他很大。他回家经常把您在班级中讲的故事讲给我们听，说您要他做事认真，对待同学公平，要求别人做好的自己作为班长首先做好等。他作业书写进步最明显，就是受您写字认真规范的影响。我们经常看到作业本上有您给他写的范字。”武军宇妈妈感激地说。

我说：“武军宇在小学时还有一个亮点，就是‘日日清’做得最好，我经常把他当学生的榜样。‘日日清’还是我们到江苏洋思中学学习时学到的‘先进经验’。回来后我就尝试在数学学习过程中要求作业‘日日清’，确实对一部分同学起到了很好的促进作用。”

“武军宇可不只是作业‘日日清’，他还从您那里学着记录每天的事情，完成的就画对号，能今天完成的务必今天完成，不能拖到明天再做，他说这个办法是您在课上讲的。他在平时做很多事都是照您的样子去做。看来这些好习惯都是您帮他养成的。”武军宇爸爸所说的不是客气话。“今日事今日毕”，是我在《读者》上看到后，感觉对孩子今后学习、生活有用就讲给了他们听的。看来有心的孩子自己就落实到行动上了。

“在组织班级活动中您放手让孩子自己组织，他们才有了更大的锻炼平台。记得运动会武军宇设计过标语，歌咏比赛、元旦晚会做过节目总策划，他的组织能力在平时活动中得到了锻炼和提升，才有机会参评‘全国好少年’。当时他的申报材料还是您和其他老师们帮他共同完成的。2005 年 11 月军宇去了济南参加颁奖典礼。”军宇爸爸一件一件地述说的既是孩子的成绩，又似乎是对我的感激。

家长不说我真把这件大事给忘记了，这可是我所教的学生中获得过最高个人荣誉称号的啊。

“上了中学，军宇进步肯定更大吧。”我问。

他妈妈接过话题，说：“现在的武军宇不但自己学习刻苦，还带领自己的小组一起帮扶其他同学学习，是班主任的小帮手，他们的班级在全校都已经小有名气。今年（2006 年）他也被评为‘市级三好学生’。”

初一的孩子，就被评为市级三好学生实属不易。有这样优秀的小帮手，班主任在班级管理中会省不少心。听到自己的爱徒在新学校有这样优异的成绩，自己也感到由衷的高兴。我们还回忆了武军宇上小学时的一些趣事，眼前的小伙子都有点不好意思了。

“张老师，今天军宇来，除了向您汇报半年来的学习成绩，还带来一个任务需要您的帮助。让军宇自己和老师说吧！”

“我很高兴还能为学生服务呀！我能帮助军宇做什么？”

武军宇终于说话了：“张老师，今年寒假我们的语文老师布置了一个任务，让我们找小学中自己最爱戴的一位好老师，并与他合影，然后写一篇短文——《老师我想和您说》。开学后要评比的。”

“放假时孩子就说了这件事情，一口就说您对他的影响最大。考虑到年前都比较忙，就没好意思来打搅您。这不上班第一天就来了，一来拜个晚年，二来完成您学生的任务。”军宇妈妈解释道。

“这个忙我帮得很荣幸，我也感谢军宇能够选我作为他最爱戴的老师。来，我们就在客厅合影吧。”说着我们师徒二人在客厅站好，军宇的爸爸拿出手机为我们合影。我的妻子也凑过来，帮忙把这张特殊的合影照留在我的手机中。

作者与武军宇合影

35. 最幸福的事

开学第一周格外忙活，我们整天被开学“琐事”抽打得像陀螺一样停不下来。终于到周六可以休息了，我准备利用这个时间调整一下“疲惫”的身心。

忽然电话铃响了，我一看是马杰打来的。马杰，是我教学生涯的第一届学生之一。

“张老师，您好。我是马杰，昨天晚上回东营太晚了没好意思打搅您。我想见您一面，我现在在学校门口等着您。”

听到学生到了学校，我马上说：“好的，我往学校走，你稍等。”

快到学校时，远远看到一个帅小伙站在校门口左顾右盼，我想他应该是马杰，我也有六七年没有见他了，有点不敢认。我按车喇叭，他转头，我一看真的是他。一下车，马杰就上前抱住了我。在这个一米八多高的小伙子面前，我显得有点矮了。

我和马杰一起到办公室聊了起来。

“张老师，我很想念您，时间长了我就是想见您一面。这几年在南海舰队服役，回东营很少，这不，我刚刚调回武汉中国海军工程大学任教。”马杰把自己的工作情况作了简单介绍。

“我也非常想念你们，因为你们是我的第一届学生，是与我感情最深的一届学生。”

“张老师，这么多年了我还清晰地记得您给我们上课的情景，特别还记得您到我家家访教我如何学习数学。您还讲到学好数学对以后学习物理、化学都有好处，所以我就特别重视数学学习。到后来我的理科成绩好，都是多亏了您！”马杰说。

是的，一晃近二十年了，当时具体怎么说的我已经记不起来了。但就是当时一句不经意的话，对学生的影响从那时就开始了，并为他以后学习指引了方向，奠定了基础。

“老师，还有件事情我在小学就记住了，结果到我读博士时用到了。”马杰提出的这件事，我也忘记了是哪一件事。

“我们在学习年月日时，您提问过一个问题，知道父母生日的举手。当时班级中举手的不多，于是你讲要记住给予我们生命的人的生日，将来要做一个孝敬父母的人。当时我就没有记住父母生日，回家后我就问了爸爸妈妈的生日，专门记了下来，没有再忘记过。在外地时，每逢他们的生日我都发短信问候。”马杰说。

“你是个孝敬的孩子，这个事怎么和你读博士有关呢？”马杰说的是小学的一件小事，我还是没有明白与他读博士的关系。

“老师不知道了吧！我读博士的第一周，导师就问我们几位同学谁知道自己父母的生日。我是第一个说出来的，导师冲我赞赏地点头。导师讲，我们不但要有更多的知识，更要有更多的人性养成，父母是给你生命的人，是你人生中最重要的人，要孝敬自己的父母。导师讲的道理与您说的一样，所以我在内心就佩服您对我们的教育。”

“你现在从事教学工作吗？”我问道。

“是的，我博士毕业后到南海舰队工作了 2 年，又回到自己母校从事教学任务，张老师，咱们是同行了。”马杰笑着对我说。

看来我也有高校同行了。

“张老师，谢英斌北大博士也毕业了；白杨在济南机场上班，是空少；柴方晖在青岛工作也很好；离您最近的是张宝业吧！他在区财政局上班……”马杰把自己了解到的同学情况都和我说了。

“张老师，我的工作稳定了，啥时间您到武汉时告诉我一声，我要好好地招待您呀！”马杰发出诚挚的邀请：“老师，我见您一面就放心了，我在武汉等着您。”

短短的见面交流，让我又回忆起初为人师时与这些孩子朝夕相处的情景。看到原来那些淘气、调皮的孩子一个个长大成人，成为对社会有用的人，这是老师感到最幸福的事。

作者与其执教的第一届部分学生合影

（第一排从左至右依次为：马　杰　王志锋　王　鹏　谢英斌）

36. 与校长一起家访

学生刚刚考试完，寒假还没正式开始，校长给我们毕业班的几位班主任安排了家访任务。

不过，这次家访校长要一起参加。

这就与我们任课老师自己家访不一样了，我们需要提前了解校长对家访的要求。比如，家访什么样的学生、家访的主要谈话内容等。

通过与校长的交流，我们知道了家访的目的——了解学生毕业后是留在东营市晨阳学校继续读初中（东营市晨阳学校是九年一贯制学校），还是到其他学校读初中。了解学生转走的主要原因，是不是我校教学哪里做得不够好，询问家长有哪些需求是我们能够帮助实现的。

带着这样的目的，我们级部选择了7位学生，其中就有我班王一凡同学。放假第三天，我和校长到了我班王一凡家。

学生基本情况如下：孩子爸爸是医院一名外科大夫，平时工作比较忙，值夜班多，和孩子交流少。孩子妈妈在街道上班。现在街道工作量很大，加班较多。孩子从一年级开始就在晨阳学校就读，学习自律性较好，学习成绩优异。

我和校长到学生家中时，学生及父母都非常热情地接待，我把这次家访的主要目的向家长和孩子做了简单说明。

“今天，我们到家里来就是听家长意见的。为了把晨阳学校办好，让家长放心，我们得了解家长对学校的诉求，了解孩子在校的发展需求。我希望知道家长、孩子的真实想法。”段校长边说着边打开笔记本，准备认真倾听、记录。

家长一看校长的态度那么诚恳，有些动容了，立即表态说：“晨阳学校是一所好学校，老百姓的评价都很高。我们孩子今年已经决定留在晨阳学校就读初中。”

“孩子在小学阶段所遇到的老师们都很好。他们对孩子都很认真负责，特别是在习惯培养上都下了功夫。所以，孩子学习等各方面发展都很好。孩子的健康成长离不开老师们的培养，我还得谢谢老师们为孩子们的辛勤付出。”家长非常认同我们的教育教学。

段校长边记边问："您认为我们哪里做得还不够好？需要我们注意什么？您对促进孩子今后发展有什么期望？能否给学校提一些建议？"

"当然，我们家长看到的优点很多！具体说学校做得不好的地方，我还真不好说。但我作为家长最害怕的就是学校年轻老师多，教学经验可能还没有那样丰富。进入初中后，孩子学习压力又大，所以我们家长都盼望能安排有经验的老师来教自己的孩子。再就是女老师生二胎的多，这样班级老师更换就会很频繁，孩子适应老师的时间就会增加。换个好老师还好，如果换的老师学生不满意可就麻烦了。"家长直言自己的担忧。

"放开二胎是国家政策，这是各个学校都面临的问题。"我和家长解释道。

"我们学校女老师占的比例较大，您说的这个问题我们正在研究破解办法。请您放心，我们会对有生育要求的老师提前统筹安排，尽最大限度地解决老师频繁更换的问题，尽量保障教师的稳定性。"校长也向家长保证。

"小学还有半年时间，我们家长该怎样做？"家长问我。

我说："这半年是学生小学毕业前最关键的半年，家长要为孩子创设好的学习环境，监督帮助孩子搞好平时的学习，遇到问题及时与任课老师沟通。学生除了学习新课以外，还要对小学所学知识进行系统化、科学化、网络化的复习，争取能够提升学习能力，为初中进一步的学习打下良好基础。所以这半年的学习很重要，千万不要让学生放松！我们通过复习来查缺补漏，提升知识的全面性，同时自己还要归纳复习方法，让知识成线成片。"

"今天通过与校长、老师的交流，我们更加了解了晨阳学校的办学宗旨，始终是在为家长、学生着想。我们相信学校，也相信孩子！我们愿意与学校一起，共同教育培养好孩子。"家长欣慰地说道。

段校长继续不卑不亢地说："我们会把家长反映的具体情况整理，逐条解决，为孩子们创设更好的学习环境，争取把晨阳办成家长放心的学校，把每位老师培养成为家长信任、孩子们尊敬的好老师。"

今天的家访让我目睹了段校长的风采。他为了了解家长的真实想法，与家长推心置腹地交流，不怕家长说他的短处，主动让家长提出自己的想法和要求。他为了孩子和学校更好的发展，虔诚倾听家长的心声，把家长所想、孩子所盼的事看成学校办学发展的方向。

我相信，在前任校长们为晨阳学校的发展打下的良好基础上，在段校长的带领下，晨阳学校一定能办成让家长来了还想来、孩子来了不想走的好学校，办成老百姓放心、社会评价高的名校，办成一所追求卓越、永远为孩子们着想的接地气的学校。

我们教师在这样的学校里工作，也非常有幸福感和成就感！

37. 十年后的家访

今天与朋友到明月豪庭小区处理一件事情，车子一进入小区北门，我就有一种强烈的熟悉感。哦，想起来了！我多年前教过的一个学生——张芳家就在这一排，我到她家家访过。不过她上初中时就到天津上学了，这些年家长也曾经联系问候过我，不过他们大部分时间已经不在东营生活。多年前家访的情景又浮现在我的脑海中。

要办理的事情很顺利，但是他们还有要唠的话。刚才回忆的一幕，驱使我在手机里查阅张芳这个名字。真巧！我手机里竟然还存着张芳妈妈的电话。我就抱着试一试的心态拨了这个号码，电话居然通了。

“张老师好。”张芳妈妈居然也还存着我的电话。

“高姐，您是在天津还是东营？”我问道。

“昨天我刚刚回来，您在哪里？”

“我在您家隔壁。”我笑着回答。

“这么巧，我再次邀请您来我家坐坐，再做一次‘家访’吧！”高姐也很高兴地邀请我。

我看谈事的没有聊完，就“请假”到隔壁学生家里坐坐。

我很快就来到了张芳家门口，张芳妈妈已经把门打开迎接我了。

我们寒暄了几句，就聊到了孩子身上。

“张老师，孩子从小就很听话懂事，学习上积极向上，做事都是做到最好。”张芳妈妈说的这些都是实情，“这都多亏您的教育啊！”

我听了笑笑说：“张芳从小就听话懂事，是您一直给她做了好的表率，我们只是锦上添花而已，孩子的成功是您的家庭教育影响起主导作用。”

“不是的，还是在学校受您的教育影响大。2018 年，孩子考入了铁路公安，成了一名公务员。”说到这里，张芳妈妈脸上流露出满足与喜悦。

“这次考试，有一项内容还有你的功劳呢！记得小学一次冬季越野赛，我想马上要期末考试了，怕她跑下来感冒，就不想让她参加。后来是您劝我，说参加体育运动，可以锻炼孩子的意志品质，不但不会影响孩子学习成绩，还会提高孩子的学习积极性。最后孩子参加比赛取得了很好的成绩，也没有感冒。从此每年的运动会她都参加几个项目，从小学到大学练就了好的体质。这不，参加公安考试的体能测试，很轻松地过关了。”

张芳妈妈说得不假，我当时看张芳体质不错又有毅力，才与家长沟通鼓励孩子参加冬季越野赛的。这件事竟促使孩子喜欢上了运动，是我始料未及的。真是应了“艺多不压身”这句话。

“您有孩子的照片吗？我看看她现在的样子！”

张芳妈妈打开手机，从相册中找出一张照片，让我看到了一名铁路女警察的英姿。

张芳妈妈还给我讲了近期发生在张芳身上的一件小事。

“上班不久，孩子也遇到过一个小难题。孩子所在单位举办铁路纪实快闪设计大赛，全部作品中最后只有两件入选，其中就有张芳的。当时，她很高兴地对我说，她的作品被评审组选中，推荐参加全国比赛了。我也替她高兴。但是，几天后她又告诉我作品最后没有被采用，自己很失望，感觉自己的努力没有被认可。我就鼓励她，评审组不选就说明你的作品某个方面还不够优秀，自己还要努力，不要因为这件事影响自己的其他工作。其实做妈妈的心里也很疼女儿，她的设计很多是利用晚上熬夜做的，自己受的累没有被认可肯定会不高兴。”

张芳妈妈说的这事我相信，记得小学时这个孩子的作业都是班级中最认真的，她从小就要强，做事都要求自己做到最精致。

“一段时间后，孩子又给我发信息说评审组老师又要她的设计思路，问我要不要给老师?”张芳妈妈说，当时她告诉孩子：“给！老师要就给老师！老师虽然没有采用你的作品，也许想借用你的思路提升推出的作品质量，毕竟代表你们单位参赛。不管谁的上去，水平高才能获得好名次。”“后来张芳回话说，最后评审组采用了她的设计思路和作品。她还夸奖我太厉害了，能够知道老师们的想法。”

“其实不是我知道老师的想法，而是告诉女儿在工作中应该怎样处理问题，大大方方，踏踏实实地做事，不要着急，不要对同事、领导有‘小心眼’就行。”

张芳妈妈的脸上满是自豪与喜悦。孩子能够成长、成才，是每位家长心中最值得高兴的事吧！

时隔十年再家访，让我受益匪浅。这位普通的妈妈用自己的方式对孩子进行言传身教，鼓励孩子不怕吃苦，教育孩子大大方方做人、踏踏实实做事。

相信只要我们每位家长、每位教师在平时生活、学习中都像这位妈妈一样给孩子做好榜样，我们的每一个孩子就都会健康成长，成为对社会有用的人。

38. 家长讲故事

五一假期期间，我到崔凡同学家家访。

崔凡爸爸曾就读于山东建筑大学建筑设计专业，毕业后回东营工作，在设计圈内小有名气，也有自己的设计公司。崔凡同学也很优秀，学习非常认真，有一定的表演天赋。最主要的是，他小小年纪就一丝不苟，甚至可以说是苛求完美。他的数学作业常常带给我美的享受——干净整洁的卷面、条理清晰的答题思路、笔直刚硬的线条，连小数点都那么与众不同、讨人喜欢。凡是我在课上要求过的，崔凡做得都很好。在其他同学的作业面前，崔凡的作业“鹤立鸡群”。

这次家访是为了和崔凡建立更加良好的师生关系，与他父母取得教育共识，促进孩子更好地进步。当然，也是为了满足自己想要见识崔凡的原生家庭、了解崔凡成长环境的教育追溯。

我去的时候，家长和孩子很显然刚刚从外面回来。地板上放着很多尚未来得及收拾的物品，在这个窗明几净、一尘不染的家中显得格外突兀。崔凡父母赶紧热情招呼我坐下，喝茶，与我促膝长谈。我们聊了崔凡在成长过程中的很多趣事，聊到崔凡在校纪律、待人、学习等方面的表现，聊到家庭、学校在孩子教育中的作用。我问家长孩子作业态度是如何养成的，崔凡爸爸连声感谢我这个老师教导有方。

“其实更在于你们家长优秀！家庭的影响非常重要！”我说完就又问家长是怎么做的。

崔凡爸爸给我讲了一个故事。

前几年，他的设计所里有一个实习生。这个实习生是在大学四年级下半学期来设计所实习的，当时电脑画图还不发达，有些图还要靠自己动手在纸上绘制。

有一次，一张图纸设计需要改动，崔凡爸爸就把这位实习生叫到办公室告诉他改哪里，怎么改。

第二天，改动后的图纸交了回来，崔凡爸爸打开后哭笑不得。原来这位实习生并没有把原来图纸上的线条擦拭干净，就用铅笔重新画了，而且橡皮在使用时不是洁白的，把图纸的很多地方都弄得乌黑了。

“我按照您的要求已经改好了！”实习生胸有成竹地回答说。

“你认为图纸改得合格吗？”

“我认为改得合格。”实习生仍旧没有意识到问题的所在。

“不合格！你把图纸弄脏了，而且没有擦拭干净就又画了，这些都是不规范的。”崔凡爸爸直接和这名实习生说道。

讲到这里，崔凡爸爸便说：“张老师，我认为这个孩子在上学时没有遇到一位好老师教他规范作图，没有养成规范认真的习惯。他从开始就不了解作图的要求，马虎随意，让他做其他工作可能也好不了多少。”

是啊！这名实习生马上就要工作了，在画图中还出现这样严重的问题。这个问题的“病根”，就是上学时老师没让他养成规范画图的好习惯，家长也没有对他严格要求。

“我常常用这个故事告诫崔凡，学习要规范认真，严格按照老师的要求。对于这一点，几乎天天都讲给崔凡听，耳提面命！”

家长举的这个实例对于我这个小学教师来说，是一个很好的教育范例，触发了我的教育感想。我要从学生画每一条线、作每一个图形开始规范要求学生，让学生从小养成良好的学习习惯。

39. 家长会上借题发挥

家长会是班主任、任课老师与家长沟通的重要渠道，学校要求每个学期组织几次不同范围的家长会。一般学校统一安排的家长会是在期中或期末考试之后，由任课老师讲解本次试卷，分析考试成绩和学生出现的问题，对家长提出合作要求，告诉家长在家怎样做好监督。班主任除了讲解自己所教授的学科试卷之外，还要对班级情况做出分析，家长们都在下面忙着记录各科老师提出的各种学习“要求”。

我带这个班已经半年多了，家长和我也相互了解认识了。这个学期第一次家长会，我尝试着改变组织形式，把主讲人由老师改为学生家长，让家长现身说法，把自己教育孩子的好做法、好经验分享出来，帮助其他家长分析孩子出现的问题，以提供解决的策略。我再跟在家长后面借题发挥，扩大教育效应。通过会后反响来看，家长会取得了良好的效果。

我把其中两个家长介绍的内容整理了一下，下面来看看两位家长的教育观察点和教育感悟。

场景一

一、刘菲家长谈“粗心”

孩子每次作业或试卷出现的计算错误，我们都以粗心给孩子台阶下，其实“粗心”是孩子错题的借口，而不是孩子真正“粗心”。轻易说出“粗心”这两个字，就会掩盖真实的错题原因，久而久之导致孩子错题越来越多，而那时再说“粗心”就为时已晚了。

二、我的“借题发挥”

为什么会粗心呢?

第一，粗心是因孩子对基本概念、意义理解的程度不够。例如，周长和面积相混淆，就是对两个概念的理解不够，分不清它们的区别。

第二，粗心是因孩子对关键知识点掌握的熟练程度不够。例如，除法计算出问题，就与对原来计算的算理和算法关键知识点掌握得不好有关。在进行相关计算时某一个知识点处理出现问题，结果就错了，说他不会吧，他还能做几步，说他会吧，最终结果肯定不对。

第三，粗心是孩子的不良学习习惯造成的。比如，书写不规范，出现笔误；还有的孩子没有认真读题的习惯，看一遍就动笔。这些看似“小问题”的习惯，时间长了都成了学习中的“大毛病”。

如何纠正“粗心”的问题呢？

第一，引导孩子养成慢慢读题的习惯，从小养成良好的读题习惯终身受益。学生要把题目读懂、读透，一般要求孩子读题两到三遍，边读边划，将关键条件和内在的数量关系理解后再动笔。

第二，引导孩子养成演算工整的习惯。从平时各科作业书写开始，要求孩子书写规范工整，这个习惯会减少很多失误。家长从开始检查孩子作业时，就要树立高标准。如果不合格就要他重新写，同时帮助孩子设计排版，坚持下来孩子就会有好的书写习惯。

第三，引导孩子养成认真检查的习惯。这个问题很重要，在这里不妨多说几句。现在孩子做题都有一个习惯，就是做完了不去认真检查，这一点与父母平时替孩子检查作业有关。这些错误不是孩子自己检查出来的，是家长指出来的，时间长了孩子思维也出现了依赖性，他就会想有问题妈妈会和我说的，自己就不用检查了。所以，在平时检查作业时要改变这种现状，先让孩子自己检查，看看有没有问题，然后再由家长检查，家长发现问题也不要急于告诉孩子出现问题的地方，而是再让孩子检查，逐渐让孩子改掉依赖家长的惰性，培养孩子自己认真检查作业的习惯。

场景二

一、李宇轩家长讲“体谅”

李宇轩在一年级的时候，不会听课，做作业很慢。每天我都是坐在一边看着她写，帮着她改，都是要经过“娘俩战斗”才能完成作业。时间长了，我就嫌她接受能力差、做作业慢腾腾，经常训斥她。后来老师找我，要求我改变对待孩子的态度和辅导作业的方式。本学期我真的改变了，每天由孩子在作业记录本上记好作业内容，晚上每完成一项就打对号。等孩子全部完成后，我再统一检查指正。

开学初的一天，李宇轩作业完成得较早。我把各项作业检查完后没有发现错误，就把作业还给孩子。李宇轩接过作业说了一句话，让我一惊："妈妈，今天你没有训我。"

是吗？我怎么从没有觉得训与不训啊？孩子也从没有说起过训与不训啊？今天是没有训孩子吗？我听到孩子这句话很吃惊，虽然没有接孩子的话茬，却在反思自己平时对孩子的态度，想想今天孩子知足的样子，真是很内疚。讲这件事情的目的，就是提醒大家平时在家里要关注、体谅孩子，明白孩子不是学习的机器，他们需要健康快乐地学习。

二、我的"借题发挥"

现在的孩子大都是独生子女，孩子在家都是父母的掌上明珠，如何让我们三年级二班成为优秀的班集体，这就需要家长和老师共同教育孩子在班级内学会体谅、理解、接受，让孩子知道宽容能为自己铺平人生的道路。我给大家讲个故事吧。

林肯是美国历史上伟大的总统，但小时候家里很穷。由于家境的困难，林肯十二岁时不得不中止学业，去做了一名伐木工人。每次，他都在自己伐倒的木材上写上一个自己名字开头的"A"字。但是，有一天，他发现自己砍伐的木头被人改写上了"H"，这显然是有人盗用了自己的劳动成果。

林肯生气极了，回家对继母说："一定是那个叫亨德尔的家伙干的，我到他们家找他理论去。"继母看着生气的林肯说："孩子，你先别着急，听我给你讲个故事。"

从前有一片大森林，那里有一个人叫斑卜，他以打猎为生，经常在密林中安装捕兽套子。由于他安装的地方是野兽们经常出没的路线，几乎每天都有收获。有一天，他又去收套子，却发现套子上只有动物脱落的毛，动物已经被人取走了。斑卜很生气，于是就在纸上画了一张很生气的脸，放在了套子上。第二天他又去收套子，发现套子上有一大片树叶，树叶上画了一个圈，圈里有房子，房子旁边还有一只狂吠的狗。斑卜看后不知道什么意思，他想：为什么别人拿走了我的动物还要画图呢？他觉得应该和这个人当面理论，于是，他就画了一个正午的太阳，还有两个人站在捕兽套子边。第三天中午，他又来到了这里，看到一个浑身插满了野鸡毛的印第安人在那里等他。他们彼此言语不同，只能通过打手势来对话。印第安人通过手势告诉斑卜，这里是我们的地盘，你不可以来这里装套子。斑卜也打手势说：这是我装的套子，你不能拿走我的果实。两人就争论起来，两个人的模样都很古怪，相互看着直乐。斑卜想，与其多一个敌人，还不如多一个朋友，于是他就大方地将捕兽套子送给了那个印第安人。

后来有一天，斑卜打猎时遇到了狼群的追击，被迫跳下了悬崖，等他醒来的时候，他发现自己正躺在印第安人的帐篷里，伤口上还有印第安人给他上的药。后来，他就成了印第安人的好朋友，和他们生活在一起，共同打猎。

继母讲完故事，微笑着问林肯："你说斑卜做得对吗？"

"他做得很好。这样少了敌人，多了朋友。"林肯回答说。

"对呀，孩子，你要学会宽容别人，这样才能使自己的路越走越宽广。要不然，你在社会上就会到处树敌，很难成功。"

"我知道了，母亲。"林肯很懂事地点点头。

林肯牢记母亲的教导，宽容的美德为他以后的人生铺平了道路，最终竞选为美国第十六任总统。

对，宽容能为自己减少敌人，增加朋友。就像中国一句老话说的"多一个朋友多一条路"，其实就是说多了一个成功的机会。

后记：家长会结束一段时间后，我发现学生都自觉建立起改错记录本了，作业书写也比以前认真了。特别是在单元过关小检测中，很多学生做题都会注重检查，正确率不断提高，学习成绩有了很大提升。

40. "赊分"给学生

近几年，东营市晨阳学校在数学教学上进行了分项达标测试的尝试，分项达标测试分计算达标测试、解决问题达标测试和综合测试三项内容。我们级部先进行了计算达标测试，我所执教的班级成绩挺好。次日上午，测试卷发在学生手中。为鼓励同学们继续努力，早点拿到惊喜，我利用课间把达标证书全部写完，利用作业看护时间发放达标证书。

当我拿着证书走到教室时，眼快的同学就知道我来干什么了，其他同学看到也马上停下了手中的笔，等着老师发放达标证书。我先说明这次级部规定的达标标准，85 分以上的同学为达标，没有达标的同学下周还有一次补考机会。我开始拿着证书宣读名字，学生有序领取。我郑重地将达标证书双手递到学生手中，他们双手接着证书说着“谢谢”，每个领取达标证书的同学都把高兴写在了脸上。当快发完时，教室左边有点乱，还伴有哭声。

“张老师，程家旭把王智博的写字本给撕了。”平时嘴巴快的燕晓帅和我说。

“老师您看，程家旭把我的本子撕烂了。”王智博举起了已经撕坏的本子，向全班展示程家旭的“罪证”。

“老师，是王智博先取笑我，我才……”说话慢的程家旭解释说。

“不是，是你说我嫉妒。我不嫉妒你，不就是这次你才考得好点吗？还向我做鬼脸！”王智博截住程家旭的话。

“是你嘲笑我，我才说你嫉妒我领达标证书的。”程家旭解释。

听完两位同学的解释，我就基本了解事情的原委了。

在这次达标测试中，王智博没有考好，主要是他有一类解方程的题目做得不好，两道特殊解方程都做错了，所以只考了 83 分，没有达标，也就没有领到达标证书，需要补考。平时王智博都在 90 分以上，自己失利没考好心情已经不好受了，而程家旭领取达标证书后向王智博“炫耀”，于是就出现了刚才争吵的一幕。看到心情低落的王智博，我突然想起在一篇教育文章中提到老师鼓励学生学习的办法，就是老师先赊分给学生的策略，我为什么不在王智博身上试一试呢？

“同学们，王智博平时学习不差，这次达标测试马失前蹄没有考好，但是他有很强的实力，我想这次先赊他 2 分，让他‘达标’，领到达标证书，但是下次补考时要还我 2 分怎样？”我和全体同学说。

“行！他能还上您给的 2 分。”还是燕晓帅先说话。

“他自己说才行，你说的不能算。”我说着，看王智博的反应。

可能事情太突然，王智博没有想到张老师会赊给他 2 分，让他现在能够得到达标证书。他不好意思地站起来，点了点头。

“来，老师这里还有空白的达标证书，现在就填好发给你。”我对王智博说。

一旁的同学着急地喊道："快上去领呀！"

这时王智博才反应过来，先擦了一把眼泪，跑到了我的面前。当我把达标证书送到他手里时，教室里响起了同学们的掌声，这掌声是送给王智博的鼓励，也是送给我大方"赊分"给同学的鼓励。

下一次考试果不其然，王智博还给我了 2 分，顺利达标领到了新证书。

在我们平时的教育教学中经常会遇到这样的小事，只要我们随机应变顺应学生发展的需要，机智地处理这些小事，它们都会成为孩子们健康成长、快乐学习的催化剂。

41. 走进学习新时代

周四下午，我要利用短暂的课间找几名作业完成情况不好的学生辅导一下。

我急匆匆地走到二号楼下时，我们班几名男同学正在小广场上课。

"张老师好，干什么去？"一名男同学热情地和我打招呼。

"我去教室批作业，下课后就发给你们。"我回答道。

"张老师，自从您教我们后，我们感觉到学习数学轻松多了。"姚昊辰也向我喊道："在张老师的带领下，我们走进学习数学的新时代！"瞧他这句话说的，不周不正、不软不硬，多少还带点幽默。他的意思我明白，是说他们遇上了一个好老师，今后要跟着我好好学习数学。

"小子挺有才的呀！"我表扬他说。

回到办公室，姚昊辰的这句话还回荡在我脑海中，久久不能散去。我不禁回忆起开学两个月以来，我和孩子们相处的点点滴滴。

通过这两个月的相处，我熟悉了孩子们的学习情况、学习习惯，孩子们对我的教学方法和方式也逐渐适应。课堂上，我尊重每个孩子，让每个学生都有展示自己的机会。如果学生研究出自己的独特解法，我都是用他的姓氏来命名的。在学习"分数与除法关系"时，学生分组研究"3 张饼平均分给 4 个同学（用小圆片代表圆饼）"，大部分小组把 3 张饼全部平均分成 4 份剪开，得到 12 份，再平均分给 4 名同学，每人分得 3 份。只有苑宇轩组想到了独特的办法，3 饼对折两次（都平均分成四份）重叠放好，剪下其中一份给一名同学，剩余的每人取走一份。他的剪法最简洁、最有创意，我就用他的姓氏为这种剪法命名——苑氏剪法。后来，苑宇轩在毕业留言中还单独提到了“苑氏剪法”，并说就是这次表扬让他更加喜欢数学了。

我不仅仅教数学课本上的知识，还适时地把很多社会热点问题体现在数学课堂上。比如，“新时代”这个词，也是我曾经在课堂上说过的。我还把自己学习了解到的“一带一路”发展数字带到课堂上，也把“中美贸易战”数据对比穿插在讲课中。让学生了解祖国发展、经济腾飞的基础是科学技术和人才的发展，了解当今世界之变，了解我国科技发展与每位同学学习的关系，让学生树立学好各科知识，将来为祖国做贡献的远大志向。

另外我还规定在每周三数学课前 5 分钟，由学生讲数学小故事。通过讲数学故事，学生了解了数学发展的曲折历史，体验了许多运用数学知识的生活事例。有一天，轮到小东主持数学故事会。他介绍的是“0”的产生，同学们都听得很认真。当他说“0”所代表的意义表示没有时，有的同学还提出了反对意见：“你说‘0’表示没有，那生活中的‘0℃’还能说没有温度吗?”

这个同学的提问让其他同学感到意外，小东自己也不能解释了，就把求助的目光转向了我。我借机将数学上的 0 和实际生活中“0℃”的区别做了说明，并带领学生把 0 在数位的占位、0 不能做除数等问题一起做了梳理。我还提出让学生回家查阅资料，了解 0 的产生背景和发展历程。

在课下，我和学生更像朋友，拥有朋友间的信任和坦诚。我慢慢走进了孩子们心中，他们也逐渐认同了我的教学，认同了我这个“大朋友”。姚昊辰说的话，令我很欣慰，也很自豪。后来，这句话一直鼓励我与学生们教学相长，与学生们一起遨游在数学的王国里，一起走进学习数学和生活的新时代。

42. 竞选风波

今天第三节是体育课，孩子们都在室外上课。我和王老师在教室交流开学一周来班级同学英语学习状况。还没下课，几个女生先回教室了，其中班长张文琪还哭着，很委屈。

“怎么了?”我关心地问道。

“张老师……这周选文艺委员吗？王娇当咱们班的文艺委员吗？但是……张祎琦说她想当，还让这几位同学帮忙，我认为……”张文琪哭得话都说不完整。

我这个班长最大的“优点”就是眼泪来得特别快。

张祎琦也泪眼蒙眬，急于辩白道：“刚才体育课上，我只是和同学们说了一声，你就认为我和王娇竞争。”

“刚才，你们自己讨论谁来当班级文艺委员，是吗？”我慢慢问道。

“我感觉王娇更适合，张祎琦不能……不能到其他同学那里拉选票吧！”看来班长了解一些“内部”情况。

“我那不是拉选票，只是想发挥我的长处。”张祎琦急于解释，小脸涨红。

学生进入四年级时，因为这级人数多，学校在暑假后重新分了班。刚开学，我还没有摸透学生情况，所以班干部还没有选配齐全。

“老师知道你们的心思了，都是为班级好。这个事情我们先停停，好吗？”我想让大家都平静下来。

她们走后，我和王老师说：“孩子们大了，知道一些竞选的策略了，能发动班级的同学来为自己拉票了。”

“孩子们长大了，比我们想象的复杂了。”王老师也笑着说。

这件事情没有我想的那么简单。三天后（周五）学校心理咨询室新学期第一次开始工作，张文琪、张祎琦与刘文三个女生来向我请假：“张老师，第二节课我们要请假，行吗？”

“你们几个有事情吗？”我问道。

“我们知道今天学校心理咨询室开始咨询了，我们要去解决一些自己的问题。”张文琪和我说明请假原因。

办公室门口，还有几个追随着看事的男生。我看了一下这几个同学，就知道是前几天的班级文艺委员竞选的事并没有风平浪静。我以为这样的“小事”冷处理，过几天就行了，没想到这几位同学心里还没有放下。

“刘文，你想去咨询解决什么问题呢？”我没有问班长，而是问了刘文同学。

“我想问一问怎么处理同学间的关系？”

“你们都是咨询这个问题吗？想听听张老师的建议吗？”我用信任的眼光看着她说。

“想。”三位同学坐了下来。

“那我先说一下自己的观点，与同学相处要大度，不能斤斤计较，与人为善，多为他人着想，这样你就能处理好与同学们的关系。”

“妈妈也是这样教育我，不过我有时候脾气不好，遇事就与同学吵，所以得罪了不少同学。”刘文自己剖析与同学交流中出现的问题。

“你自己分析得很好。知道自己脾气不好，就要学会控制自己的情绪，当遇到事情时要学会冷静，与同学发生争执时要反思自己哪里做得不好，今后该怎样做，学会善待自己的同学，你会变成一位做事不莽撞，受别人喜欢的好同学。”

刘文听着我的解释不时地点头认可。我也不时地把目光投向其他两位同学，看她们的表情变化。

“张老师，我是陪着刘文来的，我没有要咨询的事情，我回教室上课了。”张文琪坦荡地望向我的眼睛。

同时我眼睛的余光，看到了张祎琦欲言又止、难受低落的神情。

“好的，你们先回教室学习。张祎琦留下，我和你单独聊一聊。”

“你刚才请假是准备为前两天的事去咨询吧。”其他同学离开后，我问张祎琦。

“是的，老师，从那天开始，我就为这事烦恼。在你这里可能认为是一件‘小事’，但它却一直压在我心中，我感觉到从那天开始，我与同学有了隔阂，也感觉其他同学都用异样的眼光看我，可能认为我是个不大度的人，所以我想到心理咨询室找老师诉说和解决。”张祎琦说着自己也哭了。她的问题我猜对了。

在我看来，这是“小事”，但在她心中已经装了三四天了。她不能和父母说，老师知道了但是迟迟没有处理，而且她自己认为这件事已经让她和同学交流出现隔阂了，怎么有心情专注学习呢?

“你别急，张老师就能帮助你处理啊！不用到心理咨询室找老师，这是班级的事情，我们自己可以解决。明天是周六，回家和爸爸说，明晚我到你家家访好吗?”我和张祎琦商量道。

张祎琦说:“谢谢张老师！我们在家等着您。”

周六晚上，我到了张祎琦家，与家长交流孩子在校的一些表现。张祎琦妈妈说:“祎琦从小就是个特别细心全面的孩子，同时很愿意为班级集体干活出力，但是有个小毛病，她是个完美主义者，做事前后考虑。比如，这次班级文艺委员的事，她回家虽然没说，但是从她的行为上就看出是她遇到事情了。我们也想通过这些‘小事’锻炼她处理问题的能力，感谢老师能够及时发现孩子遇到的困难并帮助她。”

我又与张祎琦交流了进入新班级后的一些班级情况，她说了自己在新班级学习生活的体会，同时也对班级常规提出了自己的想法。通过家访，我了解了孩子的具体情况，有了解决问题的思路。

周一，我马上安排班干部竞选事宜，一方面让参选人员都精心准备竞选演讲，还特邀5位家长到校当评委打票。经过参选学生演讲，同学、家长投票，最后张祎琦被推荐为班级文艺委员，王娇成为我们班的劳动委员。后来的三年时间里，我们班在学习、文艺等方面都是同级部的佼佼者，说明我们选对了人。

通过竞选班委，我深刻体会到作为班主任、家长要时刻关注学生遇到的任何一件事情，让学生遇到事时有诉说的地方。家长、老师共同给孩子出谋划策，帮助他处理好与同学的关系，处理好班级管理与学习的关系，让孩子通过“大事”得到锻炼。班主任也要通过处理孩子心中的“大事”，学习与孩子打交道的策略和方法，提升自己的教育教学能力。

43. 打开有惊喜

连续两天的大雾天气，随着冷空气的到来终于结束了，阳光就像从空中跌出来一样，孩子们终于可以到外面活动了。我和孩子们跑完操刚刚回到教室，二班的程晓景和蔡铭轩就跑到我的前面说：“老师，这是我们送给您的礼物。”

“哦，还给我礼物?”我有点惊讶。

两个学生手里拿着用彩纸做的小长方形纸兜，上面都写着：打开有惊喜。

我接过了学生的礼物说：“谢谢你们送给我的礼物。”

“老师，您要从这里打开。”蔡铭轩告诉我打开的地方。

这个长方形小兜就是做的一个小信封，从后面开启。

“不过现在您还不能打开它，回办公室后您再打开看。”蔡铭轩继续叮嘱我。

“好的，我现在不打开。”为了让他们放心，我当着两个孩子的面，把小礼物装在了自己口袋里。

“老师，他送的您什么礼物?”几个好奇的男生已经围了过来。

“我也不知道，人家不让我打开，回头我知道后告诉你们。”我愉快地与这几个孩子说道。

第三节课，我回办公室看到几位同事都在，就像孩子一样高兴地宣布：“刚才我们班两个同学送给了我一个礼物，现在我要打开看看送的是啥惊喜。”

同办公室的王杰老师说：“小不点们还行！送的啥，咱也开开眼见识一下。”说着，和几个同事都围拢过来。

“刚才送我时不让在教室打开，那我就来办公室给各位老师们一起‘显摆’下吧！让我们一起见证‘神奇’时刻！”说着，我故作郑重地从衣兜中拿出彩色小信封，按照学生告诉我的方式小心翼翼地打开这个“打开后有惊喜”的小纸兜，看到里面是一张浅红色的纸片，慢慢抽出来后，发现它是一个非常精致的“心形”折纸。

“看看，孩子们把心都掏给你了！”王杰老师羡慕地说道。

我又慢慢地打开第二个信封，同样也是一个心形折纸。

“看，你只教了他们不到两个月时间，学生就把自己的‘心’交给你了，能不好好听你的话，能不好好学习吗？我教这级学生都两年多了，也没有学生送给我礼物呢。”王杰老师有点“嫉妒”地说道。

看到学生送给我的惊喜，我想到：每天在课堂上老师和孩子都是面对面地交流，当学生送给我这个小礼物，就变成了师生“心贴心”的沟通了。

我为什么能够收到礼物呢？那是因为“礼尚往来”。

前段时间我到杭州参加数学活动，这是我第一次来杭州这座城市。四天听课日程安排得满满的，最后利用晚上时间到商店购买了一些桂花绿豆糕和姑苏饼等小吃点心。回到学校，我把外地小吃给班里的孩子们分着尝一尝。坐在教室座位最前排的某某，把小嘴塞得满满的，含糊不清地说着：“还是张老师好……在心里想着我们！”还有学生悄悄地和我说，老师，以后我有好吃的也会给你吃。

除此之外，我还经常与学生进行平等交流，经常在课堂上表扬学生的作业，学生的优秀和进步我都看在眼里并真诚地赞美他们，让他们在学校感受到自己的成功和成长。作为数学老师的我，除了教给孩子们数学知识以外，还重视对孩子人格的教育，教他们怎样与人相处，怎样帮助他人，从身边小事做起，从小有一颗为他人着想的善良之心、感恩之心，告诉他们这些人性的修养比知识储备更重要。

看到学生送给自己的礼物，看到外面雾散后晴朗的天空，我的内心比这天空还晴、还美。

学生送的小礼物之一

学生送的小礼物之二

44. 吃饭啰

当老师的，都珍惜自己的上课时间，有些老师还要“赖”学生几分钟时间——拖堂，把自己没有说完的内容赶紧压缩讲完，才算完成任务下课，而不管学生接受效果怎样。

记得原山东省教科院小学数学教研员刘品一老师在几次讲课评课中都说过，上课不是拍电视剧，没必要这节必须到哪个环节才能结束，因为上课的内容难易程度不同，学生认知程度、达成度不同，上课时间正好四十分钟完成就有难度。

有时没有完成上课预定任务也正常，不要认为缺少练习就是缺少环节，缺少课堂总结课堂就不完整。一节课是看学生是否充分探究、充分参与，是看学生是否提出质疑、解决问题，是看学生的数学能力和数学思维的发展情况。这节课没有完成，下节课可以继续练习。下课铃响了，老师还讲，效果也不会好，因为学生的心已经不在这里。所以，老师不要养成拖堂的习惯。

我自己在上课时特别注意这个方面，严格做到不拖堂。

有一次因美术老师参加优质课比赛试讲和我调课，我的第一节数学调到了第四节。

这节课的学习内容是笔算除法。我的导入是根据学生生活实际设计的一道题目，让学生先理解题意后，自己提出数学问题，再尝试独立计算，然后小组研讨交流，最后是班级汇报提升算理、算法。学生的积极性很高，特别是学生针对算理进行辩论，相互说明自己的理由，学生在争论中厘清了每步计算的算理。最后，结论的出现就水到渠成了。

这节课学生学得投入，我点拨得到位。我感觉这是一节成功的课!

计算课最后少不了练习。我对学生说:“前面我们讨论得很好，总结的算理、算法也很清楚。现在我们来看看个人计算怎样，是骡子是马拉出来遛遛才知道，敢接受挑战吗?”

学生情绪高涨，喊道:“敢!老师你出题吧!”

我一共设计了三个层次的题目。第一个层次的题目是3道基础题目。学生很快就完成了，通过检查全对。看到结果，学生也很兴奋。

我又出示第二个层次的题目——两道对比题目。

教室里马上安静了下来，当全体同学聚精会神投入到挑战中时，悠扬的下课铃响了。伴随着铃声，一个幼稚的声音在教室里喊道:“吃饭啰!”喊声突兀，导致全班都回头寻找这声音的来源。

我顺着声音看去，是蔡明轩。他也自觉失言，不好意思地吐了吐小舌头。见大家都看他，他涨红着脸低下了头。

同学们又把目光移向我。

可能对于一个刚刚进入三年级的学生，第四节最盼望的就是铃声响后到餐厅就餐。

有的同学可能认为我要坚持完成题目再下课，但是我知道学生的心已经到餐厅了。

我看了同学们一眼，“好!吃饭啰!”我把蔡明轩的话重复了一遍。

听到我的“指令”，孩子们高兴地冲出教室整队，准备到餐厅。我也收拾材料与孩子们一起下课。

在我和孩子们高兴地带队离开教室走向餐厅的路上，几个男孩子在后面向我伸出了大拇指。还有个学生似乎是在安慰我说:“老师，吃完饭马上就回教室完成挑战。”

看到孩子对我的表扬与安慰，我想到了华应龙老师说的：“下课铃声响了，最美的声音是老师的‘下课’，而不是老师再把课讲下去，能这样做就是尊重学生、顺应学生。”

45. 一个求助电话

有一天，我课后回到办公室刚坐下，电话响起来。

“张老师好，我是蒋浩的妈妈。”电话那端一报家门，我就知道是熟人，是前几年我教过的学生蒋浩的妈妈。

“蒋浩现在上初三了，在学习和生活中遇到了些麻烦，需要您帮忙教导。”

经过一番交谈，知道蒋浩到初三后，出现了逆反情绪，特别不愿意与老师、家长沟通，不听老师与父母的话，沟通出现了障碍。蒋浩父母就想到通过我来帮助他们打开孩子的心窗，了解孩子现在的心理状态，给孩子做正面引导。

“在所有老师中，蒋浩提到最多的就是您。您是他最敬佩、信任的一位老师！请您帮帮我们吧！”

我同意帮助孩子，但是如何与孩子见面，如何让孩子能够接受我的引导，这些都是需要斟酌的，免得马上见面很唐突，孩子一看就知道我是“说客”。

于是，当天晚上我先往蒋浩家里打了个电话和家长聊几句，再让蒋浩接电话。我关心、问候他的学习情况，我和他回忆在小学中的一些趣事，蒋浩也愉快地和我聊了一些话题。

我说：“你小学毕业都两年多了，时间过得真快啊！我现在打算写篇教学回忆录，能见面聊一下吗？你也帮我回忆回忆，给我找点灵感。”

蒋浩欣然答应。我们约定，周末我去他家。蒋浩把他家住址发给了我。

初战告捷！

周末，当我到达蒋浩家楼下时，发现他们一家人已经在楼下等我了。我被簇拥着上了楼。

我和蒋浩父母先寒暄了几句，就开始和蒋浩交流。蒋浩把他熟悉的几位同学都一一给我介绍。“特别是林昌同学学习进步最大，现在在全年级都是前几名了，同时他的计算机编程特别厉害，都参加全国比赛了。还有……”蒋浩侃侃而谈。

我又把几位同学在春节期间发给我的祝福短信给蒋浩看了，和他共同回忆在小学生活中的一些趣事。

父母看到我和孩子谈得很投机，就相继离开客厅，给我们一个相对独立的环境，因为他们知道孩子有些事情不愿和他们交流。

“刚才你说的咱们班这么多同学学习都这么好，把你自己的学习情况和老师说一下吧！”我借着刚才的话题问道。

“我还行吧。”蒋浩低下了头，轻轻说：“不过现在成绩下滑比较厉害，爸爸妈妈很着急。”

“自己知道成绩下滑了，那你知道是什么原因让你的成绩下滑的吗？”我用手扶住他的肩膀，轻声问道，同时注视着孩子的眼神。

“我现在对自己要求有点低，而且和同桌玩的多，分心了。老师和妈妈都提醒过我，但是我没有管住自己，连续两次考试都在退步。”蒋浩坦诚地自我分析退步的原因。

“同桌是男生还是女生？”我故意问道。

“是男生。”

“他平常待人接物好吗？性格开朗吗？学习成绩怎样？”我连续问了几个问题。

“成绩比较好，乐于帮助别人，就是家庭经济条件好，花钱太多，也很能玩。”

“看来在你心目中他是有优点也有缺点，我们只学习他的优点，不能学习他的缺点。”我说道。

“初中生变化大，交往同学也多，但是要学习同学们的长处，不能因为朋友交流影响自己的学习。现在中考在即，老师和家长更加关注自己孩子的学习，而你的成绩一直下滑，自己要分析原因，然后迎头赶上才行。你是一名优秀的学生，不要在中考成绩上给自己留下遗憾。我相信你会及时调整状态，把主要精力放在学习上的！我期待你进步的好消息！”我鼓励他。

“张老师，我都毕业了您还能想着我，我很感动。我知道自己这段时间的表现不好，但在学校老师的絮叨、在家妈妈的絮叨太多，我又管不住自己的玩心，感觉每天都在退步！考不上高中怎么办？他们都认为我考不上高中了，我就更没劲头了。有时，我很烦他们，所以不愿意理他们，我就成了他们心中的一个叛逆少年。”蒋浩面带苦恼和焦虑地说出了自己这段时间不听话的原因。

我握住蒋浩的手，尽量放低说教的姿态，诚恳地说：“中考是自己人生第一次大考，老师、家长都很着急。可能着急的方式不对，没有很好地听取你的意见，特别是妈妈的絮叨多让你感觉烦，这些我可以和妈妈说。但是你考虑过没有，在你身边替你着急的不就是家长和老师吗？其他无关的人员不可能提醒你努力考上高中，因为你的成绩下滑与人家无关！这一点你也要理解老师、家长的初衷，都是为了你呀！如果你在校各个方面蒸蒸日上，满身是正能量，作为老师的我相信你得到的一定是表扬和鼓励。”我知道，这样的话，蒋浩天天都在听，并不新鲜。我又说了几个我教过的学生的例子，把事实和道理都讲给他听。

“我也在想改变自己的学习状况，我想让爸爸和班主任说一下给我调一下教室座位，我好专心学习。”蒋浩抬起头，眉宇间恢复了清朗，说出了自己的打算。

“很好，我想你爸爸会做到的，其实你自己也可以向班主任说。老师给你加油！回校后你也和咱们班其他同学说，需要我帮助的地方可以随时说。老师愿意帮助所有老同学，也期盼你们都有一个理想的中考成绩！”我鼓励蒋浩。

我和蒋浩的交谈收到了良好效果。后来他妈妈打电话告诉我：“孩子现在在家在校表现都很好，我和他爸爸说找您就找对了，您就是孩子的灵丹妙药……”

我听后笑了。其实我只是做了一位教师应该做的，这点小事不足挂齿。我是孩子最信任的老师，这就是最大的精神褒奖。

46. 给你舞台

在“建校10周年广场文艺汇报演出”中，我班吴英瑞同学表演快板——《裁判员》。他利用自己良好的口才、熟练的打板技术、丰富到位的表情，把裁判员的形象刻画得淋漓尽致。小观众们笑得前仰后合，全场热闹的氛围被推向高潮。

隔壁班的刘老师说：“张老师，你们班的这个同学真厉害，将来是文艺界的一个好苗子。”

我也高兴地说："这个学生很聪明，学习东西很快，特别是在表演方面确实有天赋。虽说平时课堂上还有些自由放纵，但在舞台上能收放自如！"

"这小伙刚来时够调皮的，经常看到他在走廊内闹腾。"伴随着掌声刘老师说到了我原来比较头疼的事。

吴英瑞是三年级时转学来到我们班的学生。刚来到班里，新同学、新老师、新环境他都不适应，放学回家就和自己的父母闹着转回原来的学校，父母着急就到校来与我介绍孩子原来的情况。这位同学在原来的学校是文艺骨干，可以说小小年纪已经是学校演出的台柱子，来到我们学校后发现优秀学生太多，他感觉被冷落了。再说三年级学习任务要求比原来高，他也感到了压力，课堂自信心就降低了。课堂上他活泼外向的性格受到"压制"，只好课下跑跳释放。父母与我沟通了解孩子的情况后，我才知道这还是个"角儿"，应该好好保护他。

我利用课余时间与吴英瑞交流，听取他现在的想法，同时打消他转回原校的想法（这是与父母商定好的）。看到我真心地帮他，他也慢慢走近我。

我还与其他任课老师交流吴英瑞的情况，介绍他的优点，与所有任课老师一起为吴英瑞创造一个相对宽松的环境，让他逐步适应新学校的学习生活。我划分学习小组时也调整容易交流的同学与他同组，让他尽快融入新班级中来。

一个月后，语文老师发现他的口才很好，让他担任第四小组语文组长，给他提供为同学服务发挥其价值的平台。几个月下来，吴英瑞变了，变得活泼但有规矩，变得灵活但有分寸，在学校中得到了老师的表扬和同学们的赞许，自己也建立了自信。这次快板表演就是语文老师推荐的，内容是语文老师主笔写的，表演由音乐老师亲自指导，他原有的表演基础加上这段时间的刻苦训练，才有了今天晚上的风采。我们全班同学都为他的表演喝彩，都对他刮目相看。

吴英瑞的变化让我得到一个启发：在教学中要给学生一个适度宽松环境，给他们一个变化的时间和空间，相信我们每个孩子都会发挥自己的长处。多一种评价标准就会多一批优秀学生，他们会与吴英瑞一样变得越来越优秀。

47. 转变"犟"学生

下午我刚到办公室，王老师就来到我面前诉苦："今天中午送队，可让咱班陈兴气死我了！”

“咋回事？这个‘大侠’怎么让你生气了？”看到王老师生气的样子，作为班主任的我赶紧安慰她。

“今天中午放学整队时，看到后面的几个男生在打闹不听指挥，我就提醒他们。开始还行，但队伍快出校门时又乱了！我就说，你们有几个男生像螃蟹一样在后面横着走，队伍乱成什么样了？”

“‘老师，螃蟹是这样走，我们可没这样走。’陈兴说着就在队伍中学着螃蟹横过来竖过去，来了劲。”

“队伍走出校门后，陈兴更来劲了，故意和几名男同学在大声叫嚷：‘王老师说我们像螃蟹横着走路。’同时在队伍里还晃来晃去。我想制止他，喊了他几声，但是他没有任何收敛。其他班级的同学和家长也都被他的声音吸引了过来，都看着咱班的队伍。多亏单老师送队回来给我解围，他才老实下来。回来后我就给陈兴妈妈打电话说了这件事，家长说中午要教育他。”王老师一口气讲完了中午送队发生的“事件”。

王老师来找我就是想借助班主任把这件事情“摆平”。

我先安抚王老师，说：“您等等，我到教室看看孩子来了没有。”

“中午我领教过了，这个孩子不好谈。”王老师摇着头说。

“我有招和他交流，您等着。”

进到教室，我看到大部分学生已经来了，但是陈兴的座位上空着。

“有看到陈兴同学的吗？”我在教室里问了一句。

“老师，我知道他的‘秘密基地’在哪里，我去找他。”李同基接我的话回答。

“好，你现在就去找陈兴，找到后让他到我办公室来。”

“是！”李同基边说边跑出了教室。

“报告，陈兴带到。”一会儿，李同基就把陈兴“带”到了我的办公室。

陈兴在门口站着，看到王老师，也明白是什么事情了。

“来，进来，别在门口。”我站起来往门口走。

但是陈兴只是往里挪了一点就站着不动了。

“今天中午放学演了个‘小品’是吗？观众多吗？”我和他开玩笑道。

“不是小品，是中午放学我在队伍里闹着玩。王老师管我，我没听，还大声喊故意气王老师。中午妈妈批评了我，和我说这样做不对。”陈兴低着头慢慢地说，但还是站在办公室门口不往里面走。

没想到他居然认错了！看到他现在主动认错的样子，我心里还是很知足的，因为半年前我刚刚接班时，他可是我们班出了名的“闹腾鬼”，谁的话也不听，谁也不怕，家长和老师都很头疼。

“知错就改，这很好！意识到错了，就证明自己知道今后该怎么做了。在公众场合下，那么多同学和家长看着，咱们三年级二班学生素质怎么这样呢？不能做失态的事！知道自己错了，能给老师赔礼道歉吗？”我先表扬他能够知错，然后引导他怎么处理，弥补错误。

“能。”陈兴回答的声音不大，但挺坚决。他走进来向王老师鞠躬，态度诚恳。

“中午我也有点急，说话声音大，也有不对的地方……”王老师也赶紧说道。

“今后要学着控制一下自己的暴脾气，这样对自己和他人都好。回家也和你妈妈说一声，你今天给王老师道歉了，张老师、王老师都原谅你了。”看到双方互相道歉，我在中间打圆场，让师生都愉快地接受对方。

陈兴低着头快速地离开了我的办公室。

王老师睁大了眼睛，一脸佩服地说：“张老师，你是用什么办法让他这样诚恳听话的？从进办公室，我看他的态度就与中午判若两人！”。

我和王老师述说了改变陈兴的过程。

“其实上半年刚开学时我也领教过他的爆竹脾气，我说他也不听，我也生气过、苦恼过、无奈过。当时想作为班主任，班里有这个‘惹事精’学生，我的班级管理怎么进行？但随着接触增多，我也发现了他的一些优点，比如直爽，敢想敢说，在课堂上敢于把自己的想法说出来与大家交流，数学成绩也不错。他的体格壮，有力气，班级劳动中不怕脏不怕累最卖力气。”

陈兴的转变在于我去他家家访。

那天陈兴妈妈见我去家访，还以为我是来“告状”的，坐下后忙给我沏茶，再三说：“张老师，陈兴这孩子太调皮，他在班里让你操心了。从小他爸爸就说他是铁锚拧耳朵坐不住，什么东西到他手里都得拆坏了。”

从我一进屋，陈兴就坐在沙发的一头没敢动，妈妈的数落更让他像犯了大错似的，大气不敢出一声。

“陈兴，老师是客人，你不要坐得那么远，等等你还要给我的茶杯添水呢。来，来老师这里坐。”我用轻松的语调招呼他坐到了我的身边。

“你妈妈不护孩子，从我坐下就说陈兴的缺点，没有说陈兴一点优点，我们先找找你的优点吧！”我用双手把陈兴低垂的脑袋扳正，让他看着我，又给了他一个大大的笑脸。

“妈妈先找陈兴的优点吧，自己的孩子自己了解。”我向陈兴妈妈递了个眼神。

妈妈一愣，又赶紧说道：“近几年他爸爸在江西出差多，照顾家太少，这个孩子从小我带的多。从小这个孩子体格壮，在幼儿园就知道帮助老师和小朋友。但是这个孩子有话不会藏着掖着，脾气还很犟。只不过现在大了，不听我的话了……”妈妈不自觉地又说到孩子的缺点。

我赶紧抢过话题说：“通过这段时间的观察，我看陈兴还是有不少优点的。比如为班级干活很卖力气，班级的水桶都是他负责的（我们班级需要桶装水）。课堂上敢说，很多时候还很有独到的见解呢！数学成绩也不错！这次考了多少分？”我看向陈兴。

“93 分，我应该能考到 95 分，计算题自己抄错了一个数。”陈兴比刚才放松了许多。

陈兴妈妈继续说：“这个孩子就是数学好。从你教他开始，他对数学就更感兴趣了，经常回来说你讲课好，课堂上学到很多数学课外的知识。还说你把学生的大脑分为三类（根据接受知识快慢，我自己给命名的：海绵型、红砖型、鹅卵石型）。他可崇拜你了！就是我自己带他，缺少爸爸的管教，他脾气不好，太犟不灵活……还得您费心！”

其实我在接这个班前就知道陈兴脾气犟，在二年级时他就和老师干过架。上次因一件小事他在班级大发脾气，虽然最后听从了我的话，但我从他的眼神里看出了不服气，我就有了家访的念头，想通过家访了解孩子的成长历程，通过沟通来拉近我们师生之间的心灵距离。

“喜欢我上课吗？”我看着陈兴问道。

“喜欢！您上课讲得好，同学们都愿意听，特别是举的例子都是同学们身边常见的，您留的作业也少，对待同学们也公平！”陈兴开始笑着和我说话交流了。

“今天家访才知道爸爸在外出差多，家里只有你和妈妈，你可是家里的男子汉，有责任保护妈妈。你知道这份责任吗？”说着我攥起了陈兴的小拳头来。

妈妈在一边也说：“张老师说的对，你先别让我生气了就行。”

“陈兴是男子汉，知道在家里该怎样对妈妈，也知道在学校该怎样和同学相处。我想你会改变自己的犟脾气，变成一个人人夸奖的好孩子、好学生，我也相信你在二班会越来越好。”我拍拍陈兴的肩膀用信任的语气说。

临走前，我又看了他星期天的作业，他全都做对了。我对他的书写提出了要求，并在方格本上给他范写了 0 到 9 十个阿拉伯数字，让他每天比照练习书写。

那次家访后，陈兴的转变让我惊喜。课堂上他大声喧哗少了，莫名发脾气少了。当我有意给他机会到黑板上板书为全体同学讲解时，他能够细心板书，认真讲解，成绩可以说是稳步提高。课下他为全班同学搬水，热情帮助他人，也知道向同学们说“谢谢”“对不起”这些礼貌用语了。

后来我还收到从江西寄来的一个茶杯，是陈兴爸爸寄来的。他在江西知道了孩子的转变后很高兴，知道是我转变了孩子，就想借用这个小礼物表示对我的感谢。这个茶杯我用了好几年，每当端着这个茶杯上课，我就想到我这个“犟”学生，想到他的转变。

作为老师，在自己的教育教学中会遇到各种各样的学生。当学生感觉你是一位有爱心的老师，是一位可信的朋友、长者，他们就会尊敬你、崇拜你，最后会成为你所期盼的优秀孩子。

48. 多管“闲”事

周日晚上，我照例去参加清风湖志愿活动。今天与往常一样，我们志愿者先巡视湖周围，捡拾垃圾保持公园卫生，然后在志愿驿站内烧好水，为市民提供便利服务。

巡视到北门演出舞台时，我听到了远处一个孩子的吵闹声，开始以为这是谁家小孩和家长提无理要求，家长不答应他，他就哭闹。慢慢走近后，才发现哭闹的不是一名小孩，而是一名中学生。一名中年男子正抓住他的手腕不放。

男孩想挣脱，大喊大叫道："你是谁？你抓住我干啥？我又不认识你。"

不管男孩怎么喊怎么闹，男子就是不放手。

"我不认识你！放手！"男孩继续咆哮着。

"他要打她妈妈，我劝不住才抓住他的。"男子见我们走过来，解释说。

男孩还在挣扎，想挣脱被抓的手腕，男子却依然不放开。

"孩子妈妈呢？"我问道。

"那边穿黑衣服的就是。"男子指向旁边说。

我们顺着方向看去，在七八米远的地方有几个中年妇女正在交流，中间有一位穿黑色上衣的可能就是孩子的妈妈。

"你放开他，这么多人看着，他能有多大本事居然敢打自己的妈妈。"一位年轻的男子说道。

这时围观的人更多了，中年男子就放开了男孩的手腕。就在放开的瞬间，男孩像发了疯一样冲向妈妈举手就打。我们被眼前的一幕惊呆了。这个孩子真的打妈妈！一个孩子怎能这样对待妈妈呢？

我们紧跟着跑了过去，多亏周围还有其他人及时将他隔开，他妈妈打了个趔趄，幸亏没有摔倒。

刚才那位劝说的年轻男子跑过来，一把把孩子拉到一边，气愤地质问道："你小小年纪，怎么可以这样对待妈妈？"

"你是谁？你有什么资格管别人家的事？她不配做妈妈！"孩子歇斯底里地喊。

"这么小的孩子就打妈妈，这样做你还不配做儿子呢。"围观的其他人开始指责他。

男孩用愤怒的眼神看着周围指责他的人，发现自己的所作所为引起了公愤，指责矛头都冲着他来了，就大喊着跑了。

"你快去追他，别让他跑丢了，晚上很危险。"周围好心人担心孩子出事。

"不用管他了，现在我已经管不了他了，让他自己走吧！"孩子妈妈头发和衣领都凌乱了，无奈地说道。

"这个孩子现在不好好管，将来会出问题的！这么小就对你这样，长大了那还了得?”有的人提醒妈妈。

“孩子上几年级?在哪个学校上学，为什么出现这种情况?”我问孩子的妈妈。

“孩子在××中学上六年级，小学是在××小学上的。今年暑假前我们商量上哪儿读初中，他说上××中学。我和他说过这个中学难考，而且学校要求严，学生压力大，但是他说他能行。通过半个暑假的努力，他终于考上了。可是，开学两周后他就说不想在这个学校上了，非让我给他转学不行。其实他已经和我闹了两三天了，今天晚上突然闹大了。”孩子妈妈把事情缘由说出来。

“他能通过自己的努力考上这所学校，说明他学习成绩不差呀!”作为老师的我知道这个学校不好考。

“是的，孩子在小学学习成绩一直很好。但是他的性格不好，可能与我们对他的溺爱有关吧!”孩子妈妈深陷于自责中，表情痛苦。

“你能想到他会跑过来打你吗?”我问道。

“能想到……平时他就对我大喊大叫，不尊重我……我习惯了。”孩子妈妈说着就哽咽起来。

在我们交流时，孩子又回来了，站在不远处大声向妈妈用命令式的口气嚷道:“你过来!”

妈妈没有动。

“你听见了吗?我让你过来!”他继续嚷道，面目狰狞。

“你这是用什么态度和妈妈说话?”中年男子忍着怒气说道。

“你问她配做妈妈吗?”孩子反倒有理由了。

“你这种态度和妈妈说话，配做儿子吗?”我质问道。

“你们是外人，有什么理由管别人家的事?”男孩又发疯似地喊道。

众人都纷纷出声指责他。刚才那个年轻小伙子又走上前，指着他说:“你这样对待自己妈妈，我们都看到了!你真是该管教了!再不管教就废了!”说着年轻小伙子用手抓住他拉到了舞台的一边，男孩开始大叫:“我不用你管!”

我也跟了过来，我是怕这个年轻人生气揍这个孩子。

“你是××小学毕业的学生，我现在给你的校长打电话，问一下你的情况。”我对这孩子说道。

“行，你找她就行。”男孩冲我喊道。

我快速找到校长电话号码，并有意识地把电话屏幕冲着他，让他看一下这个电话真是他原来校长的电话。这个男孩看到校长的名字时突然止住了哭闹，态度也变得与前一秒不一样了。

“任校长好，今天我在做志愿活动，遇到一位您的学生，在与自己的妈妈吵架，大家都劝不听。”我先和校长简单地说了一下。

“他叫什么名字?”校长关切地问。

“你叫什么名字?”我问道。

“我叫……”男孩如实回答。

“是，他是我们学校刚刚毕业的学生，他还是个好学生呢。”校长回答。

从我与校长通话后，我发现男孩比之前平静多了。我就说："走，到前面小屋内我和你聊聊。"

孩子和我一起走到驿站，进屋后我又给校长打了一通电话，让孩子和她交流，在交流中孩子时而大哭，时而点头。我能听到校长在电话中告诉他我是晨阳学校的一名教师。

外面围观的市民不少，我就让其他志愿服务人员劝走围观人员，这样给男孩心理压力小一些。

“我先问你几个小问题行吗?”为了缓和刚才的紧张气氛，我先开口说话。

“行，您问吧!”男孩已经知道我是老师，开始有点怯意地回答。

“我们相互不认识，但校长说你学习很好，我先给你出两道计算题看看掌握得怎样?”为了拉近距离，我给他写了几道六年级的分数乘法计算题，这个男孩不简单，很快就完成了，全部写对了，特别是一些简便运算捻手就来，这说明他数学基本功很扎实。

“计算很好，就像校长说的一样学习很优秀。考入这所学校的都是优秀的孩子，为什么开学才两个星期就不愿意去了呢? 刚开始选择这个学校是妈妈逼你考的，还是自己愿意考的?”我问道。

“各有一半。我学习成绩很好，听家长说这个学校很好，离家又近，所以我就选择了这个学校。但是开学后我没有想到学校要求这么严，学习这么累，每天七点前就得到校上早自习，晚上九点半才放学，我受不了，才要求妈妈给我转学的，但妈妈不给我转。”孩子回答。

“学习就不是一件容易事，你是没有调整好自己上初中的状态，所以感觉不适应吗?”

“我在小学学习很好，也是班干部，但是现在班主任和我有点小别扭，在安排班级班干部、小组座位时好像对我都有意见，我受不了他的管理模式。”男孩诉说自己在班级的现状。

“新的环境、新的老师、新的同学，老师不可能在一个星期内就了解你们所有学生情况。你没有被安排班干部，不代表你的能力差。你只有在学习和班级活动中展现自己的实力，让老师发现你，赞赏你，他才能够任用你。万不能遇到困难去回避。转学临时能够让你逃离这个学校，那么到了新学校你再遇到其他困难呢？是否还转校？父母有这个能力让你随便转学校吗?”我慢慢地与他解释。

“这个学校太累了，每天在校时间太长了，我受不了。”他又强调自己现在学习太累。

“是的，你由小学刚刚到初中可能受不了这个强度的学习要求，但是你看看周围同龄人是不是都是和你一个学习强度。我们要适应学习环境的要求，才能成为这些同龄人中的强者，如果你现在选择退缩，四年后优质高中就没有你的名字。”我在给他加油打气。

“让妈妈进来也和我们交流一下吧!”我说道。

妈妈不好意思地走进驿站房间：“张老师，谢谢您教育我的孩子。知道了您是一名老师，刚才你们的谈话我也听到了，我文化少，我没有和孩子这样交流过。”

“你和孩子存在隔阂主要是交流不到位。从今天孩子的表现，可以看出平时你很娇惯他，孩子对你的不尊重让大家都看到了，回去你还要好好教育引导。另外，孩子在学校遇到的困难，你们要耐心倾听，了解孩子的想法，用正确的方法主动引导帮助孩子，而不是用这种过激的行为解决问题。”我和孩子妈妈说道。

“对，平时我们有些溺爱他。我们家有姐弟两个，姐姐已经26岁了，可能从小对他要求不高，而且他说的事都是有求必应，惯坏了。”妈妈也在反思自己教育孩子历程中不好的地方。

“孩子，我给你安排个任务，行吗?”我用商量的口气和男孩说。

“行。”男孩答应得很干脆。

“现在你也许做不到，但是你必须找个机会给妈妈道歉，转变自己对待给你生命的这个人的方式。下周我会找个时间到学校再和你聊聊，你要从今天晚上这件事情中吸取教训，特别是在心灵深处想一想：用这种方式对待自己的妈妈对不对？为什么这么多外人来管你？”孩子低着头在听我提的要求。

志愿活动结束回家后，我继续反思这件事。我从教二十多年了，知道老师都是在课堂上喜欢学习好的孩子，在课下谈论的也多是学习好的孩子。但今天这个“好”孩子给我上了一节现实的课，一个学习成绩优异的孩子能够在大庭广众之下去打自己的妈妈，我感到不可思议。同时反省我在教育教学过程是不是只注重智育，关注孩子的成绩，而没有真正关注孩子的德育，缺少孩子在人性方面的培养。正如刚才那名男子说的话：“孩子这么大再不管教，将来他就废了。”是的，学习再好、再优秀，没有好的品质、好的人格，他能做大事情吗？

但愿这个孩子能成为一个懂得感恩、人格健全的人。

49. 作业批改藏道理

学生每天都要做作业，老师每天都要批作业，这是教学过程中天经地义的一件事。在平时批阅学生作业时，我的很多指导意见或要求都会以个性化的方式写在孩子的作业本上。

有的同学作业书写干净而且全对，我就可以写上一句表扬的话：“你的作业真干净，老师看后赏心悦目！”然后画个大大的笑脸。

有的同学写的字太大，作业写得拥挤，我就给他写：“字太大不协调，如果字再小一点，你的作业会更好。”然后我就在作业本上写几个字做示范，让孩子练习，下次交上作业时我再批阅指导。

有的同学数字书写不规范，特别是大小结构不均匀，我就在阅号后面给他分阶段写0—9的数字让他练习。每次上交作业后，我都记得把他写的数字一起批阅，写得好的就画圈表扬。直到这组练好后再练习写下一组，让作业本记录我们之间指导、改正、提升的过程。一段时间后，有的同学做的题目不对，我就在一旁做一下提示，有的还写上：“你再看看是这样吗，分配律没有掌握好；单位

‘1’找准了吗？抄错数可不是小毛病。”

这些简单的提示语，让孩子在第一时间内知道问题出现在哪里，自己该怎样改正，而不是打开作业看到的是一个冷冰冰的红错号。

过一段时间，我就会让学生对自己的作业本留言做一次汇总——学生自己在作业本上写一次反思，看看老师在作业本上对自己提出过哪些要求，自己改正了哪些，哪些地方还做得不好，等等。然后我再给学生专门批阅他们的“反思”。

见我在作业本上留言多了，有的家长也主动地在作业本上给我留言。有的说明孩子在做作业中出现的小问题，有的要求我再给孩子讲一下某个题目，有的提出自己与孩子做题时的分歧。

家长们的及时反馈，让我也能了解学生在解决问题中出现过的思考漏洞和错误原因。我一一完成后都给学生家长再留言，让家长通过作业本了解孩子的学习情况。

作业本是老师与学生交流、老师与家长交流的好平台，也是改变孩子的好平台。

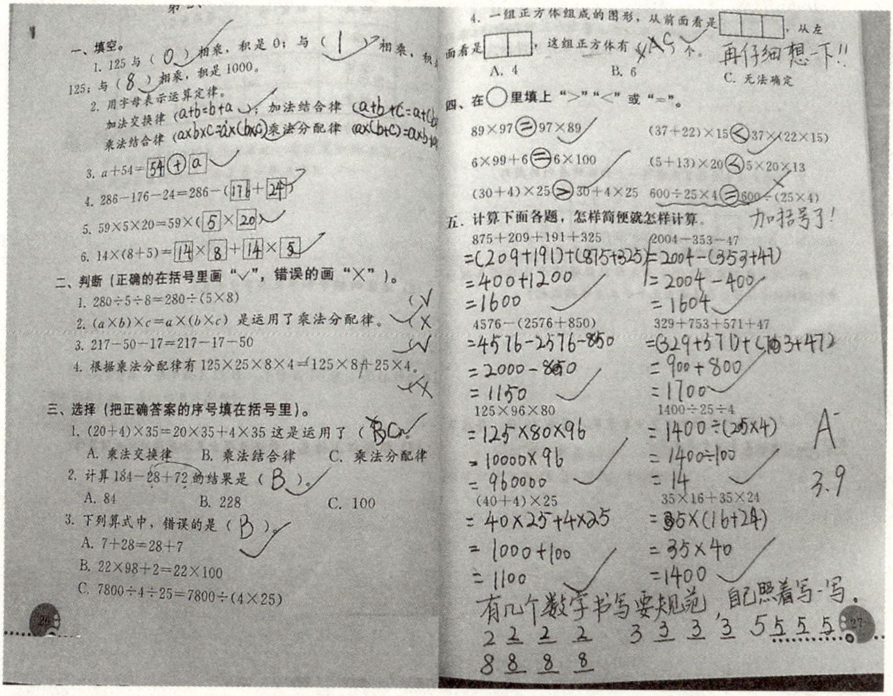

学生作业批阅示范

50. “不放心”

东营市晨阳学校是一所“九年一贯制”学校，孩子们读完小学五年级会自然晋升到初中。今年为减轻学校招生工作压力，我们决定初一的报名工作不再让家长参与，而是由学生自己到校报名。

可是报名那天我们依然见到了一大堆家长，其中一个是我教过的学生李佳轩的妈妈。因为和她比较熟，所以我直接了当地问她：“不是让孩子自己到校签字吗？您怎么还是来了呢？”

“是说让孩子自己签字，可俺不放心啊！还是来一趟比较好！”她笑呵呵地说。

“有啥不放心的，就是签个字而已。孩子本来就是在这儿读的小学，一切都很熟悉，来报名手续简单。”我也笑呵呵地说。

“俺知道很简单，班主任在群里都讲过，可俺还是不很放心。”这次，她显得有点不好意思。

见此情景，我也就没再多说什么，寒暄几句后便径自走进了填写表格的教室。

教室里甚是热闹！所有的家长都在忙着填写表格，为数不多的几个学生却在一旁闲聊着。那样子，仿佛报名填表录入信息根本不是他们的事，而是那些忙碌的父母们的事情一样。

我用目光极力搜索，终于发现有一个孩子例外，那就是晓怿。她正在帮老师输入学生信息。

看着晓怿我不禁心生感慨，于是又问了几个我教过的孩子的家长一个同样的问题：“您咋不让孩子自己填写呢？”没想到他们的回答竟如出一辙：“那咋放心，孩子写错了咋办？”

“错了，不咋办，改呗！”我笑呵呵地指着旁边的学生晓怿说，“看，人家孩子这不自己来的。”

“张老师好！”听到我的话，晓怿有些羞涩地抬起头向我问好。

“她填写完了表格，正在帮我输其他学生的信息呢！”晓怿旁边的隋老师自豪地说，“这孩子干活快，能帮大忙呢！主任啊，这孩子得好好表扬！”

“是得好好表扬，不过，该好好表扬的可不只是晓怿，还有他的爸爸妈妈！”我由衷地说。

“为啥?”隋老师不解地问。

“因为他们懂得给孩子提供锻炼的机会！”我一字一顿郑重其事地说。

隋老师和旁边一些家长听了我的话，似有所悟地点点头。我不知道他们是否真的懂了，但我真的很想通过这样一件小事使他们明白：在孩子的成长过程中，最好的家长不是时时搀扶，而是适时放手，多给孩子提供锻炼的机会。

51. 和孩子们分类整理报刊

一个学期快结束了，我的学生按照惯例到图书室归类整理订阅的报纸杂志。下午自习课时间，姚昊辰带领四名同学直接到图书室干活去了。

首先我把学校订阅清单给姚昊辰，说明整理的种类。孩子们商议先整理报纸，再整理刊物。

“咱们就先整理报纸，不过这么多报纸怎么分类呢?”一个学生问。

“老师，咱们先把老师阅览的报纸拿到这里来，然后每个同学负责几种，分类放在一起，每个人只找自己负责的种类就行。”方博宇想到了办法。

“我们按照订阅份数多少，将订阅份数多的，放在最外面的桌子上，这样少走路。”我在一边建议。

“老师的方法好，让我们少费点力气。”姚昊辰说道。

虽然大家说得都挺不错，不过真正动手后，学生的动手能力还是有差异的。有的同学做事不仅动作快，还细致，每份报纸放下后都看看是否与下面的对齐了；而有的同学拿来就放下，不管是否对齐，只图快，图书管理员董老师还得不停地帮助他再次整理。

我也在不停地提醒：“同学们，我们可以做慢一点，但是要做好，摆整齐了既美观，也便于统计。”同学们大多都听从了建议，不过也一会儿就故态复萌。

“老师，不知道谁把《中国青年报》放到《中国教育报》这一摞上了。”李佳轩同学发现了问题。

我忙去看看情况，他说："我负责《中国教育报》整理，是放在第三张桌子上，但是我再来放时发现变成了《中国青年报》。肯定是哪一个同学放错了，可能只看到'中国'两个字了，没有仔细看全称。"李佳轩将自己的想法讲给了大家。

"嗯，分析得有道理。来，同学们，干活和我们平时学习一样。刚才这位同学没有仔细看完报纸全称就放下了，这与我们平时审题读题不透彻就动笔是一样的道理，我们做事要认真确认，甚至再三审题。不要没看完就想当然地做，这样的话做啥事都有出错的时候。"我借用李佳轩发现的这个问题与同学交流学习上的问题。

后面同学们更认真了，也逐渐熟悉了各种报纸的位置，再也没有出错。其实平时的学习也和今天整理报纸一样，只要我们让学生参与知识的形成、出现问题及时分析原因、共同改正的全过程，学生就会逐渐养成解决问题的能力。就如吴正宪老师所说："学生错着错着就对了，做着做着就会了。"

52. 春 游

2009 年学校组织四、五年级学生到 12 公里外的六户镇揽翠湖公园春游，我们班也参加了。一路上孩子们在车上表现得很好，一个个脸上都洋溢着快乐的笑容。

到达目的地，按照学校划分的区域，我们找到了四年级二班的"领地"，孩子们都忙活起了自己的事情。一部分孩子到不远处观察小植物，李延迪带领自己的小伙伴开始了羽毛球比赛，还有几个同学自己带来了喜欢的课外书，安静地在树下读起来。

最忙的是有节目的同学，马上开始了彩排。

演出准备工作做好后，我招呼同学们过来当观众。第一项是背诵有关春天的古诗，这是我们班郝子艺等"学霸"们表演的节目。真没想到，这些孩子的古诗"内存条"这么大，让我大开眼界。燕晓帅的街舞很帅，有些动作难度还很大，看来是有几年训练的基本功了。燕浩楠的歌也唱得好，谭老师指导的课本剧也很精彩……节目完成后，孩子们有一段自由活动时间，于是一个个地撒了欢。

在校园里可看不到孩子们这欢快景象。

学校有规定，午餐只能是馒头、咸菜、凉白开。对这么多同学来说只有馒头、咸菜的“大餐”可能是第一次吧！看着同学们你吃我这个一口，我吃你那个一口，狼吞虎咽的样子真是喜人。如果在家里，只提供这饭菜，他们肯定不吃。这就是集体活动，“艰苦”生活也能让他们乐在其中。

真正的挑战是下午12公里的步行返程。学校统一要求两点启程。出发前，学生们收拾整理个人物品，灌满自己的水杯，清扫活动范围内的垃圾。

各班整装完毕后出发了，近千人的队伍像长龙一样在公园中“游动”。当前面的“龙头”已经走上大马路时，我们这“龙尾”还在公园的小路上挪动。

“老师，我们什么时候能到家呀?”燕晓帅问。

“步行速度大约是一小时5公里左右，你算算大约几个小时能回家?”我借机把问题踢了回去。

“啊！需要走两个半小时才回东城呀！2008年的城南水系拉练才用一个多小时。”他马上就算出来了。

“时间不短，但大家不用怕。看到前面的高速路桥了吗，到了桥东侧就是一半路程了。”我给同学们定了一个能够看见的小目标。

“老师，太渴了，能找点水吗?”这时李延迪向我“求助”。

“出发时带的水呢?”我故意问道。

“老师，天热没有节约好，前面喝光了。”

“咱看看哪个同学有水，到队伍前面挨个问吧！”我和李延迪赶到队伍前方，不断问哪个同学还有水。其实我也知道有水的男生极少了，这时有水的可能就是几个女同学。最后还是刘欣蕾把自己的水贡献了一部分，李延迪还没忘了幽默一把：“谢谢姐救命之恩。”

闻到李子木花香时，我们知道还有一个路口就到学校。当我和同学们拖着疲惫的双腿走进学校大门时，就像取得了一场战争的胜利。回到教室，同学们先解决口渴的问题，一个接一个在教室内的饮水机前接水，喝完水就坐在自己座位上，个个都蔫蔫的不愿意动了。

第二天来上学，我发现有的学生走路一瘸一拐，还有的同学和我说昨天自己的脚都磨破了。知道这些我也很心疼，但还是鼓励孩子们：“不经历风雨，怎么见彩虹？只有经受磨砺才能成长！”

53. 助学郭生

郭生是我原来教过的一个五年级的学生。我刚接这班时，对班级学生情况不了解。第一节课学习小数乘法，下课时发现全班就她不会。

第二天早上，我早早地到教室等她来，就想在课前再补一下昨天所学内容。但是真正面对面教她时才发现，郭生对四年级的整数乘法知识基本没有掌握。从一年级就开始教她的班主任隋老师和我说了这个学生的情况：优点是老实、不闹腾，做事还很专注；缺点是数学成绩很差，而且是从三年级开始变差的。在班主任这里了解情况后，我想，一个不闹腾、做事能得到老师认可的学生，数学怎么会突然从三年级不行了？带着疑问，我在新学期第一个周六晚上到了郭生家家访。

通过与孩子妈妈交流得知，孩子上三年级时，她的家庭出现了变故，这种状态持续了一年多时间。那个时候孩子妈妈没有心情顾及孩子，就直接影响了她的学习和性格，现在想来孩子妈妈也很心痛，感觉对不起孩子。四年级下半学期开始，她每天都陪孩子做作业，但是成效很小，她自己也丧失了信心。

我了解到情况后，就与郭生妈妈分析孩子学习跟不上的主要原因：孩子因家庭原因没有安全感，在课堂上无法专心听课，时间长了就出现了知识断层。我和家长商议从两个方面做起：在家庭中妈妈要多关心、关注孩子，从心理上做好疏导；我在课堂上多鼓励帮助孩子，在校利用课余时间帮她补习四年级的知识，让她对数学学习重新拾起信心。

后来，我在课堂上注意帮助她，同时利用早读或其他自习时间有计划地给她补习前面的课程，让她吃点“小灶”。慢慢地，她的数学成绩及格了，学习积极性也高了，到最后她的学习终于跟上了全班进度。更重要的是孩子因为专注，其他学科的成绩也跟着提高了不少。

著名教育家陶行知先生曾经说过：“培养教育人和种花木一样，首先要认识花木的特点，区别不同情况给以施肥、浇水和培养教育，这叫‘因材施教’。”

54. 开心的“数学课”

久盼的雪终于来了。从晚上十点多开始，零星的小雪逐渐变成了大雪，断断续续下了一夜。

第二天早上天放晴了。我上班的路上，看见几个孩子在上学路上抓起一个个雪球，跟自己的同学打着雪仗。

第一节是我的课。有的同学站在走廊窗口看楼下玩雪嬉闹的场景，看我来了，他们还是不愿离开，许久才慢慢地挪进教室。教室里，还有同学趴在窗口看外面的雪景。看到孩子们魂不守舍的样子，我知道他们很想去玩雪，享受打雪仗的快乐。借着这久违的大雪，和孩子们到操场上“疯”一次，让孩子们上一节开心的数学课不也很好吗?

“同学们，你们是不是很想到外面打雪仗?”我故意拖长声问道。

“是!”学生们异口同声地答道。

“走，咱们这节数学课就去操场上!”我话音刚落，学生们就欢呼雀跃起来，教室里马上沸腾了。

我把手指放在嘴上，做出安静不出声的动作。

“其他班级在上课，我们不能影响他们。到室外要穿好外套，戴好手套，不能感冒。打雪仗时要注意安全，不能把雪球压得太结实了，容易受伤。两分钟时间准备，然后整队下楼，直接去操场。我回办公室拿照相机给大家留下活动掠影。”我把注意事项讲完，孩子们就踮着脚尖，一溜小跑到了楼下。

学校偌大的操场上满是积雪，没有一个脚印。同学们一下子撒欢了，没有人再听我的指挥。有的学生直接躺在了雪地里，有的学生直接奔向操场中央，享受这场雪带来的欢乐，享受“海阔凭鱼跃，天高任鸟飞”的感觉。不一会儿，孩子们就分成了几拨，有的打雪仗，有的堆雪人，还有几个跑到角落滚雪球去了。再看远处，还有在雪地里奔跑后故意摔倒自得其乐的。

刘子涵带领几个男生和巴凯轩十多个女生打雪仗打得很激烈。

“张老师，看球!”话音刚落，一个雪球已经击中了我的后脑勺，雪沫钻到了衣领中。

"我是摄影师，不要打我。"我赶忙举起手中的相机。这时又一个雪球击中了我的背部，看来是学生看到相机，出手时让雪球改变了方向，要不这颗"子弹"也是奔脑袋来的。

"不能打老师，他是我们的摄影师，他受伤了我们活动的留影就没有了。"刘子涵跑过来保护我了。

我从这个战场"逃"出来，又跑到几个比较安全的地方为同学们照相留影。

大半节课的时间，整个操场的雪被我们班全部"用"完了。最后全体同学在操场上合影，每个同学都高兴地、自由地喊着叫着跑到相机前。刘子涵更是夸张，居然自己抱着个大雪球照相。看到他们快乐的笑容定格在照相机里，欢乐和满足也留在了我的心间。

当天，我把孩子们打雪仗的照片上传到班级群。家长们下载照片后，还有好多给我留言感谢的，感谢我带领孩子感受自然、体验成长。那之后的很长一段时间里，孩子们、家长们还经常回忆这次有趣的体验。是的，从孩子们欢乐的笑声、纵情的奔跑和相互开"仗"的放肆中，我也能看到，这次数学课比坐在教室里上课，给学生留下的感受更深，收获更多。

打雪仗活动掠影

第三章　学有所悟

55. “抹芽”省得“修枝”

母亲曾说：“修剪果树要找懂行的修。自己不懂想乱剪，树就不结果子，只长枝子。”院子里的桃树验证了这句话。去年我自己剪过几枝“碍事”的枝子，结果桃树果然只疯长，却不结桃子。今年正好利用周末时间请农科院的谢老师帮修剪一下院里的桃树。

谢老师来到没急着剪，而是先围着树转了一圈，观察后才动手修剪。有的枝子我看已经很壮了，但是谢老师竟然锯掉了。我看着很心疼：“这个枝子不是很壮吗?”

“它已经是个老枝了，既不长果子，将来还遮挡太阳光照，不利于下面其他树枝上的果子生长。像这样的枝子只会浪费果树的养分。”谢老师边解释边锯断了一根更长更粗的枝子。

一棵向上长的细枝我想要锯掉，谢老师却阻止了：“这个枝子改变一下方向接受更多阳光，明年就结果子了。”

向上的树枝还能让它向下长?这得多麻烦！不过我还是问：“改变多大角度?怎么拴?”

“一般45度角就行，地面可以放块石头，在地下埋一个橛子也行，再用绳子拉下来，等结了果子就自然下来了。”没想到我认为麻烦的事情，到谢老师那里就变得简单了。不过二十多分钟，谢老师就把桃树修剪完了。

我舒了口气，感觉大功告成，而谢老师叫我不要大意：“今年修完了，这些修剪的接口还会长出新芽，不注意就会变成枝条，又要吸收果树养分。你要随时把芽打掉，就是‘抹芽’。平时打理好比长大后再修剪省时省力。”谢老师最后嘱咐我的这些，就是让一个不懂修剪技术的人知道怎样管理自己的果树。

真是隔行如隔山，经过谢老师这番修剪跟提示，我感觉今年桃树能结不少桃子。而谢老师最后说要注意平时多“抹芽”，不要等枝条长大后再处理，这番话让我想到了自己的教学。

平时扎实教学，让学生形成良好的学习习惯，将学生不好的学习习惯消灭于“萌芽”时，这不就是老师平时对学生的“修剪”和“抹芽”吗？老师平时教学不扎实，学生对知识没有领悟透，等到最后不会的知识太多时再去修改、更正，不仅老师费力气，学生自己也要费更大的力气。比如，数学计算只注重最后的正确性，不在乎计算过程的严密性，还有更甚者上课戳戳橡皮、玩玩铅笔这样的小毛病不去管，那么学生也会慢慢养成更散漫的性子，做事认真更无从谈起。

前两天学习长方体表面积计算时，有学生在列出表面积综合算式后，没有计算过程直接写出了得数：

$(30\times25+40\times25+30\times40)\times2=5900(m^2)$

看到学生这样做，我就问他：“你的计算过程呢?”

“在练习纸上写过了。”学生理直气壮地回答道。

“这种题目不但需要列出算式，还要有计算过程的。”我纠正孩子的看法。

“以前老师没有要求我们必须写过程，只要答案对就行了。”孩子继续解释道。

我明白了学生为什么直接写结果，省略计算过程了。就是因为孩子在低年级刚刚开始学习混合运算时，出现不规范的计算过程，老师没有及时纠正“抹芽”，到五年级再改正的话，小芽已经长成大树枝了，“修剪”起来就麻烦了。

56. 使用纠错本

学生学习的过程主要是一个知识内加工过程。在加工过程中，学生会出现不同错误，而很多小学生还不会正确分析错误原因，及时纠正自己学习中的认知问题。不论哪门学科，错题都是学生进行再学习的珍贵资源，通过对错题进行整理分析，就能发现教与学的过程中存在的问题。在数学学科中，纠错本的作用显得尤为重要。

教学中，不少同学虽然建立了纠错本，但是不知道该怎么用，只是将错题记录下来就不管了，纠错本失去了它原有的意义，这样是不行的。我要求每个学生建立纠错本，先明确记什么，即把每天自己不会的典型问题、每次单元测试中出现的问题、自己重复出现错误的问题记录下来。再明确怎么记，即把原题和自己的原始错误摘抄记下来，然后分析出现问题的原因，并记录改正的过程，最后进行相近题目的再演练。在这个过程中，如果纠错本上还有没弄懂的题目，就要做个标记，及时地请教老师和同学，直至将这些题弄明白。

这些年，我的这个要求让学生养成了发现问题后及时纠错的习惯。学生在记录、整理、修改的过程中，了解了自己对知识的掌握情况，对自己的主要问题出现在什么地方，该怎样改正，都有一个清晰的记录和分析，最后汇总就清楚地知道自己每个单元的弱项在哪里。比如，学生杨斌因为计算时常出现低级错误（我把抄错数、看错符号、口算出错称为计算中的低级错误）而丢分。以后每每答题以前，他就在自己试卷上用铅笔轻轻写上“计算题不丢分”，交卷前再擦掉。他就是通过汇总自己的纠错记录，发现自己计算不够细心，屡次出现问题，从而对自己提出改正要求，怕自己再犯同样的错误，就把这个要求写在试卷上提醒自己。在阅卷中我看到他的自我提醒，就在班级表扬他，同时对他说：“把这个要求刻在自己的心中，落实到自己的笔头上。”经过半个学期的努力，他就改正了这个毛病，在作业、练习、测试中他的计算能力显著提高，在他的带动下，我们班的计算准确率有了很大提高。

一个小小的纠错本，助力学生不再惧怕数学，让孩子养成会记录问题，分析原因并纠正提升的好习惯。今后我还会继续让学生用好纠错本这个载体，让它发挥更大的作用。

57. 学会审题

每天上午上完课，我都要把学生作业批完，及时了解学生作业的完成情况，找到共性问题，做到当日作业当日反馈，当日问题当日解决，上课时，与学生一起分析出现问题的原因，并探究改正的方法，在学习上让孩子养成“日日清”的好习惯。

今天做的是配套练习册，有一道题目学生出问题很多，让我感到很意外，也很困惑。题目：

一个游泳池长25m，宽15m，深20dm。（1）求这个泳池的占地面积。（2）在四周和底面铺瓷砖，求铺设面积。（3）泳池注满水能存水多少方？

学生在计算第一问时出错较少，但是到了第二问，班级中很多同学列式为：$25\times15+(25\times20+15\times20)\times2$。这样做的同学显然没有注意到“深20dm”所用的单位与前面的不同，出现了“会而不对”情况。

问其原因，同学们众说纷纭：“没有认真读题目，看到有三个问题，只注意分析这个问题是求表面积，就动笔了。”“读题太快，单位不同根本没有看出来……”

学生出现这种错误，作为老师，我感觉是自己教学中的失误，是我没有培养学生们良好的审题习惯。进入五年级后，单位不统一的题目已经不是第一次出现，每次分析时我也强调过，但为什么遇到此类情况，学生还会出现相同错误?归根结底就是学生的审题思维能力没有形成，读题的好习惯没有培养起来。

我批完作业，与学生共同探讨解决问题的办法，最后形成了处理这一类题目的方案：

（1）读题三遍，边读边画。读题时用笔将题目中的变化画出来，提醒自己注意变化的地方，同时梳理思路。

（2）将题目中多余字眼删掉，会抓题目主干，提炼出题目的数量关系，能画图的要画图，数形结合有利于自己理解题意，找到思路。

（3）根据题意列出算式或方程。

（4）解答完成，检查结果是否符合生活实际情况。（例如，不要出现汽车速度500千米/小时、收割小麦用325天等不符合实际生活的结果）

（5）写答语可以简练，但不能简单。

有了完整的解题要求，我又与同学们约定利用五年级这一个学期的时间，养成会读题（这是做对题的前提）、会做题（做对题的过程）、能做对、合要求（做对题的目的）的习惯，让全体学生在解决实际问题上迈上一个新台阶。

58. 莫被虚幻挡了眼

昨天学习了假分数和带分数的内容，在课上学生学习投入性很高，每当有问题时学生就高高地举起小手，我的提问学生回答得也很到位，我感觉学生对知识掌握得很好，算是一节教学成功的课。但今天在批阅学生作业时，看到学生出现的几处错误，着实“打脸”。说明学生对假分数的产生及与带分数互化没有理解。请看学生出现的错误例子：

用分数表示下面阴影部分。

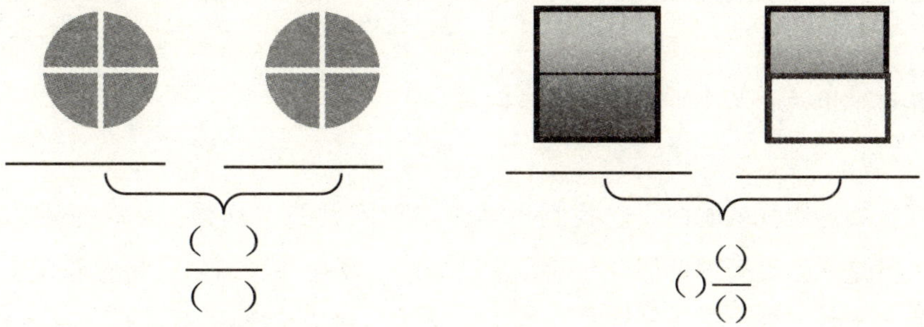

学生填写的答案和理由：

（1）第一个图看到 8 份全部涂完，所以就填写了$\frac{8}{8}$。

（2）第一个图看到每个图平均分为 4 份全部涂色，所以填写$\frac{4}{4}$。

（3）第一个图还有的同学直接在括号外填写了 2。

（4）第二个图看到两个正方形共分为 4 份，涂色 3 份，所以填写$\frac{3}{4}$。

我不妨把昨天上课的情景回放一下：

师：这节课我们学习真分数和假分数。

（我话音刚落，燕琳琳就举起了手。）

师：你有话要说，请讲。

燕琳琳：老师，我知道什么样的分数是真分数，什么样的分数是假分数。

师：看来你已经预习了。

燕琳琳：前几天爸爸已经给我讲了，我也学会了。

师：你已经学习过了。

燕琳琳：对，我知道分子比分母小的分数是真分数，分子大于分母的分数是假分数。

程琳：老师，我也学习过，刚才燕琳琳说的假分数不对，分子大于或等于分母的分数，都是假分数。

师：这两位同学解释了自己对真分数、假分数的认识，那我们就自己写几个分数，按照程琳的分类方法将自己写的分数进行分类。

（学生独立操作，然后汇报。

张睿第一个完成就举手了。我让第一个举手的同学回答。他回答得也很全面。

燕琳琳也举起了小手，我又让她回答。

……）

回忆到这里我就明白了。找到了学生出现问题的“病根”——出现以上问题的关键是学生没有理解假分数的意义造成的。学生在学习中只是跟着别人过了一遍知识。在课堂上老师被这几名已经学过的、接受能力好的学生“牵着鼻子”走了，没有照顾到全体同学的学习情况，让几位好学生的思维代替了全体同学的思维。同时，课堂上没有引导学生要抓住假分数产生的过程，只是按照分数形式分类，熟记了真分数、假分数的划分标准。学生见到分数能辨别分类，但并没有真正学透弄通假分数怎样产生的，没有深入研究假分数到底“假”在哪里？学生不理解图中所藏分数的“道理”，从而造成写出的分数与图形所表达的意义不吻合。

这节看似成功，实际上并不成功的课例告诉我：上课不能只看谁的手举得高，谁回答问题的热情高，还要关注那些不举手的同学。

59. “肯负责、有本钱”

市教科院让我到垦利郝家小学讲一节示范课，还要给老师们做一个小专题报告。郝家小学给我定的专题报告主题是“数学老师应该具备的能力”。我作为一名一线教师，讲课、听课也不少，教学成绩也不错，不过还真没有认真提炼过数学老师应该具备的能力。多年前，著名教育家叶圣陶先生就给老师们提出过一个基本要求：“肯负责、有本钱。”我认为这个要求提的很到位，其中“肯负责”是指向专业伦理，“有本钱”是指向专业能力，不妨就此发挥，和同行们探讨一下吧。

先说说“肯负责”。我认为“肯负责”就是要求老师对学生能做到尊重、理解和欣赏，即老师对学生的人性关怀。体现在课堂上，应该从以下几个方面做起：

第一，平等对待学生，建立融洽的师生关系，让学生在宽松的环境中学习。

现代课堂是师生双方互动、沟通、交流的平台，已经不是教师讲、学生被动听的单向交流。教师只有在课堂上平等对待学生，尊重学生的不同选择，欣赏学生的不同见解，理解学生学习之间的差异，师生之间建立融洽的师生关系，为学生创设平等宽松的学习环境，才能让学生在充满研讨、探究、思考的课堂氛围中大胆尝试，克服困难，不断探索，在主动观察、猜测、实验、推理、交流中找到解决问题的策略，在老师的鼓励下学会总结学习方法，再运用方法解决实际问题，体验到学习成功的喜悦，体验到成长的快乐。

第二，做到心中有学生，把数学课堂变成数学教育。

课堂是孩子成长的舞台，教师要为孩子成长提供各种“道具”，我们是孩子成长路上的引导者、参与者、欣赏者。讲课时要做到眼中有学生、心中有学生，不能“目中无人”，只装着自己的教案、讲课环节和程序，而不管学生对知识掌握的情况和课堂状态。有一次，我去听杨老师的课。杨老师执教的是“分数的意义”。临下课时，她让知道父母生日的同学起立并记录人数，问：“知道父母生日的人数占全班同学的几分之几？”结果只有9人站起来。学生们纷纷答道：“$\frac{9}{45}$。”杨老师接着说：“同学们回答正确！杨老师认为最理想的答案却是$\frac{45}{45}$。你们知道为什么吗？”课堂一时安静，接着就有学生回答：“杨老师希望全班同学都要知道自己父母的生日，让我们记住父母的生日，从小学会感恩。”杨老师向这位同学伸出了大拇指。我听到这里，不禁感叹杨老师教学之精彩，这是一节数学课，更是一节借题发挥的传统美德教育课啊！

第三，教师要善于用课堂评价语表扬学生。

教师要善于用课堂评价语鼓励、表扬学生。恰当使用课堂评价语，既能体现教师的课堂教育智慧，又能拉近师生的距离。受到老师表扬的学生，就会有更高的参与热情，会更积极主动地参与到学习中。例如，课堂开始时，有的学生不举手回答问题，教师要积极引导，并对第一个举手的同学提出表扬，表扬他的勇气，这就为其他同学做了很好的榜样。再比如，对回答错误的同学，教师不可以用语言打击他，而是可以向同学们说明正是有了他的错误资源才对比出正确的思路，可以代表同学们感谢他提供的这个错误例子。这样一来，这名同学虽然回答错误，但是得到了老师正面的、积极的评价，让他可以意识到就是这个错误才让他和同学们在对比中学到了知识，并学会了举例对比。总之，我们要有一双善于发现学生优点的眼睛，有一张不吝啬表扬学生的嘴巴，学生就会越来越喜欢老师，从而越来越喜欢数学。

再来说说“有本钱”。

第一，要有扎实的教学基本功和丰厚的数学专业知识。

现在的教师学历多数是研究生或本科生，在学历达标上是没有问题的，但是有部分老师在教学基本功和数学专业知识上是有欠缺的。比如，有的教师书写不规范，在自己讲课写板书、批阅学生作业时，如何给学生起到模范性作用？试想自己写字都不规范，怎样指导和培养学生规范写字呢？所以作为小学数学教师，要有规范书写的基本功，还要有较强的计算能力，主要是对算理的透彻理解，对运算性质、定理的灵活应用等，还要有空间想象能力、解决实际问题的能力等。另外，小学数学教师学习教材、钻研教材的能力也很重要。我们要理解教材编排体系，了解教什么？为什么这么教？要达到什么目的？弄清这部分内容在这册书的地位与作用、其与已学内容的区别联系，以及与以后学习知识的关系等。这些都是需要不断在课堂上历练才能得到的。

第二，沟通能力、思辨能力、表达能力、组织能力、写作能力等等。

小学教师在课堂上面对的是 6 ~ 12 岁的儿童，任课老师不但要有深厚的数学教学基本功，在课堂还要具有沟通能力、表达能力，课堂组织能力，有的新入职教师在低年级班级无法顺利上课就是因为自己这些能力的欠缺。另外，因为要与不同年龄阶段、不同层次的家长沟通分析孩子的情况，所以小学教师需要具备良好的沟通和表达能力。教师还要具备良好的写作能力，为学生和自己记录下成长过程，提升自己的教育教学水平。作为教师，我们应该反思一下自己是否具备这些能力。

记得十多年前李烈校长到我校参加活动时讲过的一个例子，她说，之所以有家长对我们的教学提出质疑，就是因为我们做得还不够专业。如果我们做得足够专业，家长就不会对我们“指手画脚”。就像在医院里，哪怕是小小的阑尾炎手术，病人也要听大夫的诊断。病人只有选择手术做还是不做，没有人敢去质疑大夫的诊断结果，这是因为医学太专业了，没有人敢“指手画脚”。李烈校长说的现象我们在日常教育教学中也经常遇到，有的家长对班级或学校的教育教学提出质疑或不满，这是由于我们做得还不够专业造成的。所以，我们要加强自己的专业能力学习，成为一名“有本钱”的好老师。

60. 找次品

在名师进校园活动中，我执教了“找次品”一节课，整个课堂下来学生参与度、达成度都不错。回顾课堂教学，以下几点做得较为成功。

第一，出现不同思路时，让学生自己对比化解。

开课：在3个乒乓球中找出一个次品（次品重一些），至少称几次找出次品。在此环节，一个学生提出的解决方法在历次试讲磨课中没有出现过，学生的想法是：找一个砝码，放在天平的一个托盘中，然后把3个乒乓球分别放到另一个托盘中，三次就会找到次品。

这种想法表述出来后，我没有急于表态，而是让学生们发表自己的观点。开始有的学生同意这个学生的观点，认为能够找出3个乒乓球中的一个次品。但有的学生注意到题目中“至少”的要求，就提出自己不同的做法了：已经知道3个乒乓球中有两个正品，一个次品，这样不需要再另找砝码。只需要任意选两个乒乓球放到天平左右两个托盘中。如果天平平衡，它们两个就是正品，没有放到托盘中那个就是次品，一次就找到了；如果这两个乒乓球放上后天平不平衡，下沉的那个就是次品，也是一次就找出次品了。能用一次完成，为什么要用三次呢？

通过讨论交流，学生发现这个方法比第一种方法称的次数更少、更方便，两种方法对比，学生的认识更深刻，从操作到初步建模水到渠成。让学生在课堂中主动参与，教师主动“退”到后面，教师变成指导者、参与者，学生站在舞台中央成为主角，那么学生的潜在意识和能动性就会被激活，我们理想中的探究数学课堂也就展现在眼前。

第二，重点研究要舍得花费时间，让学生经历从多样化到优化的过程。

例题：现有8个乒乓球，其中一个是次品（次品重一些）。至少称几次能够找出次品。

研究在8个乒乓球中找一个次品是本节课的重点。我在这里花费的时间最多。学生在研究中出现三种方案，分别汇报如下：

方案一：8（4，4）小组汇报：3次。

将8个乒乓球均分成2组，天平的两侧各放4个。肯定不平衡，次品在重的（下沉）4个中；再将这4个均分成2组，每边各放2个再称，次品一定在重的（下沉）2个中；再均分2个，放到天平的两侧，每边各放1个，下沉的一侧就是次品。这种分法至少需要3次找到次品。

师适时点拨：称第一次，一定不平衡，转化为在4个球中找次品，再分就转成在2个球中找次品。

方案二：8（3，3，2）小组汇报：2次。

将8个乒乓球分成3组，天平两边各放3个，剩下2个。最好的情况，天平平衡，说明次品在剩下的2个中，然后把剩下的2个各放1个在天平的两侧称，下沉的一定就是次品，这样称2次找到次品；另一种情况，天平如果不平衡，说明次品在重的（下沉）3个中，从3个里面找次品刚研究过，只需称1次，也是共称2次找到次品。这种分法至少用2次找到次品。

师适时点拨：称完一次后，如果不平衡，就转化成从3个球里面找次品的问题了。如果平衡就是在2个球中找次品。

方案三：8（2，2，2，2，）小组汇报：3次。

将8个乒乓球分成4组，天平两边各放2个，剩下4个。最好的情况，天平不平衡，说明次品在重的（下沉）2个中，然后把这2个分开再称，就一定能找到次品，这样称2次找到次品；另一种情况，天平如果平衡，说明次品在剩下的4个中，再在天平两边各放2个，一定不平衡，次品就在重的（下沉）2个中，在天平的两侧各放1个，重的就是次品，至少需要3次找到次品。这种分法至少需要3次找到次品。

师适时点拨：称完一次后，如果不平衡，次品一定在下沉的一侧，就转化从2个球里面找次品的问题了（最好情况）；如果平衡就是在4个没称的球中，转化成在4个球中找次品，但我们要考虑不好的情况。这样就与第一种方法相同，最少用3次。

学生研究了三种不同分法，我又补充了一种8（1，1，1，1，1，1，1，1），有了前面的研究经验，再说明这种分组方法找次品的过程就相对轻松了。

学生汇报，将8个乒乓球分成8组，每组1个。天平两边各放1个，剩下6个。最好的情况，天平不平衡，一次找到次品；天平平衡，说明次品在剩下的6个中，然后天平左右再各放1个，以此类推，这样称4次就保证找到次品。这种分法至少用4次找到次品。

通过汇报对比，发现第一种方案分组数最少，每组个数最多（分2组，每组4个球），不是称的次数最少的方案。最后方案分组数量最多，每组数量最少（分8组，每组1个球），也不是称的次数最少的方案。学生进而体验到在多样化的分组中将8个球分为3组方案称的次数最少，方法最优化。

第三，对比分析，在多样化中找出最优方案，解释内在原理。

研究在27个乒乓球中找次品，学生将球分为3组，出现了两种分法：27（9，9，9）和27（10，10，7），结果发现两种分法找出次品用的次数不同，第一种方案称3次找出次品，第二种方案称4次找出次品。对比发现，虽然都是分为3组，但是找出次品所需次数并不相同。这就出现了认知冲突，前面已经经过研究发现把待测物品分成三组，所称次数最少，现在也是分成了三组，为什么称的次数不同？难道分为三组还蕴藏着“秘密”未被发现吗？学生的探究欲望再次被点燃。

学生对比探究发现：第一种分组27（9，9，9）方案称的次数少，这种方案是把待测物品均分三组的，每组数量个数相等；第二种分组27（10，10，7）的方案虽然是分为3组，但不是均分。通过对比，学生体验到不但要把待测物品分为3组，而且还要平均分为3组为佳。学生的问题又来了：不能平均分的情况下怎么办？回头看研究8个球的3组分法8（3，3，2），发现不能等分的要尽量平均分，使每份数量相差最少，才能保证称最少的次数找出次品。

学生理解了分成3组而且尽量平均分，利用这个知识模型就能解决问题了。但是“无事生非”的我又提出了一个问题：为什么非得把待测物品等分为3组？面对这个问题，学生开始没有头绪，慢慢地从分析3个球中找次品时的方法中得到启发，把待测物品等分为3组，能尽快地在更小范围内找到次品。等分3组，天平上可以测量2组，如果平衡，一定在没测的一组内；如果不平衡，一定在天平上的一组内。学生的解释得到了师生们掌声的鼓励。

这节课，给学生创设更大的学习空间，让学生充分参与知识探究的过程，认识解决问题的方法的多样性，在多样性中提炼最优方案，在最优方案中对比掌握内在规律。学生在探究课上不但学习了数学知识，而且收获了数学思维方法，发展了数学能力。

61. 对教材要整体把握

东营市教科院组织全市小学数学教师进行青岛版教材培训，我们有幸聆听了胶州市教研室孙凤武老师为我们作的三年级教材分析。

首先，孙凤武老师对三年级教材编排体系、设计意图进行讲解，帮助我们整体把握教材前后联系，分析了每个单元的教学难点、重点和教学中的注意点，并对在三年级教学中如何落实好小学数学核心素养提出了自己的见解，为我们今后课堂教学针对不同知识有的放矢、提高课堂教学效率打实了基础。

其次，孙凤武老师对三年级数学教材十一个单元的教学内容逐一做了分析，主要强调了计算在本学期教学中的重要性。要求教师在讲计算时不但讲好算法，更要让学生理解算理，让学生明白每一步为什么这样做，理解“两位数乘两位数”算理为后面学习“三位数乘法”打下基础，同样也为“商是两位除法”算理做好了铺垫。特别是在学习除法时，教师要带领同学们通过分小棒的学具操作，让学生理解分和再分的过程，在“做”中逐步理解除法的每一步，理解除法的意义。孙老师还解释了“计算教学”后面安排的“解决问题”内容，指出它与混合运算是有区别的。混合运算是突出思维训练，让学生在解决问题的过程中体会运算顺序的合理性，而解决问题是通过问题培养学生分析数量关系、独立列式解答的能力，通过交流、分析、对比、共识，反思自己的方法，体验数学在生活的作用，提升总结形成分析能力和数学推理能力。教师在教学中要注意二者之间的联系和区别，在实施中要把它的数学性体现出来。

通过培训，我们对本册教材有了整体认识，知道本册教材知识容量大、计算知识安排特别多，学生学习有一定的难度，需要帮助学生掌握算法，更要理解算理，为后面学习小数计算打下良好的基础。利用“图形与几何”内容学习面积和周长，9 周岁左右的学生在空间几何理解上有困难，学生在学习中容易混淆面积与周长。我们在教学中要努力借助学生已有经验，加强动手操作能力培养，让学生逐步建立相关空间观念。

青岛版教材使用期不长，借助这次教材培训，我提前正确把握三年级教材整体编排设计，提高对教材的研读能力，教学中不拔高、不降低教材要求，抓好学生数学素养的提升，与学生共同使用好教材，力争取得好的学习效果。

62. 缔造神奇教室

我们学校部分老师到淄博参加“美国教师——雷夫教学报告会”，在现场被他的教育情怀深深地打动了，回来后又慢慢品读了《第 56 号教室奇迹》这本书，了解到雷夫老师在洛杉矶市的一间又破又小的教室里带给学生们的变化，又一次被深深地感动了。

第一，作为一名教师最重要的是给孩子们做榜样。

雷夫老师是一名普通的小学教师，在一所条件较差的学校，在一间教室一做就是三十多年，转变了许多顽劣的孩子。为什么这些“小魔鬼”到了 56 号教室，都蜕变成小绅士、小淑女，变得彬彬有礼、诚实善良、勤奋好学呢？这就是因为雷夫老师给他们做了最好的榜样。他的面貌，决定了教室的内容；他的气度，决定了教室的容量。也正如雷夫自己所说：“作为一名优秀教师，最重要的是要给学生做榜样。学生随时关注着我们，你希望学生成为怎样的人，你自己首先做到这一点：我希望学生努力学习，那我自己也要做到努力工作。”

孔子提出“亲其师，信其道”，我们老师也都知道“以身作则”的重要性，但是在实际教育教学中很难坚持到底，可是雷夫做到了。在平时教学中他也会遇到调皮的孩子，甚至遇到在教室搞恶作剧的孩子，也会想要发火生气，想要怒吼学生。但每每这时候，他会警告自己说：我是他们的榜样。即使非常生气，也不能提高自己的声音。看到雷夫老师的做法，我也在反思自己遇到类似情况的处理方式，开始时我就与雷夫老师说的一样，遇到调皮学生做出的“出格”事情就会发火，甚至怒吼。现在我应该学会调节自己，压抑自己的怒火。自己的心平静了，教室也就会平静了。学生从老师身上学到了克制，学到了礼貌，我们的教育效果就会出现不同的景象。

给孩子做榜样，不仅仅是要求老师在校为学生“以身作则”，同样也要求家长起到带头示范作用。父母是孩子的第一任老师，在家庭教育中父母的一言一行直接影响着孩子，父母在平时的言行中要为孩子们树立好的榜样。比如，在培养孩子不乱扔垃圾的习惯教育上，有的家长在开车接送孩子的途中，随意打开车窗抛出果皮纸屑，父母这种无言的示范把前面好习惯的培养全部“击碎”。所以，平时教育中除了要求孩子学习知识刻苦努力，父母与老师更要培养孩子优秀的品行、良好的习惯，引领孩子树立远大的志向，这些是孩子不可缺少的宝贵财富。

第二，对孩子的信任是教育的基础。

雷夫老师的第56号教室之所以特殊，不是因为它拥有什么特殊的东西（这个教室有时下雨时还漏雨），而是这个教室中缺少了一样东西——这里没有害怕。雷夫老师说：“让孩子尊敬你很简单，但是让孩子信任你很难。”雷夫老师就是用信任代替了我们平时用的一些教育方式，让自己成为孩子信任的人。少者怀之，方能朋友信之。他在平时与孩子交流中，讲纪律、讲公平、讲原则，自己就能成为学生的榜样。读完这本书，我认识到在教学中要爱学生，懂得学生心理，要有爱心和耐心，因为师生之间建立起相互信任的关系是教育的基础。

有一位家长曾经向我求助，述说孩子进入高年级后出现逆反心理，父母沟通困难，想到我是孩子最信任的老师，希望我能帮助孩子重新树立学习信心。通过一段时间的帮扶，孩子学习成绩赶了上来，与父母沟通也变得顺畅。父母把这种变化看在眼里，喜在心上，作为老师的我更是感到幸福。

第三，体会到了成功无捷径。

第56号教室的座右铭：成功无捷径。我们在教学中经常抱怨班级中某些孩子接受能力如何不好，却很少反思自己教学如何不好，或者如何改进自己的教学，让教学更加适应学生。

雷夫老师这样为学生付出：每周六都义务到学校无偿辅导学生，不但自己辅导，还号召以前毕业的学生也到校帮助他做这项工作；每天6点半前到校，给一些孩子补习数学；放弃午休时间，教二十多个孩子学吉他；每周有两个通宵工作日，从深夜11点到凌晨5点；每周有三个晚上，从下午5点半开始一直工作到深夜；每个下午为学生排练话剧；每个周末从上午11点到下午2点一直在工作；还有他的"魔鬼训练"、学习"8法则"；等等。这些都是雷夫老师牺牲了自己的休息时间来做的。

有人问过雷夫老师，是什么支撑他几十年如一日地保持着这种工作热情，他告诉我们有两大动力：第一来自学生，"看到学生脸上洋溢的笑容是自己最大的幸福"；第二来自自己，"我现在的教学技艺比15年前好多了，我相信自己会变得更好"。

看看雷夫老师在近三十年里坚持不懈地为学生做的这些，再反思我们平时为学生又做了什么。我们应该像雷夫老师那样把自己的精力全部放在看见孩子脸上的笑容，提高自己的教学技艺上来。只要自己在教学中不断提高教学质量，精益求精，为自己的教学鼓掌，就会有永不枯竭的动力。

所以，雷夫老师让我明白了，成功是没有捷径的，仁者先难而后获。必须付出比常人更多的努力，才能在最小的教室里，创造出最大的奇迹！

63. 不光要讲更要练

2019年全区组织五年级使用网上阅卷系统考试，这样就改变了以前传统试卷的答题方式。小学生从来没有接触过这种网上阅卷答题卡，周二，赵林生校长安排我给五年级学生讲一下怎样使用答题卡，答题中需要注意哪些事项。

根据自己的经验，我找了语数外三科答题卡，逐科放在投影仪上，一个班级一个班级地给学生讲解：

1. 答题卡不能中间对折。

2. 准备的铅笔必须是2B型号的，中性笔、考试笔必须是0.5黑色的。

3. 姓名、学校、考场填写与以往相同，准考证号涂卡是对应数字，要涂均匀。

4. 选择题可以先在题本上完成，再到答题卡上涂卡。要注意看好题号顺序，是从左到右，还是从上到下，不能出现顺序问题。出现更正的要用橡皮将原来的涂色选项擦干净，再涂选择的选项。上下两个选项相同，要注意不要涂出方格，造成两个相连。

5. 其他答题书写与原来在试卷上相同，但是要在相应题目区域内作答，不能超出答题区。答题修改不能使用改正液，只能划掉在一边重写。

6. 试卷书写要规范、干净。

我自认为讲解得很清楚了，讲完后，让学生提出自己没有听明白的地方。第一个女同学提出："什么时候用铅笔涂？什么时候用中性笔写？"

这个问题提出后，我才想到孩子们没有接触过这种考试形式，只凭我在这里拿一张答题卡讲，孩子们是不理解的。

我解释完第一个女同学提出的这个问题，又让孩子们说一说自己应该注意的地方，算是完成第一轮培训。

回到办公室，我马上找到校长说必须让孩子们"实战"一次，体验答题卡的使用过程，要不到考场上孩子再出现各种问题，就无法弥补了。

周五，学校进行了一次使用答题卡的"实战"训练。学生见到了真正的试题和答题卡，在实际操作中，部分学生又出现了前面已经提到过的问题，但这些情况都在我们预料之中。还有的同学出现了我们没有预料到的情况，老师们针对出现的问题又进行了讲解。这次实战演练，比我在那里"纸上谈兵"的讲解效果好多了。

64. 从“鱼画牛”说数学

近日，山东省东营市教科院特级教师杨守菊为东营市晨阳学校全体新入职教师做了题为“教师专业发展”的报告。杨老师报告中提及的“鱼和牛的故事”给我留下了极为深刻的印象。

故事的大概内容是这样的：青蛙和鱼是同一池塘里长大的好朋友，青蛙长大后离开了小池塘，去见识了外面的世界。一日，它回到故地后，鱼问它：“青蛙大哥，你在外面看到了什么?”青蛙说：“外面的世界有许多新鲜有趣的事物，比如说牛吧，它是个庞然大物，吃草，有四条腿，头上长着两个犄角，尾部有一条长长的尾巴，身上还有斑点……”于是鱼在脑子里根据青蛙的描述，为牛勾画了下面这样的形象：

初看到屏幕上鱼为牛勾画的形象时，我也和大多数老师一样，觉得鱼很好笑，浅陋无知。但是细细反思之后，我发现鱼并没有错，它之所以会为牛勾画出这样的形象，是因为在它原有的认知经验中并没有牛的形象，它对牛的形象的建构只能依据青蛙对牛的信息的描述和自己原有的知识经验，而它原有的经验更多的是源于“鱼”——也就是它本身的形象。其实在教学中“鱼画牛图”的例子并不少见。比如，我在教学平行四边形面积的计算方法时，出示平行四边形图例让学生猜想计算方法，就发现学生利用原有长方形面积的计算经验，推理出的平行四边形面积的计算方法是："两邻边相乘。"这个结论乍看似乎和鱼对牛的形象的勾画一样很好笑，但只要你肯稍微细想，你就会发现，孩子们的结论其实是很正常的，因为在他们的思维认知里，并没有平行四边形"底和高"的概念，他们自然无法推理出平行四边形的面积计算公式是"底乘高"。那老师们在教学中如果遇到了这样的类似于"鱼画牛图"的问题，又该怎么做呢？

首先，在学生的头脑中为其勾勒出"牛"的形象，也就是帮助学生建立相关的认知经验。在上述案例中，学生根据自己的经验猜想出利用"邻边相乘"得出结论，教师要延迟评价，鼓励学生再用数格子的方法数出平行四边形的面积，两个结论对比就会发现不相等，会产生认知冲突，学生就知道自己认知中的"牛图"不对，自然进行思维调整。

其次，帮助学生找到自己认知中面积计算的经验——长方形面积计算。在这样的认知基础上，再由学生借助剪拼的方式去自主探究，通过转化方法，找到转化得到的长方形与平行四边形的内在联系，由"长方形面积＝长×宽"推出"平行四边面积＝底×高"的计算方法，就水到渠成了。

"鱼和牛"的故事告诉我们：儿童的学习是建立在已有认知基础上的。所以，老师在教学中一定要注意多为儿童创造接触自然、认识自然的机会，多帮助他们积累课上学习所需要的"原有牛的形象"的正确认知经验，以帮助他们在学习中更准确地勾画"牛"的形象。当学生把自己脑子中不正确的"牛"画出来时，老师要帮助学生纠正错误思维，建立正确思维，使学生在与他人沟通、学习中，不断调整丰富自我，做出正确的学习建构和推理。

65. 把调羹交给孩子

2014年3月20日，我参加东营市教科院组织的赴浙江温州参观学习建设小学实施的"自主作业"全国现场会。早上5点多我们就要从东营动身赶往济南坐车，经过近7个小时的高铁路程，到达温州报名地点已经是晚上9点多，但是没有一个老师说累。我知道，内心学习的动力让我们忘记了劳累。

第二天会上，浙江省温州市建设小学的陈钱林校长作了主题发言——"自主作业，把调羹交给孩子"。随后建设小学的语、数、外、科学等学科老师又做了一次自主作业的现场沙龙会，让我们第一次接触该项活动的老师从形式到理论操作上有了一个感性的认知。下午我们又到五马区学校现场感受了学生自主作业实施的具体操作流程，了解了自主作业对学生学习形式的改变。

最热烈的要数第三天的现场互动，来自全国各地的老师结合自己的教学经历，提出了自己对自主作业的困惑，这样做怎样让家长接受？学生的成绩有保证吗？学生成绩的监控措施有吗？学生超前学习吃了夹生饭怎么办？当然，对于建设小学的领导和实验老师从不同方面的回答，每一个参会老师的理解可能不同，接受后产生的共鸣不同，收获就有不同。通过几天的学习，我自己有以下几点收获，写出来与大家一起商讨分享。

一

建设小学提出的自主作业是一件顺应学生发展的好事。作业从开始出现到成为今天学生每天必做、老师必批、有些家长还必查的内容，成为学生每天必须完成的任务。我们看到了作业的良好作用，比如，让学生巩固了知识、提高了学生学习能力等等。但是我们没有考虑到它的反面作用：由于作业量大，让学生付出大量的时间做作业，缺少了参与实践活动的时间；由于作业量大，让学生产生了厌学的情绪；由于作业量大，让学生忙于完成，减少了体育活动时间，可能使学生视力和体质下降。

建设小学的“自主作业”活动方案，使学生可以选择自主、半自主和免签作业。可以先选择一学科或多学科，这样学生可以省出大量时间做自己喜欢的事情。例如，语文全自主的学生把课余时间变成了自己的写作时间，数学全自主的学生把课余时间变成了自己提前学习的时间。让学生在这段时间内做自己喜欢的事情，这就顺应了孩子的发展。

二

作为老师，我们认为布置作业是一件天经地义的事情，如果不布置作业就是对不起学生。我们可以理解老师的这种思想认知，但是，我们设想让那些天赋聪明、自制力好的学生通过自主作业的形式，在有限的时间内做他们自己愿意做的事情，提高单位时间内的效率，不就是更好地提高他们的知识能力吗？学生从小就在一种自我管理、自我规划、自我提升的环境中成长，相信这样的学生将来踏入社会会更加适应各种要求，会让我们的社会更有竞争力。

看到建设小学自主作业学生的先期申报科目和程序，知道学生可以根据自己的学习状况，由家长和学生自己选择（这也是自主的体现），报任课老师后双方分析确定。一旦确定，学生需要按照规定的条目执行。如果一名学生通过了家长、老师共同认可的自主作业形式，首先这名学生对自己就有了一个相对较高的要求，这样就会促进自己在课堂上听会、弄懂，其次，学生用省出的时间做自己想做的事情，自己愿意投入，做事效果就会好，这样学生就会进入一个良性循环的过程中。

三

我们到温州建设小学学习他们自主作业的实行办法，看到了该校在作业方面做出了质的改革，引发了孩子们学习方面质的变化。当然，这个变革需要上层决策全校联动才能贯彻实施，单凭一个老师一个学科开展是有很大难度的。但我计划在自己班级先尝试实施分层布置作业，将作业分为 A、B 两类，A 类作业除了常规作业外还有选做题目，B 类作业只有常规题目，由学生根据自己的学习能力选择。不管哪一类作业，学生当晚不能完成的只要家长签字简单标注说明即可，不能熬夜完成，不能影响身体健康和第二天听课质量。让成绩好的学生“吃好”、成绩一般的学生“吃饱”，让部分学有余力和其他方面有特长的学生有更充分的时间做自己喜欢做的事情。

66. 学人之长

2015 年 12 月在滨州市举办山东省小学数学优质课评析大赛，在这 3 天时间里，我观摩了来自 6 个地市的小学数学优质课。几十节优质课各具特色，无论是在课堂导入、教学设计、教学难点处理方面，还是在启发学生的探究性思考、练习处理方面，都充分体现了“创新、自主、探索”的教学思想，给我很大的启发。

体会之一：情境创设注重数学味，激发学生认知。

教学中创设适合学生学习的数学情境，不仅能够激发学生的兴趣，还能为学生的学习积累必要的学习经验，或让学生出现认知冲突，产生探究动力。老师创设情境都是从学生生活实际出发，同时注重设置问题的“数学”本质，让学生体验到生活中处处有数学。在猜测、实验、验证解决问题的过程中，发展了学生的数学思维，又让学生体验到数学在解决实际生活问题中的作用，在探索和应用中激发他们学习数学、发现数学的愿望，感悟数学的魅力，树立学会数学的信心。如彭飞老师在执教“小数的意义”一节时，创设的教学情境就是利用学生熟悉的计数器（学生从一年级就使用）拨数开始的，开课要求学生拨出不同的整数，学生很快完成任务，学习积极性也很快调动了起来。老师提高难度让学生在计数器上拨出0.1，顿时课堂安静了，学生陷入了思考：怎样表示0.1呢？带着问题，带着认知冲突进入了课堂的探究学习，自然地引出十分位的教学，体现出十分位、百分位产生的必要性。整个教学过程都紧紧围绕着教学目标，非常具体，有新意和启发性。特别之处是，彭飞老师在学生主动探索的过程中，创设情境让学生体会数学来源于生活并运用于生活，激发学生学习兴趣。这样不但激发了他们的学习欲望，而且调动了他们的学习兴趣。

体会之二：注重学生探究过程，体现课堂教学变化。

优质课是教师教学基本功、授课技艺和最新教学理念的集中展示，本次优质课授课老师真的变成了“课堂教学的组织者、参与者、引导者”。学习中遇到问题，教师引导学生个人思考、小组探究、全班交流，不再是单纯的教师教、学生学。学生在组内通过动手、动口、动脑研究问题，每位同学都提出了不同见解，同学们都在尝试不同的解决方法。教师巡视，参与小组研究，了解学生研究的方法和过程，提出个人见解，担任学生探究的“引路人”。分组汇报研究成果时，提供展示交流的平台，同时分享不同的解决方案，及时点拨，为学生提供优化思路。这些过程的变化都是从学生原有认知开始，结合实际问题让每位学生真正地参与了课堂研究，真正地经历猜想、验证、提炼规律的学习过程，真正自主构建了知识。一旦学生的学习积极性被调动了起来，学习参与度就会变高、学习效率就会变高。可见，把课堂还给学生，学生就给我们一个惊喜。

体会之三：课堂互动性高，教师善于表扬学生。

这些讲课老师的课堂有一个共同特性，那就是学生参与课堂积极性高。这与老师巧妙的教学环节有关，更与老师充分信任、表扬学生的积极性有关。这些课在参加省级比赛前都经过“千锤百炼”，是经过许多名人指点和打磨才来到省级优质课讲台上的，所以环节设计早就“打磨”得没有问题了。给我留下深刻印象的是教师在课堂上对学生的信任和表扬。如胡老师执教的“面积和面积单位”一节课，学生想出了不同办法，他总是笑着说：“你又想出一种别人没有的办法。”“这位同学发现了一个更简单的测量办法，让我们用掌声感谢他的发现。”胡老师在专心倾听学生发言时，能够快速捕捉学生亮点以进行表扬、激励，而且是真诚流露。老师的信任让收获自信心的学生再一次冲上数学思维的新高地。就是在这样宽松、平等、民主的课堂中，师生彼此尊重、信任，共同创建了和谐的氛围。在这样的课堂中，学生更愿意、更想学好数学。这些教学技巧都非常值得我借鉴和学习。

这次观摩活动让我看到了今天课堂教学的变化，让我学到了先进的教学思想，我愿在教学中一路思考，一路前行，做一个孜孜不倦的探究者。

67. 深度教学

2019 年 3 月 15 日到 17 日，山东省首届小学数学“深度教学”听评课活动在淄博市周村区举行。本次活动共聘请到了全国六位数学大咖现场授课和做学术报告。我从三个方面梳理一下自己的收获。

第一，问题导向体现“以生为本”的课堂教学理念。

第一天聆听了浙江省海盐县教育研训中心顾志能老师的“年、月、日”。这节课充分体现了以问引学的问题导向教学思路，也让学生充分体验到了学习数学的乐趣和意义。开课时老师没有像其他老师那样设计看日历、找信息的教学情境，而是让学生自己介绍对年、月、日知识的了解。学生表达的热情很高，有的学生马上报出一年有365天或366天，有的学生能说出一年有12个月，还有大小月之分，还有的学生知道平年、闰年……学生介绍自己对年、月、日的认识，顾老师都在黑板上一一记录。顾老师话锋一转，问："看到这些答案，你们有没有想不通的问题?"

生1：老师，为什么一年有12个月呢? 而不是13个或14个月?

生2：老师，为什么有的年份有365天，而有的年份有366天呢?

生3：为什么一个月的天数不一样?

……

学生们的思路被打开了，提出的问题也越来越有价值了。顾老师也在黑板上用一个个小问号记录下同学们的问题。这个环节设计就是把学生头脑中掌握的相关知识全部展现后，从学生的已有知识入手，让学生自己提出想不通的、弄不懂的问题，这样学生的学习积极性和主动性很快就被调动起来了。这就是从学情出发，从学生问题出发，因势利导开展研究学习。

从这节课中我还看到顾老师在课堂中总是以赞赏的语言、温和的表情鼓励学生提问，逐步培养学生敢提问、会提问的好习惯。孩子敢提问、会提问的习惯和能力不是与生俱来的，而是一个循序渐进、逐步养成的过程，这需要我们做好教学引领，在课堂上予以引导培养。如果孩子在平时的学习中能够发现问题、提出问题，说明这个学生真思考了，在分析问题、解决问题中自然就有创新意识的应用，这也是数学课堂中需要培养孩子具备的数学能力。我们要鼓励学生看到别人看不到的问题，提出别人想不出的问题，在教学中做到"以学定教，顺学而导"，实现"以生为本"的课堂教学。

第二，教师的适时转变是"深度教学"的前提。

课堂教学是师生共同成长的平台，而老师又是这个平台的主要掌控者、引导者，只有老师转变自己的教学思想、实施策略，为学生学习搭建舞台，才能保障学生"深度学习"目标的真正实现。

首先，转变教学理念，适应教学要求。

课堂教学变革的主角永远是教师，如果教师的理念不发生转变，那么所有的课堂教学转变都无法实现。所以，要实施"深度学习"教学策略，即学生深度参与课堂研究过程，就要改变以往的教学认知模式。要想学生真正参与学习过程，就需要教师将活动研究时间还给学生，自己转变为课堂教学的组织者、引领者、参与者。这就对教师的课堂驾驭能力提出了更高的要求。但是要想实现学生“深度学习”，教师必须转变教育理念。例如，江苏名师张齐华老师执教的“麦当劳和肯德基里面的秘密”一节课，从实际生活场景肯德基和麦当劳两个店建在何处导入。学生提出各种想法：有的小组研究认为在街道两端各建一家，有的小组研究认为取街道中点，两家挨在一起建，有的小组研究认为在小区门口建，节省居民路程，有利于促进消费。这些问题都是在学生们有充分讨论的时间后出现的。张老师没有急于评价哪种方法好，而是借用这些方案以进一步驱动学生研究。

其次，研读教材，挖掘教学内容的价值。

教师有了理念的转变，就要在课堂上实施，这次牛献礼老师为我们研读教材、前期备课指明了方向。老师备课要注意三个维度：是什么？从哪儿来，到哪里去？学生学习难在哪儿？

老师在备课时要厘清以下问题：教学内容是什么？它与前面知识有哪些联系，也就是知识生长点在哪里？学生学习的困难会出现在哪儿？教师要在教学过程中设计方法帮助学生解决这些问题，在课堂中引导学生通过“做”来突破知识的重难点。

这样的课堂教学就会帮助学生逐步建立完整的学科体系结构和知识网络，让学生在数学课堂学习中长知识，长见识，长智慧。

再次，在课堂教学中为学生提供充分的活动时间和空间。

在以往某些听课活动中也常常看到老师为学生参与活动设计的一些教学环节，但有很多时候是为了活动而活动，学生参与活动是浅层次的、表面的。我们要想让学生深度学习，必须让学生充分参与活动，在活动中逐步发现研究的内在联系。北京的牛献礼老师就给我们上了一节很好的研究课。在他执教的“探究三角板奥秘”中，学生先用一副三角板拼出不同的角，然后从小到大排列：15°、30°、45°、60°、75°、90°、120°、135°、150°、180°，学生发现这些都是 15 的倍数，每个数加上 15 就是后面的度数。但一名男同学提出了在 150°和 180°之间应该还有一个 165°角的猜想，但是很快有同学验证后提出了异议：我们试了，不能摆出这个角。牛老师没有马上给出答案，而是等反对者说完才说：老师有一个方法，能够画出165°的角。学生都惊呆了，马上没有了争执，用期盼的眼光看着老师，等着老师解开谜底。老师在前面让学生充分参与活动，展示自己画的各种角，当学生猜出还有一个165°角时，学生产生了分歧，有了这种认知冲突，双方争执不下，但无法解决现在的困局，学生学习的渴求也就产生了。“老师有办法画”这犹如一声春雷，吸引了所有学生注意力，学生看得仔细专注，看后恍然大悟，不但记住了老师的画法，更是提高了数学素养。

第三，教师要有一双善于发现的眼睛。

从上一年级我们就和学生说：数学来源于生活，生活离不开数学。但是我们平时在数学课上真正让孩子体验到这句话的含义了吗？从江苏名师张齐华老师的“麦当劳和肯德基里面的秘密”一课，我看到了名师们都有一双善于发现问题的眼睛，能发现问题后面隐藏的数学秘密，这样的课才会培养出有数学头脑、会用数学分析问题的聪明学生。张老师研究的问题并不复杂，在我们本地也有很多这样的场景，即一般有移动营业厅的地方，往往有联通营业厅；有麦当劳的地方也有肯德基；有耐克专卖店的地方常有阿迪达斯的专卖店。这些司空见惯的现象我们没有注意，更不会引起我们的数学思考。而张齐华老师恰恰就执教了“麦当劳和肯德基里面的秘密”一节数学课。通过这节课的学习，学生们学会了从多方面研究考虑问题，提出更多更合理的解决方案。我不敢保证这节课对学生计算能力或者说考试分数能提高多少，但是这节课在对学生数学思维能力的培养方面有质的提升。也许就是这节课的学习，让这个班级中未来的企业家就知道自己的企业如何超越同行企业布局，让班级中未来的市长知道自己城市的商业区、生活区怎样布局更加合理。这些学生的出现，都是在我们的数学课上一点点培养出来的，这就需要我们每一位老师有一双发现问题的眼睛，让学生在研究问题中变成有思维能力、有解决问题能力的人。

68. 教师讲课的几个误区

我曾多次担任全市小学优质课讲课比赛评委工作，既看到了讲课老师们的精彩课堂，也发现了老师们在具体的上课中出现的一些问题，主要表现在对教学内容没有吃透，对学生分析不到位，在课上某些环节的处理较为生硬等方面。

第一，课前精心准备课件、学具，课堂上并没有关注其使用效果。

某次六节课全部是三年级的“搭配问题”。每位教师都精心准备了课堂需要的“物质”内容，除了电脑课件“华丽”以外，有的老师可谓下了细功夫，将教材中的学具“衣服”用彩纸做成卡通式（全班一般需要8组，每组5个，就是40个），有的还在“衣服”后面贴上磁片，学生在特制磁板上移动，任意搭配很方便，为学生操作想得细致周到。试想我们平时的课堂能这样做吗？做这样的40份学具，需要的人力、物力成本计算了吗？

关键是精心准备的这些学具在课堂使用时并没有发挥出它的效果。比如，有的老师设计的“衣服”较小，在学生动手操作中不便调换，特别是在展台上汇报的学生很难控制它们。学生汇报完成后，老师没有及时让学生收拾好学具，导致有的学生心思还是放在学具的摆放上，更有甚者还玩起了学具，这样就直接影响了上课的质量。这种现象不只在一个老师的课上发生过。

参加优质课比赛应把主要精力放在教材研究上，放在课堂问题预设上，放在如何引导学生参与探究活动上，在上课中关注学生学习的投入情况，及时引导调控，如果课前老师在学具上投入过多精力，上课时学生操作完成后还在摆弄学具定会影响学习效果，那课堂教学着力点就不对了。课堂中所有的学具都是为教学服务的，不能因为准备和使用学具不当对教学产生负面影响。

第二，重心着力于预设的讲课程序，而不是学生。

《义务教育数学课程标准》中指出：学生是学习数学的主人，教师是数学学习的组织者、引导者与合作者。教师要在课堂上由管理者变成组织者，组织学生发现、搜集、整理数学信息，组织好学生小组探究汇报，激发学生参与数学活动的积极性，做好实施和调控，给予学生帮助，与学生建立和谐、民主、平等的师生关系，让学生在平等、尊重、宽容的学习氛围中得到肯定、表扬、帮助和指导，师生之间变成鼓励帮助的朋友、伙伴，从而让孩子与老师共享课堂成长的快乐。但有的课堂常常出现如下情景。

情景一：在讲课中有的学生提出的问题不在老师的预设中，或者与现在学习内容“不相干”，有的老师就说下课再解释，搪塞过去；有的老师直接假装没听见，不去理会这名提问的学生，按照自己的设计进入下一个教学环节，学生只能无奈地看着老师……

情景二：汇报环节中，学生代表汇报时，不是每个孩子都伶牙俐齿，表述干脆利索。因小学生年龄小，况且又到报告厅这么大的场所上课，有那么多老师在听课，出现紧张、表述不流畅是正常的。这时老师应鼓励学生，如：“你慢慢说，老师相信你会说明白的”“他暂时遇到一点困难，谁能帮帮他”……但有的老师发现学生说得没有达到自己想要的效果，就替学生解释，汇报的学生只能呆呆地站在黑板前听老师讲自己的成果，直到老师感觉自己解释的内容学生都听懂了，这才想起身边的学生，示意他回位。于是，学生就很尴尬地回去了。

第三，关注学生“做”数学过程的少，包揽的多。

《义务教育数学课程标准》指出：动手操作能够让学生亲身经历将实际问题抽象成数学模型并进行阐述应用的过程。就是说课堂不能单纯关注知识、能力，要关注学生的全面发展。学生的能力不是靠教师传授形成的，而是在数学活动中，靠学生去“做”、去“体验”形成的。教师要用好教材、用活教材，将教材的例题或讲解转化成学生能够亲自参加的数学活动，让学生在“做”中自己感悟、归纳，说明自己操作分析的过程。在教学中尽量给学生充分的探究活动时间、充分的汇报时间和表现自己的机会，不要为了操作而操作，流于形式，让学生假参与。

我也举几个老师在课上出现的情景。

情景一：小组探究活动设计时间太短，学生不能完成组内探究任务。探究快的小组任务已完成过半，慢的小组才刚刚有头绪。这时，老师就想“鸣金收兵”了。老师会拍手示意学生停下，并说因为时间原因，我们小组研究先到这里，没有完成的同学也要停下。

分析：课堂是为学生服务的，既然大部分小组没有完成，就应该延长研究时间，而不是生硬地让学生停下。老师想的是再研究下去，后面设计的程序就完成不了，而不是根据学生操作研究的程度推进课堂的进度。老师的确设计了探究活动，但这个探究流于形式，对大部分学生来说没有收获，学生在“做”中体验的就少。

情景二：小组汇报时学生按照本组研究展示，没有从老师设计的“程序”中演示。有的老师就打断学生的汇报说：“你是这个意思吧……”代替学生将内容说出来。还有的老师在学生展示不同解答方法、对比哪种方法更好时直接问：“同学们你们是不是感觉第二种方法最好?”这种评价已经代替孩子选择好了，学生只回答是就行了。这里老师应该推迟评价，让学生选择自己心中的“好方法”并说明选择原因，这样学生通过不同的方法对比，在头脑中筛选加工才能选出最适合的方法，而不是老师直接告诉学生哪种最好。

当然，看课的角度不同，发现的问题就不同，以上是我在听课中看到的一些问题，只要我们认识到在今后讲课中把学生放在心中，学习活动围绕学生展开，相信我们的课堂教学就会更加真实高效。

69. 活用教材　关注细节

听完数学低段优质课，接着听高段课。2019 年山东省东营市教科院指定的讲课内容都是各年级的数学广角内容，都是同课异构，每个课题都由 6—8 位教师参与讲课。其中四年级的“烙饼问题”给我的印象最深刻，从问题情境的创设到学生参与探究、建立模型，再到应用拓展，给人水到渠成的感觉，听后让我眼前一亮。

第一，活用教材，助力学生首次建模。

老师开课没有花哨的场景，而是从学生的生活经验切入课题。

师：同学们见过妈妈烙饼吗?

学生回答后直接出示题目：

怎样尽快吃上饼？

师：通过题目你了解到了哪些数学信息？

生 1：锅里最多同时放 2 张饼。

生 2：一面 3 分钟，两面就 6 分钟。。

生 3：尽快就是最快。

生 4：尽快就是用时最短。

生 5：需要烙 2 张饼。

师：我们见过烙饼就有生活经验，猜一下用这锅按照这个办法烙 2 张饼，用几分钟？

生：6 分钟。

师：我现在伸出的右手就是一只平底锅，谁来“烙”一下？

（学生到前面伸出自己的两只小手演示烙正、反两面，嘴里还报出所需时间。听课的同学和老师们都发出了鼓励的笑声）

[师板书过程，同时记录时间：$3\times2=6$（分钟）]

师：现在烙 4 张饼，需要多少分钟？

生：12 分钟。

[师生再演示过程，然后板书：$3\times4=12$（分钟）]

到 6 张、8 张时学生就直接报出时间，说明学生对烙偶数张饼的数学模型已经建立了。

教材安排是从2张、3张饼开始研究，出现3张饼时需要轮换烙是学生认知的一个难点，到后面研究4张时容易出现知识负迁移，很多学生也会出现轮换烙。但是，这样把偶数张饼同时烙的同一种情况放在一起研究，没有其他干扰，学生第一次建模就简单了（饼的张数×单面时间=烙饼总时间），再到后面利用模型研究3张饼的烙法就有“法”可依了。

第二，转化思想，助力学生全程建模。

学生通过烙2张饼、4张饼、6张饼逐步建立同时烙的思想模型，提炼烙饼计算方法：饼的张数×单面时间=烙饼总时间。学生探究烙3张饼所需时间是本节课的重点和难点，老师借用前面知识先让学生自己猜测需要多长时间。

师：我们现在需要烙3张饼，需要几分钟？

生不假思索地说：9分钟。

然后再实际烙饼，发现不是按照前面方法推理出的9分钟，而是12分钟。学生出现了认知矛盾，激发了探究欲望。于是进行组内猜测、实验、汇报，通过探究，发现了3张不能用前面的同时烙法，改用轮换烙让锅里每次都是2张饼，不能有空余就能节约时间，学生解决了这个学习难点，就为后面研究烙5张饼、7张饼、9张烙……打下了转化的基础，做好了经验准备和思维准备。

对比板书，观察前后两次研究的不同张数，学生总结：不管烙多少张饼，按照这个方法就是：饼的张数×3=烙饼时间。学生在不断探究中利用转化思想建立了清晰的数学模型。

第三，引导质疑，拓展优化思想。

在课堂接近尾声时，老师先设计了一个小环节，让学生再次体验到优化的好处。

师：我们已经掌握了烙饼时间的计算方法，现在我来报饼数，同学们说时间，看看能否顺利完成接龙？

生（很有信心地喊）：能。

师：烙15张饼。

生：45分钟。

师：烙 6 张饼。

生：18 分钟。

师：3 张饼。

生：9 分钟。

师：2 张饼。

生：6 分钟。

师：1 张饼。

生：3 分钟。

老师瞪大眼睛故作惊讶地看着学生，有的学生马上反应过来。

生：不对，是 6 分钟。

生：烙 1 张饼也要烙两面，需要 6 分钟。

师：对，刚才我们发现的计算方法不适合烙 1 张饼，为什么？

生：因为它不能占满锅，有空余就会浪费空间。

师：现在就想，3 分钟烙熟这张饼，有办法吗？

教师伸出自己的右手表示 1 张饼，在教室中找“锅”，学生的疑问来了，同时要解决问题的欲望也被激发了起来。一个学生把老师的手放在自己的“锅”里烙一面，翻过来一试，不行。另一个学生试了试，也不行。很多学生的小手在自己的桌面上模拟，也开始寻找方法。第四个学生把老师的“饼”放到自己的右手上，同时把左手放到了饼的上面，两只小手上下包住了老师的手说：“老师，我们可以两面同时烙就能在 3 分钟内完成了。”

这时课堂内响起了掌声，这是同学们和听课老师们情不自禁地对这个孩子的鼓励。

老师接着出示了家庭生活中常用的电饼铛，并说明：刚才保证锅里始终有两张饼是思想上的优化，其实通过工具的优化同样可以达到一样的效果。

总之，学习内容与生活密切联系的课堂让学生越来越聪明，越来越有智慧。我们全体老师都应为这样的课堂而努力。

2019 年东营市小学数学优质课评选现场

70. 从多样性中体验优化

我校组织“再磨课”上课教研活动，我选择的内容是五年级的“找次品”。自己上完，再与同事议课，自己对课的认识把握就更深刻了。总结上课中的几点注意事项，供大家参考。

第一，让学生经历探究过程。

学生从生活中了解到找次品的方法很多，但是在课堂上要让学生经历从多样化到优化的过程，逐步获得找次品的最优方案，要学生经历猜测、实践、验证、得到结论、找到规律的过程，是数学中的科学。学生从在 2 个球、3 个球中找次品建立经验基础和思维基础，到在 8 个球中找次品，让学生讨论多种分组方法，逐步对比、逐步优化，最终提炼出“分成三组最好”的方案，学生的不断探究是整个过程的主要特征。

研究在 8 个球中找次品，学生会有多种分组方法：8（2，2，2，2）、8（4，4）、8（3，3，2）、8（1，1，1，1，1，1，1，1）。开始有的学生认为 8（4，4）最好，因为他们已经有了从 4 个球中找次品的经验，当出现 8（3，3，2）分组法时，有的学生认为分的组数多了称的次数就会多。但是学生汇报后发现分成 3 组只用了 2 次。两种分法都是在称第一次后就能够确定次品在哪一组，但是

（4，4）分法确定后还要再称两次才能找到次品，但是（3，3，2）分法只用一次就找到了（前面已经有了从3个球中找次品的数学模型）。

学生通过对多种分组法操作实践，小组汇报对比发现：不是把待测物品分的组数越少越好，也不是每组数量越少越好。逐步抓住探究本质即数学本质，得出将待测物品分为3组用的次数少的结论。

第二，引导学生利用转化、对比思想解决问题。

转化思想是将未知的问题转化为已知的问题，是我们解决问题的法宝。虽然“找次品问题”不是直接将问题转化为已经解决的问题，但是在寻找规律的过程中，需要不断应用前面已经探索得知的结论。所以本节课中教师要注重对学生进行转化思想的渗透，并为其应用做好铺设引导。

例如，上面在研究从8个产品中找次品，学生开始出现了不同的分组设计思路，但是通过探究发现将待测物品分为三组，每组尽量一样多的分组方法最好。用这一经验（模型），提出挑战从9个球中找次品，让学生研究。

这次学生很快分组研究完成，而且分组方法统一：

9个（3，3，3）—3（1，1，1），（2次）

学生借用了前面的分组和3个球中找次品的规律，9个球能够平均分为3组，这样每组3个。第一次分组后就转化成在3个球中找次品。第二次再将3个球等分为3组，每组1个球。前面已经研究找到规律，3个球中找次品需要称1次。这样一共用2次找到次品。

再次挑战更大范围内找次品——27个。

刚提出研究从27个球中找次品,，有的学生马上提出自己的思路：将27分成三组，每组9个。我微笑地看着这位同学，向他伸出了大拇指，知道这位同学已经在心中利用刚才的经验模型，虽然球的个数增多了，其实分组方式没有改变，测量方法没有改变，都是利用前面研究过的方法来解决，将27个球等分为三组：

27个（9，9，9）—9（3，3，3）—3（1，1，1），（3次）

学生发现将其分为三组，找出次品所用次数最少。实际上是转化思想“润物细无声”地在学生解决问题中的使用，这一思想可以探索解决问题的优化方案，提高解决问题的效率。

第三，课件演示代替不了教师板书。

板书是课堂教学中一个必不缺少的部分，但随着教学现代化的普及，有很多老师已不注重教学板书设计，更有甚者直接没有板书。现代教学设备有很大的优势，是不是我们传统的黑板就没有用处了？比如，PPT 使用方便，但是翻过一页，前页的重点知识也不能保留。黑板板书就不会这样了，老师和学生的板书可以“长久”保留，使学生对重要知识点一目了然。所以针对小学生思维以形象思维为主的特点，教师在讲课时对重点知识该板书的还是要板书，该让学生写的还要让学生写。

比如，在这节课中我就把主要研究过程全部板书，让学生通过板书更好地观察、对比、内化。在课堂小结时，我又用板书帮助学生梳理知识，形成知识链，进一步理解和消化本节课所学内容。板书的过程也是学生思考的过程、提升的过程，不能用 PPT 完全代替。

总之，“再磨课”上课让我准确把握了学生学习难点，转化对比模型建立的关键所在，学生在对比与优化中学习到怎样选择最优。这些只有在磨课中才有体会和收获，磨课能够促进师生的共同成长、提升。

71. 精妙的练习设计

我到利津北岭中学（九年一贯制学校）参加东营市全市小学数学送课活动，聆听了春晖小学郝高玲老师的“分数的意义”一节课，感觉她对最后的练习处理非常好，受益颇大。摘抄记录分析如下。

新课学习完成后，郝老师没有按照常规课堂设计出判断题——考查学生是否注意平均分情况，填空题——考查学生是否能够根据阴影填写适当的分数，而是取出了一个信封，告诉学生因为这节课同学们学习很认真，老师要奖励大家糖吃。不过要按照要求来取，糖果才能是同学们的。

学生一听这个要求马上兴奋起来。

郝老师将信封中的糖块全部放到实物投影仪上，学生一看，真的是自己喜欢的品牌，更来了劲头。

师：这里放了几块糖？（老师边放边用手有序地挪动糖块）

生：9 块糖。

师：现在让你取走它的$\frac{1}{3}$，你怎样取？取走几块？

（学生略有思考，就有举手的了）

生（登台演示）：将 9 块糖等分为 3 份，每份是 3 块糖。取走了其中的一份，就是这些糖的$\frac{1}{3}$，也就是 3 块糖。我可以取走 3 块。

（学生表述分析得很好，老师带头送上了鼓励的掌声。学生取上展台上 3 块糖高兴地回到了座位上。我能看到他刚落座同桌就投来羡慕的眼光）

师：第一位同学已经取走了$\frac{1}{3}$，现在要求再取走剩下糖的$\frac{1}{3}$，再怎样分？取走几块？

（这次学生的思考时间更短了，马上就有学生举手要求登台演示）

生：将 6 块糖等分为 3 份，每份是 2 块糖。取走$\frac{1}{3}$就是取走 2 块糖。

师：同学们评判一下这位同学的分析清楚吗？有问题问他吗？

（学生认为该生分析清楚，没有问题）

师（追问）：同学们没有问题，老师有问题要问。这两位同学都是取走了糖块的$\frac{1}{3}$，第一名同学取走了几块糖？

生：3 块糖。

师（问身边第二位取糖的同学）：你取走了几块糖？

生：2 块糖。

师：都是取走了$\frac{1}{3}$，为什么一个取走了 3 块糖，一个取走了 2 块糖呢？

学生略有思考，一个学生小声说："单位'1'不同呀！"

郝老师笑着走到这学生面前，鼓励这个学生：把你的理解说给大家听听。

生：第一次分的糖块是 9 块，是把 9 块糖看成了单位"1"，要取走它的$\frac{1}{3}$，就把它平均分成3份，每份是3块，取走1份，所以取走的是3块糖。但是第二次是把余下的6块糖看成单位“1”，它的$\frac{1}{3}$就是两块了。虽然都是$\frac{1}{3}$，但是单位“1”不同，虽然都是分为3份，但每份中对应的块数不同。

师：你解释得很精彩。通过学习这节课大家已经明白了单位“1”不同，前后两次每份对应的块数不相等，也就是1份不一定是1块，要看是把谁看成单位“1”，再看每份中的数量。

生：我们要看单位“1”的数量，才能知道1份是几块。

师：同学们明白了都是$\frac{1}{3}$，但是取走的糖块数，一个同学是3块，一个同学是2块，为了他们两个的糖一样多，让第一名同学上交一块，这里还有几块糖?

(第一名学生不情愿地把糖送上展台)

师：现在把这些糖平均分，取走的与前两位同学的相等。你该怎么分？如何用分数表示?

生：将5块糖平均分成5份，然后取走了其中的2份，用分数表示是$\frac{2}{5}$。

(学生高兴地取走了糖)

师：还剩几块糖?

生：3块糖。

师：谁将这剩下糖平均分后，取走3块糖，用分数又该怎样表示?

生：将3块糖平均分成3份，全部取走。然后一把全部抓在自己的手中，生怕别人抢走似的。

师：别光想着拿糖呀！用分数怎么表示?

生：我想……是$\frac{3}{3}$吧！(学生回答的底气不足)

师：为什么是$\frac{3}{3}$?

生：我是把3块糖看成单位“1”的。把它平均分成3份，刚才学习我们已经知道了分母是表示平均分成的份数，分子是表示其中的几份。第一次取走1份就是它的$\frac{1}{3}$，现在3份全部取走了，所以是$\frac{2}{3}$。

听完学生的解释，听课的老师们情不自禁地带头为他鼓掌，学生在掌声中拿着胜利的“果实”回到了座位上。

反思：郝老师别出心裁，用学生喜欢参与的游戏形式进行了练习，让学生在活动中应用所学内容解决实际问题，特别是两次都是“$\frac{1}{3}$”，但是每份的数量不同，以及同是 2 块，一次对应的是 6 块糖的$\frac{1}{3}$，一次对应的是 5 块糖的$\frac{2}{5}$，都是因为对应的单位“1”不同而出现的。最后的效果极佳，学生动手操作，开口表达，都是建立在对分数的意义有了充分理解后展示。这样的练习才能够让学生用数学的思维观察世界，用数学的语言表达世界。这样的智慧课堂学生才会有更大的收获。

72. 快乐灵动的课堂

我曾有幸聆听过特级教师徐长青老师执教的一节课——“分数的意义”。我为徐老师独特的教学艺术和语言魅力所征服，为新教育理念下老师在课堂上的设计之巧所吸引，更让我耳目一新的是学生在课堂上灵活的出乎想象的表现。徐老师的课让孩子们发现了学习数学的乐趣，孩子们喜欢学、愿意学，课堂学习真正变成了一件快乐的事。

一、课堂上不断为学生预设认知冲突，通过解决冲突掌握知识、提升认知

徐老师从学生熟悉的扑克牌如何平均分入手，让学生认识分数。开始，8 张扑克牌平均分给师生 2 人，用集合圈表示，每人 4 张，每人分得它的一半（也就是$\frac{1}{2}$），逐步到一张扑克牌分为两份，怎样表示它的一半。学生按照三年级的经验想到了对折、想到了撕开、想到了用彩笔画出一半，但是学生的想法逐一被否定。从 8 开始顺利的平均分，遇到了第一次认知冲突——该怎样表示出 1 张扑克的一半。在老师的引导下，学生把这张扑克压在黑板上，用粉笔沿边画一圈，取走扑克，黑板上出了一个长方形，就可以涂出一半。学生动手画出了“模型”。

解释分数意义中“取了其中的几份”改为“表示这样的几份”，又一次产生认知冲突。为了让学生动手探究理解知识的内在联系，徐老师设计了一个数轴，在上面只标了“0”和“1”两个数，让学生找到表示单位“1”的位置。学生观察后认识到是从0到1。还能再找单位“1”吗？学生慢慢知道1后面再加同样长的一格出现2，表示有2个单位……从1到2也是一个同样的单位。老师又提出：要想表示$\frac{1}{5}$该怎么办？学生自然想到在0到1之间平均分为5份，一份就表示$\frac{1}{5}$。这样依次数下去，出现了$\frac{2}{5}$……到$\frac{5}{5}$出现1。接着，将平均分的份数调整为不同的数字，学生体验到1还可以表示为$\frac{6}{6}$，$\frac{7}{7}$，$\frac{13}{13}$，……打通了分数与整数之间的联系。

徐老师突然问：“到1这里表示分成的5份全部取完了，我们想取这样的6份怎么办?”

对呀，在0到1之间只有5份，现在要取出6份不够怎么办？学生开始沉思。

“老师，把下一个一样的单位再平均分成5份，在1的后面再取一小份就是6份。”一个男同学大胆提出了自己的想法。

“你到前面去把自己的想法表示出来，其他同学可要仔细看。”徐老师请这位同学在所有同学的注视下动手展示。

学生在黑板上学着老师的样子，把1到2之间又平均分成5份，然后从0开始划出了6份，用彩粉笔做了标识。

“我们能表示这样的8份吗?”老师紧接着问。

“从1往后数，数出3格就行。”学生快速地回答道。

徐老师继续追问：“表示的份数还能多吗?”

“能！”学生高声喊道。

“你报个份数，让其他同学找一下。”徐老师随机与前面一个同学说。

“取这样12份怎么表示?”这个学生提出问题后，自己选了一名同学回答。

“看到数轴上2是两个单位，表示10份，12份就是在10份后面再找2份。”这名同学的解释很清楚。

“看来只要按照这个标准分下去，想取出这样的多少份都能做到。”徐老师最后提炼总结。

有了上面的探究过程，徐老师水到渠成地将分数意义中“取了其中的几份”改为“表示这样的几份”，并让学生很好地领悟到其中的精髓。

二、利用图形结合说明单位“1”可以大，但不是无限大

徐老师在出示单位“1”，并解释它可以表示一个物体、一个图形、一些物体后，请学生举例说出身边可以看成单位“1”的量。开始时，学生的举例范围在教室，后来慢慢延伸到学校外，甚至有几名学生举出全省人数、全国人数、全球人数都可以看成单位“1”。老师问还能大吗？这时候学生的认识是单位“1”能够无限大。老师并没有急于说明这个观点是否正确，而是利用 PPT 出示了一条线段，将线段平均分为 4 份，每份是这条线段的$\frac{1}{4}$，两段是它的$\frac{2}{4}$，这时的单位“1”是这条线段。演示将线段向两方无限延伸变成了一条直线占满了屏幕，再让学生试着表述出它的$\frac{1}{3}$，学生们研究后认为剪两刀就表示了。按照现在的分为三段，则左、右两边是射线（通过回答发现学生关于“射线”这个知识点生疏了）……中间一段是线段。但是射线无法度量，怎么保证和中间这段相等？通过操作、辩论，学生再从平均分角度厘清了无法将一条直线等分为 3 份，也就无法表示出它的$\frac{1}{3}$。学生终于发现单位“1”并不是无限大。见时机成熟，徐老师才点破，单位“1”只能在有理数范围内取值。

三、首尾相结合，紧扣所学内容，让学生体验数学在生活中的用途

徐老师的课堂没有设计专门的练习题，而是利用开课时设计的“8 张扑克牌的分法”作为考查学生理解分数意义的练习，很实用也很新颖。

1. 这一张扑克牌占黑板上扑克牌的几分之几？（$\frac{1}{8}$）

2. 这张扑克牌是一整副牌的几分之几？（$\frac{1}{54}$）

为什么同一张牌会出现不同的分数？

学生体验：同一张扑克针对的单位“1”不同，表示分的份数就不同，写出的分数就不同。

3. 黑板上的扑克牌（8 张）占一副扑克牌的几分之几？($\frac{8}{54}$)

4. 老师手里拿着的余下的扑克牌占这副扑克牌的几分之几？($\frac{46}{54}$)

它们相加得多少？正好是一副扑克牌。(1)

这节课徐老师并没有设计专门的练习题，而是采用开课的扑克牌作为结课练习，把这节课的学习内容融合到里面，这种首尾呼应的学习形式既巩固了课堂学习知识，又丰富了学生的课外知识，让学生深深体会到数学和生活的密切联系。

整堂课听下来，我感动于徐老师的风趣幽默、严谨睿智，感动于教学过程的收放有度、张弛自如，也感动于课堂上孩子们基于老师引导展现出的灵动思维和师生之间关系的自然和谐，更感动于这样充满思辨、充满挑战的课堂促成的学生们数学思维的成长。

这样浑然天成又收效甚佳的一堂课，无不彰显着一位名师的个人素养。

73. 姜还是老的辣

在 2019 年中国名师行活动中，北京特级教师刘德武老师执教了“可能性”(三年级的一节数学课)。第一次听刘老师的课是在 1999 年。那一年，我们学校特邀刘老师来东营市实验小学讲课，当时正是在我带的班上课，所以我对刘老师的课印象特别深。今天再次见到刘老师，只是感觉他头发白了些，但看起来身子骨硬朗、精神矍铄，完全不像一位 70 多岁的老人，真可谓是小学数学教坛上的常青树了。时隔近二十年，专心听完刘老师的课，我再次为他的课堂设计之精妙、师生关系之融洽、关注提升学生数学素养之全面所折服。

第一，课堂设计让数学知识更有数学味。

我们现行人教版教材、北师版教材在设计“可能性”这节课上，采用的都是摸球或是其他类似游戏（如商场超市的大转盘中奖）来引入的。在这样先入为主的思想意识下，学生容易产生一种错觉，认为可能性只有在游戏中才有，与数学没有多少关系。但刘老师设计的可能性从导入到探究都是紧紧围绕加法计算、除法计算、角的运算、分数大小比较等数学计算和数学推理展开的，让学生充分体验到可能性在数学中的应用。

我以学生体验“可能”和“不可能”为例来分享：

开课谈话后，为了让学生认识到可能性在生活中的经常应用，数学中也有很多研究。刘老师出示一组题目：

$$\square\square + \square\square =$$

师：这个题目前面是两个两位数相加（演示），等号后面表示它们的和。

根据出示的题目，在下面的空里填上恰当的词汇。

（1）两位数加两位数和（　　　　）是两位数。

学生开始没有理解，刘老师没有急着解释，而是慢慢引导孩子试着猜想。

生1：它们的和肯定是两位数。

生2：不是，有的是三位，例如 $50+60=110$。

师：这个男同学举了一个例子，这在数学上叫举例说明，他以“例”服人，说明填“一定”是不恰当的。两个两位数相加，和有时是两位数，有时不是两位数，那么填哪个词语合适呢？

生3：可能。

（刘老师让学生再重复读一遍，并对“可能”这个词进行强调）

（2）两位数加两位数和（　　　　）是三位数。

生：可能。

（3）两位数加两位数和（　　　　）是四位数。

生（部分）：可能。

（这部分学生受前面两个题目影响，填上了可能）

生2：不可能。最大的两位数 $99+99$ 的和都是三位数，其他两位数相加更不可能是四位数。

师：这位同学很会学习，懂得利用我们刚才讲过的举例说明来解释自己的想法。同学们认为他解释得怎么样？

生：很好。

师：很好，就给人家点掌声呀！

(4) 两位数加两位数和（　　　　）是一位数。

生：不可能。两个加数都是两位数，相加后不可能是一位数。

这四道加法填空题，避开了人教版教材中通过摸球游戏体验“可能”和“不可能”的设计，而是让学生通过数学算式学会推理，体会可能性，同时掌握举例说明这种数学学习方法，为后面研究可能性大小打下了基础。

第二，老师心中有学生、眼中有学生，关心、关注、鼓励每一个孩子。

刘老师这次上课的地方，是在某职业学院国际交流报告厅，舞台设计比较窄，最外侧同学的课桌已经接近边沿。刘老师注意到后，再三叮嘱这些学生注意安全。另外，舞台屏幕设计过高（设计时便于观众观察），坐在屏幕下方的学生看起来会比较费劲，每次看屏幕都要拧着身子仰着头，这样看一会儿就会特别累。而刘老师每次演示完以后，总会和蔼地说：“孩子们，转过来看刘老师，前后左右活动一下小脑袋。”学生们就会跟随刘老师做几个放松的动作，疲劳很快就烟消云散了。

上课过程中，刘老师总能在恰当的时候鼓励、表扬孩子：“你的想法真好，为你的勇气鼓掌。”“看，你帮助这位同学完善了他的思路，你是一个善于帮助别人的孩子。”“你们两个同时举手了，我让这位没有回答过问题的同学先来回答行吗?”刘老师始终用这种商量的语气和孩子们平等交流，关注、鼓励并尊重每个学生。学生在老师的人情润泽关怀中体验到被认可、被尊重，获得更快的成长。

第三，课堂教学中适时拓展学生核心素养能力。

在学生探究时，刘老师出示了一道题目：用一个不确定的数除以4，商有余数吗？哪种可能性大?

题目出来后，学生根据自己已有的经验开始猜测。有的认为有余数的可能性大，也有的认为没有余数的可能性大。学生认知出现了冲突，老师推迟判定，启发同学怎样验证自己的观点。当时，我们听课的几位老师都认为这个问题对于三年级的学生要求有点高，既为刘老师引导学生捏把汗，也为孩子们能否探究出结论而疑虑。这时，有的同学开始运用举例子的方法说明自己的判定依据（前面刘老师已经表扬过几个使用这种方法说明自己的观点的孩子，此时学生想到用举例法，说明学生已经有了经验积累），刘老师借用学生的例子，引导学生有序思考，找到规律。

8 ÷ 4　没有

9 ÷ 4　有

10 ÷ 4　有

11 ÷ 4　有

12 ÷ 4　没有

13 ÷ 4　有

14 ÷ 4　有

15 ÷ 4　有

……

学生通过观察发现，在任意相邻的 4 个算式中，总有三个有余数一个没有余数的排列规律，再结合本节课所学习的知识，不难推断出：有余数的算式多，没有余数的算式少。基于同学们的已有认知，老师又结合数学知识解释了为什么 (3 > 1)？学生利用举例子的数学方法和有序思考的数学思维方式解决了这个问题。当我以为这道训练题的“使命”已经完成时，刘老师却没有停下，而是利用这道题目继续拓展相关知识，提升学生思维能力。

“在这四个算式中，没有余数的占几分之几？有余数的占几分之几？有余数的是没有余数的几倍?”

这几个问题的解决，又对学生原来学习的分数初步认识做了“串学”，学生在这节课上不只单纯学习了可能性，更是跟随刘老师将相关的知识进行了复习拓展（还利用角的相关知识设计了可能性）。在这样的熏陶下，孩子不但学习了知识，开拓了思维能力，还受到了人文关怀的润泽。

学习只有开始，没有结束。刘老师 70 岁高龄，仍坚持在一线为学生授课解惑，是我们这些晚辈真正的楷模。我也要以刘老师为榜样，学习他课堂上善于启迪孩子心智，使其聪慧；学习他课堂上尊重孩子个性，令其灵动；学习他课堂上关注孩子全面发展，落实数学核心素养的培养，助其成长。亲闻亲睹刘老师的教学水平和能力，我心向往之。

74. 渐入佳境的课堂

2017年金秋九月，我走进泉城济南，参加全省基于学生核心素养的小学数学教学研讨会。从学生核心素养这个概念被提出以来，我在诸多刊物上都见过解读。而今天，特级教师吴正宪老师，用实际课例阐释小学数学课堂教学如何渗透学生核心素养，令我受益匪浅。

一、学生从枯燥运算到生动的情境探究

吴正宪老师执教的“小数除法”是以聊天的形式进行的。学生从自己熟悉的生活经验逐步进入课堂学习，轻松、活泼地开始了自己的研究之旅。当学生出现问题时，吴老师给学生提供了充分时间和空间，放手让学生进行思考、讨论、操作和展示。通过小组研究、动手分配、记录过程、总结方法的活动形式，让学生从已知的生活经验出发，逐渐认识到小数除法的数学本质。整个认知过程，经历了从具体到抽象的变化，从购物开始的“分钱”到“分糖”，再到“分米”“分水果”等活动，最终在学生的思维中“去除”小数除法中非数学本质的知识，升华出小数除法的本质，也就是“分”计数单位的本质，就是将大的单位分成小的单位再除。吴老师成功地将一节枯燥的计算课变成了一堂生动有趣的“分分分”的情境教学课，让我和学生们一样，在享受一顿饕餮盛宴的同时，都有一种醍醐灌顶、恍然大悟的感觉。

二、“问题意识”的培养贯彻全课

在听课中，我也能深刻感受到吴老师对学生“问题意识”的培养。在吴老师的这堂课上，类似“你有什么问题吗?”“有没有问题问他?”“他的问题你能听明白吗?”“对于这个问题你还有更好的办法吗?”“谁来平息这场‘战争’?”这样的提问贯穿始终。学生们在老师不断地追问中提出问题、独立思考、小组协作、猜测验证、领悟规律，在探究中自然而然地理解了知识的产生，促成了学生主动的参与式学习，而不是被动的接受式学习。

吴老师在课堂上不是单纯地传授知识，而是多维度地把知识渗透到孩子的心里。在这样的课堂上，孩子们学会了交流，学会了倾听，启迪了智慧，增长了才智，健全了身心。

我们都被吴老师精彩的课堂吸引了，感动了，同时也在对比，更在思考，反思自己在课堂教学中的胆小，反思自己课堂教学中的浮躁，更反思我们教学中缺少吴老师的智慧和灵气的原因。

三、课堂上关注、尊重每一个孩子

听吴正宪老师的课，还有一点感触很深，就是她在课堂上始终关注、关心、尊重学生。学生思考遇到困难时，你会听到她那循循善诱的语言：“谁有困难，请向我挥挥手。”多么暖心的话语，多么贴心的举动。学生想回答又胆怯的时候，你会听到她那给人带来勇气的鼓励的语言：“你还有更好的想法，没关系，来试一试。”于是，学生在老师的鼓励下走上讲台。学生回答精彩却不够完整时，你也会听到她那充满力量的表扬语言：“你真了不起。大家遇到困难了，正是你想到了小数点，让 1 变成了 1.0，2 变成 2.0，帮助它可以继续除下去，小数点，你真厉害！大家把掌声送给他。”在吴老师的悉心浇灌下，学生们带着自信、勇气与喜悦上完了整堂课。不只是语言，吴老师的每个眼神、表情、动作都能够调动学生学习的积极性。她不怕孩子不会，她说，学生错着错着就对了，说着说着就会了。学生想的、做的与老师想的、做的息息相关。看到课堂上师生完全融入到了教与学之中，我真是感到温暖又幸福。听这样的一堂课对我们是一种享受，是一种熏陶，更是一种洗礼。

第四章 行有所知

75. 我和我的老师

李福松是我初中的班主任老师。

刚上初中时，虽然我年龄小，但懵懵地感觉到李老师对我们很好，他对学生真的就像对自己的孩子一样，真诚又用心。随着对李老师的了解越来越深，我们越来越喜欢他，师生关系也越来越好。向心力一旦产生，成果自然是喜人的。很快，我们第一次在全校合唱比赛中拿了第一名，在紧随而来的秋季运动会上再一次夺冠。一次次集体活动师生的付出和荣誉的获得，也让我们的班级凝聚力愈来愈强。

在我的记忆里他在学校时间很多，特别是我们毕业那年，他的大部分时间都是在学校度过的，每一天都在陪伴、督促我们学习。后来我才知道，李老师不是我们本乡人，他是师范学校毕业后，分配到我们乡里来教书的。

让我记忆最深的是冬天学习的情境。当时农村学校条件差，教室里甚至连个炉子都没有，不像现在学校教室里都有暖气。白天还好些，因为有太阳，教室人也多，相对还是暖和的。到了晚上的自习课就受罪了，没有了太阳给的热量，教室里也只有我们少数住校学生上课，偌大的教室就像一个冰窖，冻得人瑟瑟发抖。为了保暖，我们都要准备两件棉袄，一件穿着，另一件盖在膝盖上保护腿部。李老师不忍看我们受冻，每天晚上都会从他的宿舍里烧好开水提到教室，倒入我们吃饭用的快餐杯中（那时我们没有专门喝水的杯子），我们就把双手捂在杯子外面，借用这个热度来暖和一下冻僵的双手。而李老师每晚都留在教室，不仅帮助我们取暖，还一一解答同学们学习上的疑问。在李老师的陪伴下，我们度过了每一个冬天的晚自习，没有一个学生喊苦喊累。教育的温度是什么？对我来说，就是当年冬天的夜晚，李老师送来暖手的热水。

冬天住校的学生还有一件难事，就是早上洗脸。那时学校还没有自来水，早自习下课后，其他班的学生洗脸都是到学校蓄水池边，两个同学合作，一个舀起水给另一个同学倒着，就用这冰凉刺骨的水洗脸，一个洗完，再交换另一个洗。我们班同学是幸福的，每天早上其他班级同学往水池走的时候，我们是往李老师宿舍方向走。前一天晚上，李老师已经准备好了几个暖瓶的热水，我们就可以用这些热水来洗脸。这时其他班的同学都会投来羡慕的眼光，或用一种羡慕的语气说："你们班主任对你们真好！"脸上的温暖，心中的暖意，让当年的少年对这位亲爱的李老师充满了喜爱、感谢与敬重。

后来，我考入东营师范学校，逢年过节都会去看望李老师。李老师每次都嘱咐我，一定要多读书，丰富自己、提升自己，为将来当老师做好各方面的能力储备。毕业后，我分配在市直一所小学任教，李老师又告诉我："作为新入职的老师，前五年是一位教师成长的关键期，教学要踏踏实实，不能偷懒，必须严格要求自己，刻苦钻研业务，提升教学专业能力，养成良好的工作习惯。"这么多年走过来，才明白李老师对我的要求是促进我成长的动力，前五年我认真工作，积极参加学校组织的各项活动，在年轻教师中显露出来，第五年代表全市参加山东省优质课比赛获得一等奖，我得到了学生、家长和学校的认可。有了优秀的成绩，我的工作动力就更大，对自己的教学提出了更高的要求，学校领导也给了我更大的成长平台。又过了五年，我还是很认真地教学，自己也有了更大的追求目标。二十多年过去，我早就养成了认真教书的习惯，努力成为学生心目中最好的老师。现在回过头来看，李老师虽然只要求我前五年认真教书，但当我有了这种良好的习惯，想偷懒都不会了。一路走来，李老师对我的教育已经远远超出一位初中老师的范围，他教会我踏实、努力、勤勉、认真，让我成为一个拼搏奋进的人。

随着时间的推移，我们班同学的工作渐渐稳定了，聚会的次数也多了。每每回忆起初中学习生活中的一些趣事，自然就会联想到我们的班主任李福松老师，后来我们经常会在假期把李老师请来参加聚会。李老师的话语虽然不多，就是鼓励我们在单位好好工作，在家照顾好家庭生活，但是每到兴处都喝酒不少。这几年他的血压高了，酒已经很少喝了，但是只要我们坐到一起他都会要求喝一点，一般我都会劝着李老师控制喝酒的量，就像对自己家的长辈。

初中毕业二十多年了，李老师教给我的具体的数学知识、解题技巧都有些模糊不清了，但他对我的教导一直都在，我们的感情也越来越深。正像窦桂梅校长所说的："作为教师，什么是你的教育成果？是孩子经过多年沉淀和遗忘之后仍然留在心里的，那才是你的教育成果。"我认为留在孩子心里的这个教育成果就是老师对学生的爱。愿我们每位老师都能把自己的教育成果留在孩子心间，也让这个教育成果促使我们的每一个孩子健康、快乐、幸福地成长。

76. 医德与师德

自古以来，人们都讲究"德要配位"，对医生和教师这两种良心职业来说，"德"显得尤为重要。

春节刚过，大姐夫又住进了医院接受第二次化疗。中午我和妻子到医院送饭，大姐说起了今天上午的一件事，说大姐夫太气人，不懂事。事情的经过是这样的：上午护士来病房输液，在找血管时没有在手面上找，直接就在小臂上找血管准备注射。大姐夫说："第一天你就从这里扎针，只知道找方便，以后再扎，针头还要往上，将来会没有扎针的地方了！"大姐夫虽然是个农民，不懂多少医学知识，但他了解输液扎针基本的原理。护士没有理会大姐夫的提议，止血带扎捆好手臂，继续找血管。大姐夫就不高兴了，生气地说："我不扎了。"这时护士也不高兴了，冷冷地说："你不让扎就算了。"说完起身走了。

护士走后，大姐就数落姐夫："在医院就要听医生的，你不扎针咱来这里干啥呢？"

"年轻人就知道找方便。咱们出院！"大姐夫怒气冲冲地说。

"住院可不是人家医生请咱来的，你说走就能走吗？你也要改改自己的犟脾气，不看这是在哪了，我去给人家赔礼去！"大姐说着就往护士站走。

走出病房碰上主治大夫王大夫，大姐把事情经过跟王大夫说了一遍，王大夫就跟着来到了病房。

"孙哥，听说你不同意护士在小臂上扎针，看来你还懂得不少医学知识呢！"王大夫进门就开玩笑说。

"我们老百姓懂啥，只是我住院多了也了解一点。"

“让我看看手背上有没有适合扎针的血管。”王大夫说着就拉起大姐夫的手，在上面轻轻拍打。“手面也可以扎，只是这次给你换药了，如果在手面小血管扎了针，会对周围血管伤害很大。”随后王大夫讲了十年前发生在自己身上的事情。说他当时在北京做了一个手术，从手术室出来后护士就把输液针打在了他的小手臂上，结果打完后整个胳膊出问题了，得了静脉炎，后来养了大半年才养好。“我理解你，咱俩同病相怜啊！”

王大夫一番沟通以后，大姐夫同意再打针。

大姐也来到护士站与护士赔礼道歉，护士也同意再次给大姐夫扎针，这场扎针“风波”才算平静。

听完这件事，我首先想到，这是一个完全可以避免的“风波”。只要护士扎针的时候多一点解释，从医学专业角度告诉病人为什么选择较大血管输液就行了。结果护士没有解释，还赌气走了。由此又想到了“医德”这个层面的问题。前段时间，我看过中央电视台著名节目主持人白岩松的一个演讲——《医学与医德》，里面他讲了几个例子。

一个例子是关于林巧稚的。一百年前，协和招生很少。福建的一名小女生非要考医生，来到了协和设在上海的考点。考试的最后一科是英语，协和对英语的要求很高。就在考试刚开始不久，考场内一名女考生突然晕倒。那位福建女孩放弃了自己的考试，跑过去救助晕倒的女生，等到救治完成，考试也结束了。这位福建女孩没有任何怨言，留下一句“没关系，明年再考”就走了。考官们把这个女生的情况汇报给协和，协和调看了她前几科的考试情况，决定录取她，因为在她身上有着一个好医生最重要的德行——宁肯牺牲自己也要照顾别人。这位女孩的名字叫林巧稚。

第二个例子举的是2006年感动中国十大人物之一的北京军区总医院的华益慰大夫。他从医五十多年来，每天早晨查房前，都要把听诊器先放在自己的肚子上捂热后才进病房。他从医期间从没有让病人触碰过凉的听诊器，这一个小小的举动正是他高尚医德的体现。

白岩松举的第三个例子发生在武警总医院。一天，急救中心来了一个需要救治的孩子，但当值班医生王立祥大夫想去急救时，发现孩子已经没有生命体征了。此时此刻，孩子的爷爷、奶奶、姥爷、姥姥、爸爸、妈妈都跪在病房外嚎啕大哭，他们一再哀求大夫救救孩子。王立祥大夫想，如果立即告诉家人孩子没救了，他们一定承受不了，他要给外面痛苦万分的病人家属一段缓冲的时间。所以王大夫在急救室里又给孩子做了一个多小时完全无用的抢救治疗，同时在这一个多小时里，王大夫安排了几个同事安慰、劝解孩子的家人，让他们慢慢认识到，孩子的情况恐怕无力回天了。一个多小时后“无效”的治疗结束了，但“有效”的治疗了这个家庭，让他们在接受孩子离去的消息时能稍微平静一点点。虽然这些事与医术无关，但让我们看到了医德带来的更大的治疗效果。

今天扎针护士与家人之间发生的事情与我曾听到的这三个事例就是天壤之别了，医者仁心，是每位患者、每位家属乃至整个社会对医者的期盼。医生负责人们的身体健康，而教师守望人们的精神家园，师德也成为所有学生、所有家长和这个社会对教师的期盼。

著名教育家陶行知先生说过，先生不应该专教书，他的责任是教人做人。这句话让我明白，教师要在教育、教学中时时刻刻用自己的德行教育、熏陶学生，让学生学会做一个纯真的人、有修养的人、懂得感恩的人、对社会有用的人，这时教师在育人中的“德”就体现出来了。

77. 幸福的感觉

这三天东营市晨阳学校承担市直部分学校中考报名工作。前两天都是由考生所在学校集体报名，工作组只负责收缴审查过的材料，核对所报志愿后导入数据库，工作相对简单。今天是最后一天，是零散学生报名的时间，每个学生和家长在现场填报志愿表，然后是审查材料、录入信息、照相等环节，项目多、任务重。

早上六点半，我们到校分发报名顺序号。七点五十分，组织学生按号分批进校填报志愿、审查材料……这些程序在紧张有序地进行，我们也很高兴，希望能早点完成、早点休息。到下午四点半完成了近400名学生的材料审查，大家看到了胜利的曙光，都长舒了一口气。

“别放松，大家先把所有数据核对一下，没有问题我们才能收兵!”领导安排了最后的任务。

核对到第六组时，发现少了一名同学的纸质材料。他是 272 号。这名学生在照相组照相了，在信息录入组也录入信息了，但是在材料组中没有他的纸质信息。为确保结果无误，我们又对近 400 份材料从头到尾、仔仔细细地核对了一遍，生怕自己粗心看错了。时间一分一秒地在指尖流过，终于全部查完了，也没有查到 272 号的材料。

“我们有考生信息，联系家长吧！”我向李老师提议说。

“行，你打一个电话问一下，询问情况。这组的材料先别打包。”

负责数据库信息的老师查到电话后，我马上拨通了家长电话。家长一听急忙寻找，在自家的档案袋里面找到了纸质报名志愿表。

“老师，对不起，孩子没有交上，我能马上送过去吗？”电话的另一端，孩子的妈妈焦急地说道。

“行，你把材料送到报名的地方来，我们在这里等你。不用太着急，开车要注意安全！”通话中我知道孩子妈妈自己开车，所以又特意嘱咐了一句。

半个多小时过去了，校外马路上华灯四起。

妈妈和孩子出现在大厅门口。“老师，对不起，我们把材料拿来了。”

“没事，送到就行了。”我把孩子的材料按顺序放到材料组中，然后打包整理。

“老师，这么晚了，给您添麻烦了。”妈妈还是不停地道歉。

“没事，这是我们的工作。你们可以安心回家了。”

“老师，我送您吧！”

“不用，我骑自行车。你们在路上也要注意安全。”

送走她们母子二人，我也骑车往家赶。在路上电话铃响起，是个陌生号码：“老师您好，我是刚才那个学生的爸爸，今天给老师们添麻烦了。这么晚了，您还在学校等着我们上交材料。明天我要亲自到校感谢您。”电话那边传来一句句诚恳的话语。

“我们今天就是为孩子报名服务的，你不用客气。”

“不，明天我要到晨阳学校找您，当面致谢。明天见！”

“您别客气，再见。”

第二天，孩子的父亲真的专程到晨阳学校来向我致谢。交谈中我知道他是一名油田机关干部，还是一名转业军人。他说这件事让他看到晨阳学校老师认真严谨的工作作风和为学生着想的服务意识，只有当面致谢才能表达他的感激之情。

想想看，我只是在报名工作中为孩子做了这样一件普通的小事，但是家长却感觉到温馨。从开始的耐心沟通，到等家长送资料等到天黑，虽然增加了自己的工作量，却方便了家长，让他们心中充满了感激。如果我们在平时的教育、教学中也是这样，每天用诚心、爱心对待每一个孩子，认真对待自己的教育、教学工作，父母都会常怀一颗感恩的心。当家长表达出自己的谢意和敬意时，我们内心就会产生对教师职业的崇敬，收获满满的幸福和喜悦。让我们每天善待自己的工作，收获更多的幸福吧。

78. 捐书活动

2017 年参加政协会时，认识了在新疆喀什支教两年刚刚回来的王小玮园长，她向我们介绍了疏勒县中小学和幼儿园的一些情况。听完以后，大家一致认为我们东营教育界应该为新疆喀什的教育再多做一点贡献，商定在晨阳学校组织一次为新疆喀什疏勒县小朋友捐助学习图书的活动。

回到学校，我向段伟校长做了汇报，段校长非常支持此次捐书活动。他说："世界上最美的声音，莫过于学生朗朗的读书声。让新疆的小朋友读上晨阳学生捐助的书也是我们应做的一份贡献，同时让我们的学生也接受一次很好的思想教育。"我们把这次活动主题确定为"小书大爱，维汉一家亲，争做美丽东营人"。

捐书活动是在小学二、三年级发动的。本来是号召学生将自己不看的书或不用的学习文具捐赠给新疆喀什地区疏勒县的小朋友们，让我们意想不到的是，捐助那天很多学生购买了非常多的新书和文具，数量也远远超出我们当初的计划。二年级同学张景瑞妈妈说："这个活动很有意义。让孩子从小树立帮助他人的意识，特别是让边疆少数民族的孩子跟我们的孩子一样，有机会享受阅读。作为家长，我非常支持学校开展这种有意义的活动。"

学校的教育职责不光是传授学生课本知识，还要让孩子接受更多心灵的教育。这次捐助就在学生心中种下了爱的种子，激发了孩子天性中的良善，让美好的人性在不知不觉中伸枝展叶，也成了弥足珍贵的教育资源。通过这次捐书活动，孩子们在小小年纪就懂得“赠人玫瑰，手留余香”的道理。

79. 送教新疆

2019 年 11 月 24—29 日，我有幸参加了东营市教科院组织的“新疆疏勒县送教”活动。这次送教活动的经历让我非常感动，甚至得到心灵的洗礼。

11 月初，市教科院领导通知我月底到新疆疏勒县送教时，我是有些忐忑的。我早就知道疏勒，因为那里是我们东营市对口援建的县城，但是对当地的人文习俗、教育现状我并不了解。有新疆支教经验的老师告诉我，不要对新疆孩子课堂要求太高，因为有的学生汉语还不是很好，学习水平不能与我们本地学生相比，备课时要适度降低对学生的要求。

为了备好这节课，我先是请教了市教科院郭子平主任，然后到利津县盐窝镇、东营区牛庄镇、广饶县陈官镇的几所小学试讲，把课堂出现的问题都一一记录下来，回来后再和团队老师研究调整。十几天下来，我对课堂上每个教学环节及学生学习的难点、重点都了然于心，做到了心中有数、眼中有学生。

飞越千山万水到了新疆疏勒县，当地教委、学校的领导亲自迎接，学校也安排了一位老师带我到教室去熟悉学生。进入教室，在班主任老师的帮助下，我与孩子们做了简单的相互介绍，当孩子们听说我来自万里之外的山东省东营市晨阳学校时，都显得很兴奋。在课前这几分钟的交流中，我还记住了一个小男孩的名字——买买提。

到了上课时间，学生来到录播教室坐好。刚才那熟悉而又可爱的面孔——买买提，又出现在了我的面前。（下图中那个回头看的孩子就是买买提）

上课了，孩子们很快以饱满的热情投入到学习中。课堂上，通过学生猜测、验证、动手实验、提炼经验和规律，课程所设计的目标都实现了。特别是学生在课堂的小组研究汇报、自己质疑、相互提问解答这些环节，比我在别的学校试讲时都精彩。学生的这些表现让人刮目相看，我的教学激情被学生调动了起来。学生主动参与探究的课堂氛围、学生展现出的数学思维能力的发展以及最后达成的教学效果都得到了听课老师们的好评。

作者在新疆疏勒县上课时的情景

下课了，孩子们依依不舍地跟我道别，班主任也邀请我到教室再与孩子们拍照留念。拍合影时孩子们争先恐后地围到我身旁，使我内心一阵阵兴奋和激动。中午吃完饭，几个学生在广场又碰到我，他们拥上来和我交流，买买提还天真地问我能否给他们上一周的课。我又单独和这几个孩子合影留念，并鼓励他们好好学习。

除了讲课，我和同行的胜利一小的姜丽华老师各做了一场专题报告。我围绕“以学为中心，提高课堂教学效率”，介绍了小学数学教材的内容体系，自己在教学中如何处理教材，如何与学生沟通交流，如何做到眼中有学生、心中有学生、以学定教，如何做一名合格的老师，成为孩子成长中的帮助者，如何提高孩子的综合能力。

近4个小时的报告会，所有听课老师都是专心听、认真记，没有人随意走动，更没有人提前退场。报告会一结束，就有一位年轻老师走上来主动和我说：“今天学习收获这么多，东营的老师也为我们奉献了自己的教育智慧，我们一起合影纪念吧！”

在山东援疆教师秦老师的组织下，我们一起留下了美好的瞬间。

在疏勒开展讲课活动的3天时间里，我接触了多位援疆干部，也切实体会到了援疆人员的艰辛不易。在一次交流中李志福同志和我们说了援疆干部自己编的一句顺口溜，说出了他们所处环境的艰辛："孤独寂寞夜难熬，干旱地震沙尘暴。"

在万里之外的援疆同志们，对家乡、家人的思念也是我们无法理解的。其中河口的一位援疆医生说，最喜欢到东营援疆指挥部这个大院来。因为只有来到这里，才能听到我们东营人那熟悉亲切的口音。而这，就是他最大的满足。他们远在万里之外的新疆，老人、孩子都顾不上，对家庭、对家人的愧疚只能深埋于心。但是，看到新疆的发展进步，再苦闷，再辛苦，也值了。

我在疏勒一共待了4天时间，嘴唇从第三天开始干裂，眼角皮肤开始粗糙，而且腿部也被自己挠破。我把自己的情况和援疆的同志说后才知道，主要是水的问题。

一周的送教活动结束了，但是这次活动对我的教育影响永远不会结束。

80. 为新疆广而告之

新疆疏勒送教之行结束回到山东后，我时常想起一位山东援疆教师曾嘱托的话。他说："你们回到山东家乡要多宣传新疆，让山东的孩子们了解新疆，为民族团结做好宣传员。"

的确，新疆送教给我的收获满满，为何不利用班队会和同学们分享一下呢。很快，我制作了一份PPT文件，带到了班会上。

班会开得很特别，第一个环节是介绍到新疆的一路见闻，第二个环节是与学生品尝新疆特产。

一路见闻是以我乘坐飞机的时间为轴线，介绍相关乘机要求和三个机场的设计风格。我从机票含有信息开始介绍，比如姓名、对应座位、登机时间和登机口等；再就是乘坐飞机的注意事项，比如不能携带易燃易爆物品及液体（水杯必须是空的）、飞机起飞和降落中要关闭手机等；最后是较大的行李箱要托运，安检通过后到候机厅待机；等等。这部分介绍就相当于带着没有乘坐过飞机的同学，跟随我模拟了一遍乘机程序。

我在高空拍摄的照片也展示给了同学们。有飞机舱内全景，有屏幕显示的飞机飞行时间、飞行高度、飞行路程、室外温度等信息，还有从机内高空向下拍摄的雪山、新疆广阔的地貌、形态各异的云彩，特别是高空拍摄的夕阳更是绚丽多彩，这些自然景观让学生赞叹不已。这组影像不仅让学生了解了乘机信息，积累了生活经验，还领略了我国东西地域山貌的差异之大，体验到中国版图的宏大，感受国家的幅员辽阔。

接下来我介绍了课堂上以及课堂下与新疆学生的交流场景，让学生们了解新疆小朋友在校学习、生活的一些实际情况。当学生看到我在讲课，新疆的同学们在认真听课，并积极回答问题时，有的同学就好奇地问："老师，你讲普通话他们能听懂吗?"

"你提的问题很好，老师在去新疆前也担心课堂交流出现语言障碍，但实际情况并不是这样。新疆的小朋友从幼儿园就接受汉语教育，课堂交流很顺畅，你看他们听课可认真了。"我利用学生的这个问题向孩子们说明新疆小朋友和我们一样从小都在学习汉语，接受与我们同样的语言教育，让他们明白维汉一家亲的道理。

当学生看到我和新疆小朋友在打乒乓球时，便忍不住问："他们会打吗？能赢你吗?"还有的同学看到课间老师与维吾尔族小朋友玩老"鹰捉小鸡"的游戏，兴奋地说："他们玩的游戏和我们一样的呢！"

"是的，孩子们！就像你们看到的，我们都是生活在同一片蓝天下，我们会说同样的话，会做同样的游戏，会学同样的知识。我们要相互了解、相互帮助、共同成长。"

我还展示了在疏勒街头拍摄到的一些照片，有新疆人主要的面食——馕和新疆人最爱吃的烤包子，有他们建筑外墙的精美花砖、大门上精致的雕花、小店里精美的帽子和饰品。我重点介绍了送教带队的领导——东营市教科院副院长刘知晓与一位新疆同学交流的照片：在放学路上，刘副院长看到一名同学拿着作业本，于是他上前搭话，询问这名同学的学习情况。这个孩子知道我们也是老师后高兴地与我们攀谈了起来，刘副院长亲切地向他询问了上学时间、在校学习情况等，孩子都兴奋地一一介绍。这个孩子很大方，主动打开自己的作业本让刘副院长查阅。看到这个孩子的字写得既规范又整洁，刘副院长禁不住伸出大拇指表扬他，并鼓励他好好学习。最后看着照片上那个孩子欢快地和我们告别的样子，我告诉同学们，新疆的同学们也非常喜欢交朋友，与你们一样可爱。

第二环节是请同学品尝我带回的新疆特产，班会气氛更加热烈。

在疏勒准备返程时，我去商店给学生挑选了几种葡萄干、无花果、巴旦木等新疆干果作为礼物带回来。在品尝前，我先介绍了新疆的瓜果为什么格外甜，因为新疆阳光照射时间长、昼夜温差大，便于瓜果糖分的生成。

全班同学按小组领取了干果，学生很自觉地排队领取。有的同学拿到后惊讶于葡萄干的个头之大，迫不及待地放到自己的嘴巴里了。因学生数量多，无花果只能分开吃。我发现有一个同学没有吃，而是用纸包好，把干果收了起来。我悄悄地走到他身边问："你怎么没吃给你的无花果?"

"我要带回家给妈妈尝一下。"孩子的回答出乎我的意料，我轻轻地拍拍他的肩膀，表示了我对他的赞许。

下课铃响了，我开始收拾东西。一个学生走到我的身边问："张老师，你为什么对我们这么好呀?"

我看着这个学生说："因为我是你们的老师，当然对你们好。"

"老师，以后我有好吃的也要给您。"孩子看着我认真地说。我开心地笑了。

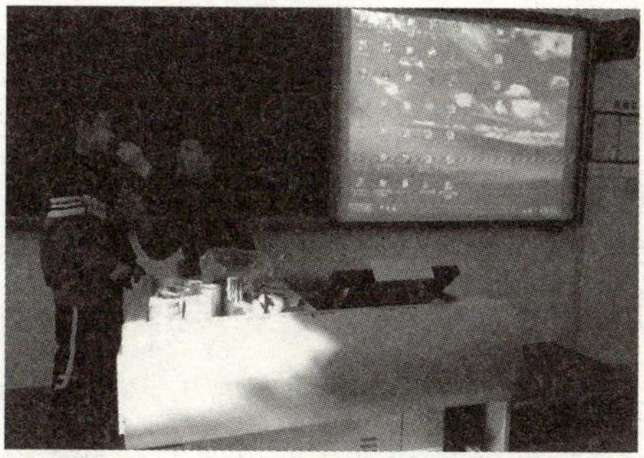

与孩子们品尝新疆干果

刘知晓（中）、刘兴强（右）
与新疆小同学合影

多日来，学生品尝干果时满足的笑容常常浮现在我的眼前，我知道孩子们在感受到美味的同时自然也会感受到老师对他们的关爱。这让我想到教育家纪伯伦说过的话："在工作的时候，你是一管笛，从你心中吹出时光的微语，变成音乐；在工作中爱了生命，就是通彻了生命最深的秘密。"

我爱学生，学生爱我。

81. 穿针引线献爱心

爱心的传递是教育最大的能量。作为教师，我们要团结一切力量，向学生传递爱心，让学生浸润其中茁壮成长，成长为对社会常怀爱意之人。

2019 年，我在东营市东营区牛庄镇西范小学支教，看到农村有些困难家庭的学生需要帮助，就利用自身是政协委员的身份便利，找到了几位有教育情怀的爱心人士，对困难学生进行爱心捐助。

西范小学赵林生校长向献爱心人士介绍说，该校于 1954 年建校，到现在（2019 年）已经有 65 年的历史。西范小学曾经在东营区教育史上有过辉煌的历史，培养了很多优秀学生，也走出了很多东营本土的教育名家。现在在校学生 358 人，教师 33 人，服务周围 27 个自然行政村。学校遇到的最大的困难是教师老龄化，现在教师平均年龄是 49.5 岁，55 岁以上的教师 9 人，但是这些教师仍然活跃在教育一线，从不会说苦喊累，坚持为教育站好最后一班岗。该校学生都是农村家庭出身，有些孩子的家庭生活还相当困难。看到政协委员们来校捐助，给孩子们排忧解难，做校长的当然很高兴。

孙佳飞说明了发起这次捐助活动的初衷，这些爱心人士大都是在农村长大的，现在生活条件好了，非常愿意为教育、为孩子们做点力所能及的事情。虽然钱不多，但是能够帮助特别困难的学生家庭解决眼前的一些问题。为了规范捐助程序，爱心人士把钱直接捐助到红十字会，学校根据学生情况，写出书面报告和申请资金（监护人信息、卡号等），红十字会直接将钱转到学生监护人的卡上。

这些爱心人士表示，要把这里作为爱心捐助的起点，今后会继续资助孩子们完成学业。让孩子们知道自己困难时有人帮助，从小怀有感恩之心，长大后自己也会主动帮助需要帮助的人，让爱心传递下去，让社会正能量传递下去。

爱心捐助人士合影

（从左至右依次为：侯睿、张珍、张兴芳、赵林生、孙佳飞、高海峰、王琳、王杰）

作为西范小学的一名教师代表，我也很感谢这些爱心人士的帮助。在此次捐助活动中，我只是起到了穿针引线的作用，真正奉献爱心的这些对教育有情怀的人才是获赠师生应该感谢的人。

82. 开眼的培训

2018 年 7 月，我有幸参加东营区政协在湖南大学组织的“东营区政协系统履职骨干能力提升专题研讨班”学习活动。我感觉收获颇丰，具体有以下几点。

第一，学习内容丰富，开阔了自己的眼界。

本次学习内容充实、丰富，从新旧动能转化，到中美贸易战起因分析和走向，再到大数据拥抱现代智能和“一带一路”建设，这些都是关系到国家发展的前沿问题，让我们这些基层政协委员了解到了最新国家发展动向。

通过与专家面对面的交流，我们明确了我国在世界发展中的地位以及国家发展战略。例如，我国在前两年为应对新一轮科技革命和产业变革提出的“中国制造2025”，是立足我国转变经济发展方式的实际需要，围绕创新驱动、智能转型、强化基础、绿色发展、人才为本等关键环节，以及先进制造、高端装备等重点领域，提出的加快制造业转型升级、提升增效的重大战略任务和重大政策举措，力争到2025年从制造大国迈入制造强国行列。这与德国最早提出的工业4.0是一样的设计理念，能够让我国在短时间内由制造大国迈向制造强国。例如，听完“一带一路经济发展”讲座，我明白了我们国家为什么提出“一带一路”？怎样发展“一带一路”？现在我们怎样落实“一带一路”？会后我们还讨论了东营区怎样结合国家发展做好“一带一路”建设。

我们每个人都听说过“大数据”，但是要细说它在生活中的应用却有些捉襟见肘。通过聆听湖南大学信息工程学院教授的讲解，我们了解到中国是怎样通过技术人员的努力，从技术落后、西方各国封锁的困境中，一步步追赶、反超，走出困境迈向发展的。我们的自豪感油然而生。同时，教授也结合“中兴事件”讲了我们当前核心技术的短板，让我们在看到成绩的同时也要看到差距，只有掌握世界核心技术才能不受制于人。

第二，落实学习精神，履职尽责踏实工作。

学习时间是短暂的，但是学习成果的应用是无限的。短短一周的学习丰富了我的认识，增加了我的知识内存。我要结合自己的学习，在平时工作中更加努力，践行好自己的学习认识，同时要履行好一名政协委员的职责。

首先，结合自己教师行业的优势，做到自己有心、用心观察、留意自己身边的教育事件，认真对待每一位家长反馈的意见，做到细心、细致的解释疑难；结合自己的认识和发现积极撰写相关社情民意报告，积极撰写有价值的提案，为周围百姓解忧，为政府做好参谋。

其次，做好本职工作，做到关心、关注每一位学生，在自己的课堂教学中积极引导每一学生，用社会的正能量去感染教育每一个学生，用自己的人格魅力影响每一位学生，让晨阳学子学有所成，成为社会有用人才，让自己成为晨阳的一名好老师。

83. 给农民当评委

2019 年 12 月，我应东营市人力资源和社会保障局邀请，参加了农民职称评审监督工作。说实话，虽然在教师行业参加过不少的各种类型的评审工作，但是农民评职称，我还是第一次听说，更是第一次参加。于是，我带着学习的态度参加了此次评审的监督工作。

这次评审是采取面试答辩形式进行的。首先参评者需要在前 6 分钟介绍自己参加过的相关农业业务学习培训和运用现代先进农业技术在本地区农业推广、技术指导和培训中做出的贡献。接着，资深农学专家就生产方面的专业知识进行提问，参评者回答。这就要求参评人不但会种地、会养殖、会管理，还要会表达。这些参评的“土专家”都来自基层一线，将来他们还要把自己的专业技术操作方法和管理经验亲自传授给各个种粮户、养殖户，直接促进生产效率的提高，如果不会表达，怎能当好“土专家”呢。

虽然称这些参评人为“土专家”，但他们一点儿也不“土”，在 20 位参评人中，居然有数位硕士研究生和本科生。例如，广饶县国色家庭农场总经理是农学硕士研究生，她是东营首家自然农法种植提倡者、实践者。提倡土地休养生息，致力于绿色种植实现农产品的品质安全，坚持“无农药残留、无化学肥料、无激素添加”，打造本地放心果园。再如，广饶汇通粮食集团经理是武汉科技大学本科毕业生，该集团与中粮集团是战略合作伙伴，主营小麦生产、主食产业化、应急加工、放心粮油等，在广饶县就有土地 6000 多亩，年产值 5 个多亿。党的十九大提出“实施乡村振兴战略”，要培养造就一支懂农业、爱农村、爱农民的“三农”工作队伍，推动农业全面升级、农村全面进步、农民全面发展。这些高层次的人才回归农业农村，为今后农业向高层次、现代化发展奠定了人才基础。

我生在农村、长在农村，就是考上师范学校后，每逢节假日也要回家干农活，我印象深刻的是传统的农业生产方式。今天听完这些新型农民作业方式，才意识到农业生产已经发生了天翻地覆的变化。宏峰农场的总经理介绍说，现代农业的收割方式就是把收割机直接开到地里收割玉米，玉米茎和玉米棒都收割，在收割机内部分类，玉米棒进入一个仓，玉米茎直接粉碎成为饲料卖到养殖场喂养奶牛。这样的循环既充分利用了秸秆，又避免了焚烧秸秆带来的污染，更减少了土地中病虫害的产生。

还有现代大型作业机器应用、卫星监测病虫害、无人机喷洒药物、导航信息应用、测土施肥、水肥一体、抗盐抗碱植被培植等现代化的技术应用，彻底改变了以前那种家庭单户的原始耕作模式，简直让我耳目一新。

2019 年度东营市新型职业农民职称评审会议

参与农民职称评审监督工作，让我了解到教育教学之外的很多农业生产知识，同时也看到了这些“土专家”在自己的领域中，对专业知识研究的耐力和深入探究的魄力，以及他们对企业管理的高超能力和鞭策自己终身学习的无限动力。从这些专家身上，我也学习到，今后要在教育教学中更专注于教学基本功的修炼，更关注于学生成长的培养，提升自己的学科研究能力，成为“接地气”的全科育人教师。

84. 爱心钥匙

一个周日晚上，我在清风湖参加“红柽柳”志愿活动。按照分工，我被安排在留守小组驻守爱心驿站，主要任务是烧水、打扫室内卫生、填写志愿记录表。

“你们几点下班呀?”一位中年男子透过窗户问道。

“我们到九点才结束志愿活动。您有事吗?”我停下手中的笔回答道。

“我在前面的沙滩上捡到一把车钥匙，问了周围人都说不是自己的。我怕失主找不到，想到驿站每天都有值班的，把车钥匙放到这里也许最好。如果失主回来找，一定能找到。”说着，那男子就把车钥匙递了过来。

“好的，钥匙我留下，只要失主来找，一定还给他。您也留下联系方式，方便车主感谢您”。

“不用，这点小事，谁都会这么做的。”

过了一段时间，巡视小组回来了，我就把车钥匙的事告诉了他们。

“车主或许想不到来这里找钥匙，我们拿着车钥匙到周围停车场去找一找，也许车子在停车场呢，我们找到车子不就找到失主了吗?”小聂提出建议。

这也是个办法，我们三人就拿着车钥匙出发了。通过车标能看出是辆大众车，所以只要看到大众车，我们就用遥控器点一下，看看车子有没有反应。一个停车场、两个停车场……我们三个人多希望有一辆车子会亮灯，这样既让我们欣喜，也让车主少着急。可是所有的停车场都找遍了，就是没有找到匹配的车，我们失望地回到了驿站。

“咱们写一则失物招领贴在窗子上吧，请路过的市民拍下照片发到朋友圈里，那样会有更多的人看到。”李老师提议。纸笔准备好，马上就写。“告示”贴出后，还真有几个市民来“参观”。

过了很久，一名年轻人急匆匆地来问：“你们捡到了一把车钥匙是吗?”

李老师迎上去问道：“确实捡到了一把钥匙。您丢过钥匙吗?”

“刚才在湖边沙滩上，可能在掏东西的时候不小心把车钥匙带出来了，自己也没有察觉。等到想开车离开时才发现钥匙丢了。我以为在沙滩上，回去找也没找到，只好让媳妇把另一把车钥匙拿来，才将车开回家。”男子解释道。

“既然已经回家了，那您是怎么找到这里来的呢?”

“我是在微信朋友圈里看到你们的失物招领爱心小贴纸的，一看是我的车钥匙，就赶紧从家里赶来了。”

原来是朋友圈的爱心小纸条发挥了作用。

“那就让李老师和张老师带你去看看，如果是你的钥匙，直接拿走就可以了。

这把钥匙是一位好心的市民捡到后送到这里来的。”

“这可好了，让我省下到4S店配钥匙的时间和金钱，感谢你们和刚才那位好心人。一把失而复得的车钥匙展示了志愿服务的爱心传递，以后我也要参加志愿活动，用自己的爱心帮助更多的人。”男子真诚地表扬了我们志愿团队和捡到车钥匙的好心市民。

能帮助这位市民找到车钥匙，能让这把爱心车钥匙去影响更多的人加入志愿活动中来，是多好的一件事啊！

85. 静待花开

在教育教学中，老师需要学会等待。

在学习进程中，学生因学习能力不同、生活经验不同，对问题的看法和知识的理解掌握进度肯定也会不同。有的同学看问题全面深入，有的同学看问题片面肤浅；有的同学理解掌握快，有的同学理解掌握慢。这应该是教学常态。

但是，有的老师很想让自己的学生都在第一时间内就理解、掌握所学的知识。当学生出现不会的情况，老师就不免急躁，缺乏耐心的指导与分析，就想直接告诉学生答案，而不是等待学生自己探究理解。这种越俎代庖的现象就会出现在课堂中。

如果老师急于评判作业结果，或是课上发火，批评学生做得不好……这样的批评是收不到良好效果的。当学生在学习中遇到困难时，老师要学会等待。同时老师还要给学生留出犯错的机会与改正的时间，帮助学生课堂上构建知识，提升学习能力。

上周，我们学习小数除以小数的除法。我从生活实际导入，学生提出问题、独立思考、小组探究解决问题、汇报算理算法。整堂课我讲得清楚明了，各个环节也都按部就班地进行着。除数、被除数的小数点同时移动相同位数，这一课堂重难点的强化恰如其分，课堂练习反馈表现也很好。我感觉学生完全掌握本节计算是没有任何问题的。

但是第二天交上的作业却让人大跌眼镜。有的学生忘记了移动小数点；有的学生移动错了；有的学生小数点同时移动对了，但计算出的商的小数点又错了……各种让我想象不到的错误纷至沓来，批阅时我自己心里就很着急：昨天在课堂上掌握得很好，回去自己“独立作战”时，课上已经预设分析的各种问题又“长”了出来。

我分析了问题出现的原因，应该是从整数除法到小数除法的计算原理没有理解好。从整数除法计算到小数除法计算，对于学生来说，需要提升计算能力，而不是简单的小数点同时移动按整数除法计算那么简单。我给学生分析了错误原因，在随后的几天里，学生出现错误我就耐心地讲解共同分析原因，静心等待学生理解算理、算法，随着时间的推移，学生出现的问题就越来越少了。

在教育教学中，我也在等待着“花儿”的绽放。

教师教学要学会等待，像春天静待花蕾绽放一样。这个“等待”不是什么也不做，而是引导学生分析出错原因，改正自己的问题，调整积蓄力量，构建正确的计算习惯。当学生完全掌握算理和算法，积蓄的力量全部释放出来时，就是“花儿”在课堂上绽放的日子。

在课堂上我们需要学会对学生耐心等待，同时坚信每一朵花都会盛开。

86.“短信”长感

有一天，我收到一位家长的长长的手机短信。

“张老师，您好！首先感谢您对孩子的关爱。作为孩子的家长，我除了感激，更多的是感动。孩子很喜欢您，他的言谈中时刻流露着对您的崇拜。他不仅特别喜欢您的数学课，还总是在家与我们交流您教他的很多道理。‘亲其师信其道’，我们能够明显感觉到孩子的进步。我们很庆幸孩子在小学阶段遇到您这样的一位良师益友。谢谢您！”

看完短信，我心里暖暖的。教育是我的本职工作，本就应该做到最好。但如果我的努力能让孩子转变，让家长幸福，从而建立起互相信任、彼此增益的师生关系，那就是我最大的欣慰了。特别是这位家长提到的“亲其师信其道”，引起了我的反思。是啊，学生不亲近老师，老师再好的教育也捂不热学生心中的冷淡。教育教学应该是充满人性光辉的。教师应该用自己的人格魅力和高尚的师德去感染、影响学生，塑造学生的美好心灵。

在平时的教学中，我自称是学生的大朋友，尝试走进学生的心灵，了解学生的想法，从他们的立场出发引导他们养成良好的品行。

虽然我教育的对象是小学生，但为了表达对他们的尊重和真诚，我会在接新生的第一周就记下所有学生的名字。上课交流时，我从来不说“那个男生”“这个女生”，而是清楚地喊出他们的名字“韩小轩”“王小强”。下课后，学生满怀惊喜地跑到我面前，“老师，你怎么知道我的名字?”“因为，我知道你会很努力!”看着学生蹦蹦跳跳地离开，我知道他感受到了我的真诚，也相信他今后一定会心悦诚服地接受我的指导和要求。这样的教育，才是“温润”的教育。

小学生犯了错误，更要理解他们，不能一味地训斥或是挖苦，尤其不能动不动就给家长打电话，这会让孩子和家长都很紧张。有位家长与我说过，他这不怕那不怕，就怕老师打电话！所以遇到事情首先处理事情，调查原因。教育是让孩子从改正错误的过程中得到成长，而不是从中受到伤害。

在教学中，我发现老师越是信任学生，学生学习就越勤奋、越自信、越高效。记得刚当老师时，我们班有几个学生相约周日到校一起学习，但教学楼门锁着无法进入楼内，后来发现一楼西侧垃圾道口可以进入，他们就钻垃圾道进教室学习。这就是我信任学生，学生学习积极性提高的最好证明。这几名学生中有两名学生学习有困难，后来我对他们适时辅之以帮助，他们最终都取得了很大的进步。因此，“学困生”更需要老师的信任和鼓励。我在课堂上不鄙视他们，不让他们“出丑”，不讽刺挖苦，而是暗示他们能行，帮助他们找学习方法从而树立学习的信心。只有这样学生才逐步推崇老师，信任我们的教书之“道”。

要知道，学生在学校除了学习知识，更重要的是学做人、做事。这不仅是班主任的责任，也是每一位任课教师的责任。著名教育家陶行知先生说：“先生不光教书，还要育人。”我教的学生数学课本第一页都记有一句话：“积善之家必有余庆，行恶之家必有余殃”，以此让孩子树立向善、向美之心。

要让学生信服，教师就要在各个方面成为学生的表率，自信自律、真诚待人、勤奋学习、处事公平……点滴汇江海，让学生引以为傲，让学生不断模仿，和学生共同进步，完成“传道、授业、解惑”的重任。

87. 数学不难学

在一次业务学习会上，老师们一起交流这段时间课堂教学中遇到的问题。五年级的盖老师说："现在有的孩子听不懂了，课堂效率低。"四年级的王老师也说："我们班也有孩子出现这种情况，有时讲课看到他那茫然的眼神就知道他没有听懂，只能停下来问哪里不懂，但他自己说不出不懂的地方。"

这个问题我们在教学中经常遇到。但我想并不是这个学生进入高年级才听不懂的，而是在低年级就不懂。只是他不会表述，任课老师没有及时注意到，时间长了就出现知识断层，到高年级当然不懂了。

这种情况不仅影响学生当前的学习，还会成为一种记忆影响之后的生活。生活中常有朋友得知我是数学教师后，略显尴尬地说自己在上学时最害怕的学科就是数学。其中大部分朋友害怕做小学时的分数应用题。有的至今都记着为了进水管和出水管那类题抓耳挠腮的样子，太难了，想想多可怕！小学毕业都二三十年了，一提还"心有余悸"。我想这些朋友可能这一生都会对数学学习有"阴影"了。因此，当他们说害怕数学时，我总会笑着解释说："你以前可能没有掌握好学习方法和思维方法，出现了知识断层，老师没有及时给你'补救'，知识漏洞多了，也就丧失了学习数学的信心。其实在小学阶段数学知识没有那么难，只要不懂的时候及时处理，就不会感觉那么难，也就不会怕数学了。"

学生最大的痛苦莫过于听不懂，学不会，还得被老师、家长强迫着听，强迫着学。怎样让学生在课堂上从小就能听懂数学、不害怕数学？这是老师该深刻反思的问题。

解决问题的办法是有的，那就是在课堂上调动学生的积极性，让学生成为课堂主人，主动参与有意义的、具有挑战性的课堂探究活动。

第一，课堂导入从学生认知规律、学生已有生活经验和教学实际出发，创设贴近学生生活的情境。

数学课堂学习应该从"好玩"开始，让孩子在玩中探究、发现与生活有关的数学知识，在应用中体验到数学的用途，而不是从开始就让孩子感觉到数学枯燥难学。比如，在学习时间认识时，通过猜谜语引入："哥哥倒比弟弟短，天天竞走大家看，弟弟走了十二遍，哥哥刚好走一圈。"学生的学习状态很快就会被调动起来。

第二，要让学生在活动中"做"数学。

学生在课堂上通过自己动手实践、自主探索、合作交流，在观察、实验、猜测、计算、推理、验证等活动中理解数学原理，发现内在数学规律，解决学习困惑。这就要求教师在备课时让数学变得简单些，重点让孩子感受学习数学的过程，让学生在做中发现数学、理解数学、掌握数学，应用数学。这将改变数学学习的过程和结果，对学生发展具有战略性的意义。比如，三角形面积的推导、圆锥体积的推导等知识探究，就可以让学生在"做"中发现三角形与平行四边形转化后的内在联系，理解三角形面积是等底等高平行四边形面积的一半，并牢固掌握面积公式中"÷2"的原因。如果教师只是照本宣科告诉学生，学生也能套用面积公式计算题目，但是没有体验过程，就不能深刻理解其内在原理，在以后的计算中，三角形面积忘记"÷2"，或是已知三角形面积和高求底也经常出现丢掉"2"的问题。

第三，课堂上营造宽松平等的学习氛围，关注全体学生的发展。

只有宽松平等的学习氛围，学生才有发言的机会，表述自己的困惑，学生之间才有不同意见的争论，才有机会分享自己的想法和倾听他人想法，才能在诠释自己的数学思想时与其他同学思想"碰撞"，才能在倾听、质疑、说服中接受优化的数学方法和思想。同时，上课时老师需要关注全体学生，不能用少数人的思想代替全体学生的思想，不能用少数同学的学习过程代替全体学生的学习过程。老师还要注意不同层次学生的发展，因材施教，让每位同学在数学课都有不同的发展，为每位学生提供数学活动机会，让所有学生在课堂听懂数学。

只要从低年级就开始让孩子们听懂数学、理解数学，每节课都扫清知识障碍，避免知识断层，他们就会喜欢数学，钻研数学。这时，他们会发现，数学就在身边，是自己最称手的工具，是最可信的伙伴。害怕数学吗？当然不怕！

88. 让孩子长成“大鸡”

今天是周四，我们班语文老师、学校家庭教育专家万新华老师在五楼功能教室安排了一次父母与孩子共成长体验活动。参加主体是我们班的学生家长，我作为数学老师被“特邀”参加。

我原以为万老师会以讲座的形式给家长们讲一讲如何培养孩子的习惯、学习等内容，但是她却出乎意料地让我们一起玩了一个游戏——小鸡成长“三部曲”，用这个游戏带领我们体验孩子的成长过程，重点体会“学困生”的内心感受。

游戏规则如下：

1. 用肢体语言代表小鸡成长的三个阶段，分别是“蛋—蹲着”“小鸡—半蹲”“大鸡—双腿直立”。

2. 起初所有家长都蹲下，做“蛋”状。游戏开始后，大家开始成长。在成长的过程中，每个人根据其他人肢体语言表现的成长状态，寻找和自己同一成长阶段的，再用“剪子包袱锤”两两对决。胜利的成长一级，即鸡蛋长成小鸡，小鸡长成大鸡；失败的后退一级，即小鸡输了就退回到鸡蛋，鸡蛋输了还是鸡蛋。长成大鸡后的家长退到边上观看别人的“成长”。

3. 等场上变成“大鸡”的家长达到一定比例之后喊“停”，然后请一直在蛋的状态、长成小鸡以后又打回蛋的状态的，以及最终变成鸡的三类家长代表谈体会。

游戏开始后，整个教室就热闹起来了。我们参加活动的一共 23 个人，每个人都想尽快通过努力在第一时间变成大鸡完成比赛。我先在自己最近的位置找了一位家长比赛，输了。我换个对手，还是输了。这时，周围已经有不少小鸡，我就想赶快再找“蛋”对决，尽快成为小鸡。终于我赢了，变成小鸡。结果在下一阶段比赛中又输了，被打回鸡蛋。可这时已经有“大鸡”在场边为他人加油了，我心想努力的成果都没了，时间有限，得抓紧时间再找同级伙伴，争取成长的机会。这时已经不是随便就能找到同伴了，必须招呼同伴都往同一个方向集合才行。当时我们那种提升自我的欲望格外强烈，都想成为“大鸡”。终于，我在游戏结束前30秒时成功长成“大鸡”，再看场地内的“小鸡”和“蛋”已经很少了。

游戏时间到，万老师喊：“停！”

万老师让我们每人都说说自己在游戏中的感受，从家长的表达可看出他们的性格和人生态度。有的家长认为，这个游戏代表平时孩子学习生活中的竞争，自己在竞争中只要积极应对，就能体验到学习进步的快乐；有的家长认为竞争有点残酷，对光输的孩子是一种打击；有的家长认为孩子成长就应该有竞争，从小就让他知道竞争的残酷，才能在今后的成长不惧怕竞争。

毋庸置疑，我们每个人在学习、生活中遇到困难是正常的、暂时的，但我们每个人需要内心有力量，需要培养一种不放弃、积极向上克服困难的欲望。拿学生来说，学生刚刚进入班级时都在努力，都希望成为优秀的一员。但是，学习困难的学生可能是一次次的努力都失败了，因而被同学、老师、家长否定，久而久之，他自己也失去了内心积极的动力。这个活动让我明白了作为老师要关注全体学生，特别是有困难的学生，给他们一个展示自我的机会、一个受表扬的机会、一个自我肯定的机会、一个不断成长、积极向上、吸取正能量的机会。只有这样，他们才会获得成功的体验，从而树立向上的信心。

89. 改变儿子

作为孩子家长，每个人都希望自己的孩子体格健康，学习成绩优异。但是很多时候，孩子的发展并不会按照家长的意愿去实现，这就需要我们针对孩子不同阶段出现的不同情况因材施教。我（本书作者，后同）针对自己孩子中考前的变化撰写了一个教育案例与大家共享，同时也是对自己家庭教育的一个阶段性总结。也许多年后再看，能够让自己和孩子有所触动。

我孩子的学习成绩在中上游水平，学习上不能用勤奋刻苦来形容。中考前我就担心他考不上重点高中，但是他说：“爸爸，你不用担心，我到时候考上就行了。”为此，我也与他的班主任沟通过，及时了解孩子在班里的情况，老师总是和我说：“孩子很聪明，但是不努力，并且课堂上经常和同学说话，管不住自己。”老师经常找他谈话，每一次谈话他也很配合，接受批评并下决心一定改正，可是过后又我行我素。作为爸爸的我也知道孩子的这些问题，心里清楚、也相信他并不是不想管住自己，不是不想优秀，只是有些习惯从小就没有养成，自己管不住自己。为了帮助他改正自己的缺点，我和班主任商量给他更换同桌，但是每次效果都不理想，有的同桌还被他“同化”掉。为此，有时我和他交流也不是心平气和，甚至是狠狠地批评他。他虽然不会反驳，但是都没什么实质性的变化。作为教师，身为父亲，我知道孩子这个年龄阶段的变化，知道现在改变对他的重要性，不能因为孩子现在的表现而放弃他，必须想其他办法。

后来我读了一本教育孩子的书，其中讲述了一个转变孩子的办法：让同学或是孩子自己写在校一天的收获，然后我与老师共同评价，发现孩子的优点，督促孩子改正缺点。我看到这个教育案例很符合我孩子的情况，于是和孩子的班主任商量，能否用这个办法试一试？非常幸运的是，班主任王老师同意了。我、王老师与儿子长谈了一次，共同分析他从小学到初中，从学习到生活的方方面面，挖掘他优秀的一面，找出那个积极向上的他。最后达成了协议，他晚上回家把自己在校一天的表现，满意的地方和不满意的地方都写下来，完成后交给我和妈妈看，我会适时给他写评价，第二天早上到校再交给班主任，王老师再写出评价，以此来督促他改变自己。为此我送他一个记事簿，并题名为《挑战自我记录册》。下面就是他记录册的摘录：

（1）王老师（班主任）：3 月 19 日，张某某挑战自己成功第一天，上课认真听课。

监督人：王某某

执行人：张某某

2017 年 3 月 19 日

我：从每一天、从每件小事开始做起，相信自己。

（2）孩子：3 月 20 日，第二天，挑战成功。

监督人：王某某

执行人：张某某

我：又一次坚持，说明你自己是在改变自己。今天我和王老师通电话了，王老师专门表扬你了。

（3）孩子：今天老师没有布置作业，但感觉一般。这两天我们进行阶段性测试了，大部分成绩我已经知道了，我的成绩一般吧！特别是物理和政治成绩不理想。政治我感觉答的还可以，但是没有得到自己的理想成绩，物理主要是解题步骤不全和计算结果出问题扣分了。政治我要请教周老师指导我答题要领，物理我要在计算上下功夫，不能出现因计算丢分这样的低级错误了。明天化学上新课要预习一下。

张某某

2017年3月21日

我：孩子，考试是检验学习效果的手段，但它不是目的，通过考试你发现了自己的不足就是最大的进步。政治虽然是开卷考试，但是答题依然有要领，不是抄完、写满就行，你可以利用课余时间向周老师请教，让他根据你的试卷指导你答题时注意事项，但是重要的是在课堂上听好、记好老师要求的内容。物理做题时步骤不全你自己也发现了，只有自己认识到才会去改正。另外，你的计算问题爸爸感觉到不光是物理，还有数学、化学都有涉及，看似是自己粗心造成的，其实是自己的态度和要求等深层内在原因造成的。以前爸爸和你说过计算时“千金难买回头看，计算完一定要看上一个步骤，每一步都要谨慎才行”，有了这种态度，你的计算水平就上来了。爸爸相信你从这次考试中会得到很多体验，这些体验是你的宝贵财富，今后会有大用处的。

王老师：近期改变很多，有较大进步，老师相信你会做得更好，加油！

(4) 孩子：今天数学赵老师给我们讲了昨天考试的试卷，我听得很认真，对自己的错题也进行了认真改正，知道自己解题时问题出现在哪里了。上课也没走神，但英语课时间没有利用好。

张某某

2017年3月22日

我：中考数学成绩非常重要，现在各个练习都要重视，找到自己的不足，认真改正，以防今后出现。另外爸爸知道你计算有时浮躁，计算结果经常出现问题，这一点要引起自己的重视。上一次物理考试你的科学计数法表示得不对，结果扣分了。老师说过只要你把这些小问题逐步改正，你的成绩就会上来。另外体育测试快到时间了，现在每天晚上你都做50个俯卧撑，坚持得很好，看到你的体格越来越棒，爸爸也非常高兴，相信你会更棒！

王老师：王老师希望看到你更多的转变，因你的进步而兴奋不已！

（5）孩子：今天学校体育模拟测试，我得了A，但是我的身高和体重不占优势，我看到爸爸和李老师交流时说到测试成绩。我的跳远拿到了满分，只要1000米拿到90分以上，我就完全能够得A。

张某某

2017年3月27日

我：孩子，你已经会分析自己优势与不足了，只要补齐短板，相信自己一定会达到自己预想的目标。下午在校专门训练时可以增加跑步的训练。

王老师：昨天的测试老师看到你还有提升空间，好好利用这几个周，在李老师的带领下刻苦训练，争取中考体育测试得A。

（6）孩子：通过复习，我感觉到数学比以前好了，赵老师讲的内容我也理解得更清楚了，特别是圆和函数结合的内容我找到解题思路了。物理纪老师专门辅导我电学，我也进步很大，下次摸底考试我要进入全校前60名。

张某某

2017年4月20日

我：你找到重点学科中自己努力的方向了，能认识到这一点很好，只要你肯学，所有任课老师都会帮助你，老师喜欢努力学习的孩子。相信你能很坚决地去做！加油！

王老师：你会慢慢发现自己和以前不一样了，这就是改变，其实你也能做到！奋斗到底！

孩子中考前一个月的时间《挑战自我记录册》一共记录了27次，中间也有几天没写。就是这一个月的时间，他的改变让我惊讶，王老师也告诉我孩子的确变了，比以前懂事了，学习知道努力了，不再在课堂上随意说话。原来我和孩子沟通有时很头疼的事，现在通过这种方式交流，父子关系也很融洽了，他的纪律要求没问题了，就是思品、历史这些科目需要掌握更好的学习方法和答题技巧。我通过这个方法改变我的孩子，帮助他在2017年顺利地考入了市一中，实现了自己、父母和老师的共同愿望。

中考是每个孩子成长中经历的第一次人生“大考”，每个孩子都要承受很大的压力，每位家长内心也都很焦虑，害怕孩子考不好。作为家长，除了为孩子提供好的物质基础，更重要的是能成为孩子内心的支柱。不能只是对孩子简单的说教，对比其他优秀学生给自己孩子增加学习压力，更不能埋怨孩子。我们只有根据孩子的特点用心去发现、探究，继而想办法改变，孩子才会给我们一个惊喜。当然，作为中学生的他们，正处在青春期的变化之中，更需要老师、家长、孩子三位一体形成合力，帮助孩子度过这个不太稳定的时期。孩子身上有自己的特点：优点犹如闪光的金子，需要我们去开掘；缺点则需要我们在潜移默化中慢慢助其改正。我们用心教育，最终收获了孩子的成长。

90. 厉害的老师

今天晚上下小雨，我（本书作者，后同）去市一中接下晚自习的儿子。到市一中大门口时，已经有不少家长在等候。

下课铃响了，学校大门徐徐打开。没几分钟，学生们就从两个门洞蜂拥而出。我在第一梯队里没有看到自己的孩子，正着急呢，却看到他在后面的队伍中认真地与另一个同学讨论着什么。我喊了他一声，他才向我这边跑来。我刚把雨伞递给他，就听见他说：“爸爸，今天学校从北京市朝阳区请来一位田老师给我们做了一场地理学习报告，太精彩了。”看到儿子那高兴劲儿，就知道他听得很开心，收获可能很大。

“讲的哪个方面的内容?”我们边走边聊。

“是气候和河流方面的。本月15号田老师还要来讲，到时我还要听他的学习指导报告。他讲课水平很高，有些知识他一点拨我们就懂了，两个小时都感觉不出时间长。”儿子兴高采烈地说。

上车后，儿子又和我说了今天晚上这位地理老师讲课的一些细节，从言语中能够听出他对田老师的崇拜，更能看出孩子经过老师的引导对学习内容产生的浓厚兴趣。

到楼下，儿子忙不迭地跑上楼，边跑边说："我先和妈妈说一下今天这位北京田老师的厉害。"（"厉害"是我们本地方言，意称某人本领强大或某事势态凶猛。）

等我进门，儿子还在跟妈妈夸田老师讲课多厉害，介绍他对高中地理内容模板的整理和高考题型解答技巧，以及自己通过田老师两个小时的报告对地理学习方法的重新认识。

"好老师就是厉害，人家将全册知识进行了系统分析，关键知识重点指导，困扰你的问题就解决了很多，你自己懂了，还愿意学了。妈妈也能看出你今天学得很轻松、很兴奋！"妻子对儿子说。

"是的，这位老师今天给我们讲完，明天就到淄博讲，听完他的讲座就如醍醐灌顶……"很长时间没见儿子这股兴奋劲了。

临近休息，妻子对我说："看，今天孩子这股高兴劲儿，回家就说自己学习的事，这位老师调动了他的学习兴趣，自己愿意听愿意学，今后学习效率肯定高。"

是的，儿子今天的表现，让我看到了学习兴趣的力量。教育心理学家皮亚杰说过："所有智力方面的工作都要依赖于兴趣。"小学生自制力差，学习主动性弱，而数学知识本身是抽象、枯燥的。如果教师用传统的"填鸭式"的教学方法，那么学生会感到乏味厌学。这就需要老师根据学生年龄特点和学习内容，在课堂因势利导，激发学生学习数学的兴趣，从而变"厌学"为"乐学"，变"难学"为"易学"，变"死学"为"活学"。只要学生有了学习的兴趣，他们就会在积极的情绪体验中不断深化和发展这种兴趣，使后继的学习效率更高、效果更好。

91. 送孩子"上工"

儿子读高二了，学校每个暑假都会安排实践活动。这个假期安排的是职业体验，让孩子在实践活动中，了解生产流程，体验劳动过程，感悟劳动价值，为此我（本书作者，后同）联系好了某公司的马总。

我和孩子们（儿子和他的一个同学）一起进入了厂区。公司李经理带领我们到他的办公室（其实就是在大车间一角做了个小隔段），向我们介绍了企业基本情况和安全注意事项。这家企业主要生产豪华游艇所需部件，产品种类近500种，主要出口欧洲各国，还在新西兰设有办事处。听到李经理的介绍，两位孩子露出向往的眼神。

李经理又做了安全的告知：第一是机器安全，这个车间机器车床很多，不能随便触碰；第二是产品都是抛光产品，都较重，小心不要磕到碰到，工作时要穿着长衣；第三是车间种类多，不能进入特殊车间。李经理说话间，儿子就问："李叔叔，我感觉自己有点耳鸣，你说话我好像听不清楚了。"

"你们在学校，习惯了安静的学习环境，车间里面机器多、噪音大，乍来到这样的环境里不适应，感觉耳鸣很正常，等会儿就好些了。"

"我们先从零件加工第一步开始参观生产线，然后安排适合你俩体验的清洗部工作。"李经理说。

我们随着李经理先从第一道生产线开始参观，了解每一道生产线的具体工作，从而了解一件成品产生的过程。

第一个车间是模具分类车间。按照零件要求，在不同部位打眼。一台机器一位师傅，负责不同零件。看到师傅们熟练的动作就知道不是一天练成的。一组零件完成后就搬到下个车间，师傅搬运时我们能看出周转箱很重，我想到刚才李经理的安全提示，就提醒他们在搬运时注意安全。

第二个车间是抛光车间。当走到这个车间门口时，孩子们发现车间门上面挂着棉被帘子，嘴里嘀咕："大夏天怎么还挂这种棉被帘子？"帘子掀开一角，虽然还没走进去，但是里面的噪音已经让人知道它的"特殊性"了——布帘全打开后尖锐的摩擦声顿时更大了。这里八台抛光机全部运转，每个工人都"全副武装"，熟练地按照工序操作着。我发现里面还有不少女工人。李经理拿起一件产品告诉孩子不锈钢产品就是这样做成的。车间里噪音太大，一会儿我们就感觉到耳朵有些受不了。又看了一会儿，李经理带我们赶紧出来了。

所有的工序看完后，李经理先将两个孩子安排在清洗部最后一道工序上实习：用干净的毛巾将产品擦拭干净后摆放在周转箱中，运送到检验部。这个工作可以坐着干，也可以站着干，是我认为最轻快、技术含量最低的一个工作了。但是李经理还是嘱咐两个孩子注意安全，因为有的零件不好拿，还很重，万一脱手也可能伤及自己。同时李经理嘱咐师傅不能让孩子搬运周转箱，怕孩子在搬运中出现危险。这一天就是体验这一项工作。

第二天我又送孩子们去时，李经理说今天给他们更换工作了，到检验部第一道工序工作：在特殊灯管下初步检验产品是否有明显划痕、毛刺等问题，如果发现就在出现的地方用彩笔画下来，按照不同问题返回不同工序处理，如果问题无法处理就成为废品。他让两个师傅分别带领他们实习。

两天的职业体验很快就结束了。我与孩子交流他的感受，他居然说得很有条理：

第一，企业生产很严谨，产品质量要求很高，工人工作态度都很认真。

第二，有些工序看似很轻松，但认真完成一天的任务还是很累的。比如，检验部看似就是在灯下从不同角度看产品，但是需要自己认真对待每一件产品。如果发现不了，看不出来，不合格就打包出口，对企业质量就会产生很坏的影响，从而使自己的产品丧失良好的口碑，也就会丧失国外市场。今天马叔叔到车间巡视了，再次要求每个工作人员工作要细心、细致、严谨。绝不允许不合格产品走出厂区。

第三，各个工序的工人要有协作意识。每天李经理在车间会根据工作人员、生产任务的多少下达生产数量，不管哪个工序上的工人都要积极认真，保质保量地完成，力争为下一个工序创造好条件，不出次品。只有合作好，才能既有高效，又有高质，工人的工资才会高。

短短两天的职业体验带给了孩子对职业最初的思考和认识，这些是他们在课堂上无法获得的，这也是学校安排各种研学、实践活动的初衷。相信这些思考会在他们人生成长中起到积极作用，能帮助他们未来更好地适应工作、适应社会，成为一名有用的人。

92. 精益求精

应山东省家校（园）共育专题课总部邀请，我到济南将今年春天撰写的家庭教育专题的文章录制成线上音频或视频供家长们浏览学习。接到通知后我很忐忑，因为从未参加过这种录制，怕自己不能胜任。我先与组长联系，组长建议我用手机自己录制一小段音频传到总部审阅一下，如果总部认为可以，那就到济南参加录制。我按照要求录制完成传到济南总部，结果当天下午就回信说我的效果可以，让我安排时间到济南参加专题录制工作。

我按照通知说明到达济南的录制地点。说实话，我还是第一次进入这种专业录制场所。工作人员热情地接待了我，安排完住宿后商议录制时间，最后确定我在次日上午正式录音。

会务组安排专业指导师刘老师帮助我熟悉稿子，指导录音时的注意事项，比如语速快慢、流畅连贯、情感的投入、自然停顿不能喘粗气、更换稿纸、滑动稿纸避免发出声音等事项，为第二天录制做好准备。我原以为来到济南，熟悉稿子后认真读完，再由专业人员剪辑完成就可以了，没想到会务组为保障录音效果还要做这么细致的准备工作。

下午，刘老师让我在房间内出声读稿了，我就按照刘老师上午指导的要求开始练习。因为文章是自己写的，心中有谱，感情容易投入，所以我读了四五遍，就感觉自己熟悉了，于是到刘老师那里试读给他听。进到他的房间，看到还有两位老师正在接受指导，刘老师示意我先坐下等着。轮到我试读了，看到有几个“听众”在现场，读的感觉就不同了，还真出了几个问题。刘老师不断地指导我，从语气到感情投入，从语速到关键字的读音……他说因为录音看不到作者，所以想让自己写的文章打动家长，就需要真挚的情感投入和熟练的文字功底。指导训练持续了近一个下午，刘老师感觉满意后才结束。

第二天录制前，录音师先给我佩戴好耳麦，检查我的手机是否留在外面，稿件纸全部平铺在桌面（以防拿动时产生声音）。所有前期准备完成后，他才坐到我的对面，让我听他的指令录制。有了昨天的训练，正式录音时我感到底气足了很多，不过也出现了一些小问题。录音师不时鼓励我，让我沉稳，不满意的地方，就重新录制一遍，有的地方来回录制了三四遍，我都有些不好意思了。录音师一直用一种鼓励的眼光看着我，等待我找到状态，稳定情绪。在录音老师的鼓励、提示下，不到20分钟的稿子用了近30分钟的时间才录制完成。

我长长地舒了一口气，终于完成了！

“已经很好了，毕竟不是专业播音员在录制。”刘老师、录音师向我伸出大拇指，并投来鼓励的眼光。

录制完成，剪辑也是一个大工作。我被引领到另一间办公室，负责剪辑的吕老师是一个20多岁的女孩。

吕老师非常认真，一句话一句话地听，每一个出现问题的地方，她都是一帧帧地剪切编辑，努力做到自然衔接。就这样我们又用了近1个小时时间，编辑完成了不到20分钟的录音。

这次录制活动让我看到了专业录音师、剪辑师们工作的严谨认真。前期刘老师不厌其烦地指导，他从句子的连贯到感情的投入都仔细指导，特别是他读关键句子时那投入的表情，让我相信即使听众看不见，也一定能从他的语气中想象到。剪辑时，有的地方我认为很好了，但是吕老师还是精益求精，要求自己的作品更完美。这些也正是我作为老师应该学习的。教师平时对待自己的教学工作也应该精益求精，关心每一个学生，上好每一节课，批好每一本作业，回答好每一个学生和家长的问题，做好学校安排的每一件事情，不厌其烦地指导学生做好学习中每一件事情。

93. 奶奶和孙子

我在东城一所小学的附近有一套房子，前两天被该校三年级一位家长租住了。我想着在地下室还有些东西需要收拾一下带走，就提前联系好去搬运。

走到门口，我轻轻敲门，等了会儿没有动静，又继续敲门，还是没有动静。

“没在家，不对呀？说好了在家等我呀！”我自言自语道。

再敲，用的力气大了一点，房内还是没有动静。

又敲，力度比刚才更大了，结果屋里还是没有反应。

再试一次，这次不是敲门了，有点像砸门了，我都感觉自己有些不礼貌了。

也许是这次声音大，也许是敲的时间够久，我终于听到屋里的脚步声了。开门的是位大叔，双手戴着胶皮手套。

“我在厨房打扫卫生，开着抽油烟机太响，没听到。”大叔边解释边让我进屋。

进屋，就看见客厅沙发上一名男孩斜歪着躺在那里玩手机。我想，这是为了方便孩子上学才租的这个房子。

我看到厨房台面上站着一位阿姨在打扫厨房吊柜。

“阿姨，您要小心点，这些台面是合力石的，没有想象的那么结实。另外您的年纪已经大了，攀高要注意抓好东西。”我看到阿姨在台面上打扫卫生就嘱咐道。

阿姨站在高处回答：“上面太脏了，我要全部清理一遍。这几天卧室、客厅我都清理完了，今天再打扫完厨房就行了。”

“没让小孙子给你帮忙吗?”我问道。

“不用他，他啥也不会。自己玩不找麻烦就很好了。”

我没有说话，就拿着钥匙下楼了。收拾好东西放到车上，又把钥匙送上楼，我就走了。

回家路上，孩子在玩游戏不开门的场景，以及奶奶习以为常地说孩子不会干活，只要不找麻烦就很好了的场景一直在我脑中回放。作为老师，我深深地体会到当前家庭教育的缺失。首先，家庭教育应该教会学生待人接物的礼貌。家中有客来访，大人在忙，是不是应该起身开门? 即使为了安全不开门，那客人进门后是不是应该放下手中的事情礼貌地问好? 即使不问好，那客人已进门，是不是应该端正自己的坐姿? 可是，这个孩子从我进屋到离开，他的姿势就没有改变，双眼一直在手机游戏上。而他的爷爷奶奶似乎默许了他这种行为。

其次，我们很多家长都“剥夺”了孩子参加家庭劳动的机会，认为只要学习好就行，所以出现家长干、孩子看的现象。这家的奶奶也是这样，根本不给他提供参加劳动的机会，认为这个年龄的孩子不会做。其实，即使孩子复杂的家务做不了，简单的是可以完成的，比如帮家长接水、倒水、拿抹布等。孩子始终不承担家务劳动，时间长了就会认为家长干、自己玩是应该的，劳动才有收获的意识就会逐渐消散，到社会上很难立足。

之所以会形成这种现象，除了家庭教育的不足，学校的教育也存在一定的错位。老师在校只注重学科教育，关注孩子的学习成绩，但是没有关注孩子其他方面的培养，助长了这种现象。

学生往往不会合理使用手机。有教育专家就说过，要想毁掉一个孩子，就给他一部手机。文中这个孩子的注意力都在手机上，我的敲门声刚开始也许没有听到，后来“砸”门的声音大概听到了，但怕耽误玩游戏，也不起来开门。孩子对手机的专注已经到了“忘我”的境界。再说，长时间窝在沙发看手机，会严重伤害视力。如果沉迷游戏或接触到其他不良信息，更会影响今后的学习。

说说道理，谁都懂得很，但做起来真的很难，何况有些人根本不想做，确实令人忧虑。

94. 学会积累

开学第一天，校长让我整理晨阳学校初中部历届毕业生的信息。想整理出一个包括毕业学生名单和班主任名单的小册子，让它成为见证学校由小到大、由弱到强的成长记录，教师教学历程的记录，学生学习成长的记录。

按照校长的要求，我先查阅自己手头的材料，然后到学校办公室查阅相关记录。从 2017 年开始，学校开学前都印制开学材料，每个年级的班级学生名单、班主任都记录得清清楚楚，这些都有电子版，我只要复制就可以了。等往回找 2015 年、2016 年的记录时，就只能翻阅学生活动或学生中考报名汇总的资料了。因为报名专业不同，有些学生班级不对，这就需要逐个核对，十分烦琐。再往前的材料就更少了，我这里只有每年教师任课安排表，只好给当年的级部主任或是班主任老师打电话，让他们查阅自己当时学生的名单，但是时间久远，有的老师自己电脑换没了资料，有的根本就没有存过。这时我意识到平时注意资料的保存和积累是多么重要，很有种“书到用时方恨少”的感觉。

正当我犯愁的时候，忽然想到办公楼二楼有每年毕业生的照片。第二天我找到每年的课程表安排，对照当时的班主任，让班主任标出每个学生的名字。我和老师们用了一整天时间，才完成自 2009 年起的历届毕业生名单。下午放学后，我拿着草稿给校长看，校长很高兴地说：“很好，整理出来就可以存下来了。这是学校发展的一个见证，以后每年都要留存这些材料。”

“段校长，我昨天晚上只找到三年的毕业生资料，其他材料都是今天从不同地方找到的。这几年我们每年开学就做好资料收集，使用起来真的方便。”

“材料就得注意平时积累，现在是感觉有些费事，但多年后才能意识到积累的重要性。如果前几年就像现在一样，每年都做好开学材料，每级每班都有记录，不就方便了？电子档案要存好，等到我们退休不在学校上班了，还能找到我们每位学生学习、每位老师工作的痕迹，这就是教育的一种沉淀。”段校长说。

是的，我们平时的教学也应该认真与学生一起积累学习经验，让学生在学习成长中积累下学习过程的资料，让学生在自己头脑中按照学习内容的不同打包积累“文件”，到用的时候学生就会根据自己的需要提取资料。试想，学生在头脑中没有积累好资料或是资料凌乱，学生提取整理就很麻烦，在学习中就显得吃力，没有章法。所以，我们在课堂教学中应及时帮助学生分类整理各种学习资料，让这些学习资料有序地保存下来，用时只管提取就行。同时，我们在自己的工作中也要养成积累自己教学、教育资料的习惯。就像校长说的，只有这样，多年后才能找到师生成长的经历和痕迹，也就找到了教育的沉淀。

95. 台湾家庭教育考察纪实

2018 年 4 月 16—20 日，我有幸参加山东省民主促进会组织的“首届鲁台家庭教育交流研讨活动”。本次活动中，来自全省 7 个地市的 16 位会员利用 5 天时间，到宝岛台湾实地参观考察，走进课堂听课，与学校领导、教师交流，听取家委会主任、学校、教育局家庭教育专门负责人的汇报，到出版社了解学校教材、学生读物的刊发情况。

5 天下来，收获满满。现将每天的行程和学习收获与大家共享。

第一天行程：济南出发和参观台北市家庭教育中心。

4 月 16 日上午 6：40，我们一行人到达济南遥墙国际机场，找到我们的领队，办理各种登机手续。8：30 飞机起飞。我在飞机上通过眼前大屏幕了解到，虽然济南遥墙国际机场到台北机场距离是 1300 千米，但是我们乘坐的飞机是从上海方向顺海岸线而飞，不是最短距离的，因此比我预想的时间会稍微长一点。11：00 我们准时降落在台北桃园国际机场。接机人员将我们带到了大巴上。负责行程解说的是一位姓曾的导游，他是一位刚刚退休的教师，退休后加入到了现在这个文化传媒公司，主要任务是对接两岸教育文化交流团队。在车上曾老师先介绍了台湾的主要发展历史和这几天我们的参观学习行程安排。半个小时的介绍交流，特别是对台湾历史的回顾和当今两岸形势的发展分析，我发现这位曾老师学识非常渊博。

下午，我们参观了台北市家庭教育中心。这个家庭教育中心在教育局办公楼上，是教育局的一个独立部门。接待我们的是该中心负责人郑福美校长和台湾政治大学林进山教授。我们先参观中心的设施，然后中心负责人以及校长向我们介绍了开展家庭教育活动的情况。

原来，台湾很早就开始了家庭教育研究，并在2003年颁布了以增进国民家庭生活知能、健全国民身心发展、营造幸福家庭、建立祥和社会为立法宗旨的《家庭教育法》，而且台湾的家庭教育有明确的定义和丰富的内涵，即家庭教育是指具有增进家人关系与家庭功能之各种教育活动，范围涉及亲职教育、子职教育、两性教育、婚姻教育、伦理教育、家庭资源与管理教育、其他家庭教育事项等七个方面内容。

郑福美校长结合《家庭教育法》，向我们重点介绍了小学阶段的亲职教育和子职教育情况。我们发现台湾与内地的家庭教育是同根同祖的。例如，学校利用九九重阳节开展尊老教育，在班队会上展示孩子在家中的尊老活动，或学校将老人请到学校，做亲子教育；利用春节开展传统文化教育，了解春节的习俗，掌握春节的礼节。

我们参访团也对学校的一些活动提出了自己的疑问。例如，学校开展家庭教育活动有无统一时间？如何评价同一区域内各个学校家庭教育开展情况？郑校长和林进山教授一一做了解释。之后他们也交流了自己在家庭教育方面的困惑。例如，部分家长不支持学校工作，特别是需要转变提升家庭教育水平的家长总是不参加学校组织的培训活动。纵然有《家庭教育法》，实施中仍然缺少相应的约束监督机制。看来，两岸家庭教育虽然各有千秋，但总的来说，同根同源，又面临共同挑战。

第二天行程：马路街景和南山中学。

早晨6：00多被马路上的噪音吵醒，我便起床到外面看看台湾的街景。毕竟第一次来到台湾，我想了解一下它与我所生活的城市有什么不同。从酒店出来站在街边一看，街道上的人已经不少了。

大街上车水马龙，人流不断。第一是学生大军。我询问了几个路过的学生，得知他们上学时间与我们的基本相同。第二是上班族大军。这里的上班族大都骑摩托车。这与我所见的其他大城市的确不同。在红绿灯等待区最前方划出一段摩托车专属区，连轿车都得在他们后面。只要绿灯一亮，这些待命的摩托车都如撒缰的野马呼啸而过。街道上充斥着尖锐震耳的马达声，蔚为壮观。看来扰我清梦的就是这些摩托车了。在城市道路上，如此快的车速，还在车道内任意变道，不是很危险的事情吗？作为一位旁观者，我真为这些骑手们捏一把汗。

早餐后参观的是一所台北的名校——南山中学。这所学校成立于1945年，并于1952年在台北复校。这所学校占地面积36亩，在校学生4000多人。本次活动主要由该校校长、校家庭教育管理中心主任、家委会主任等领导老师介绍学校经验。

然而，我感受最深的不是这里家庭教育的水平，而是南山中学作为一所历史悠久的名校，其本身所散发出来的浓厚的教育文化氛围和其现代化的校舍设计。

第一，堵不如疏。在这所学校，学生可以带手机到学校，只是进校后必须统一放置在班级指定的手机盒内，到放学后才可以取走使用，平时上课和课间不准随意拿动。学生的自律性比较好，没有学生触犯这条校规。而我们那里的高中都是一律禁止携带手机到校园，这种压制手段不如台湾地区的这种疏导办法更容易让学生接受。

第二，让每一面墙会说话。学校的每层走廊里都有历史名人和现代科学家简介，这与我们学校要求的让每一面墙都会说话并成为教育孩子的阵地的理念相同。

第三，设计创造空间。学校占地面积不大，但是可以向上和向下要空间。他们的综合楼地下有两层，负二层是车库和仓库，负一层是学生体育活动场地。我们参观时正好有几个班同时在上体育课，有的班级在学习排球，有的班级在练习篮球，还有的在学习体操，但场地上一点儿也不显拥挤，因为地上每一层都是向外扩展，就像一个“V”字，这样这栋楼的实际建筑面积就大大增加了。

今天学习最大的收获是南山中学的这个建筑形式，对我们晨阳学校来说是一个借鉴。晨阳学校是73.5亩地，在校学生3300人，但是现在已经饱和。我们可以借鉴这种设计理念，让我们也在有限的空间内学会“扩展”，给孩子们创造更温馨、更美丽的校园环境。

第三天行程：走进台湾政治大学附属小学。

在台湾政治大学附属小学（以下简称附属小学、附小）的活动时间是一天，上午听两节课，下午聆听林进山教授的《家校共建之策略与发展探究》报告，学校家委会主要成员到校交流。

我作为一名一线老师，来到台湾如果没能走进课堂听课，实在是件很遗憾的事情。当听说能到教室中真实地看看台湾孩子们的上课情况时，我十分兴奋。

第一节是小学一年级语文口语课——“交朋友”。

上课的刘老师利用故事贯穿整节课，让学生扮演不同的角色，通过故事情节的变化，教育学生们从小对待朋友要真诚，有问题要互相谅解，有困难要相互帮助。课堂上师生平等沟通，老师积极引导学生发言，孩子们踊跃地发表自己的想法、看法。一年级学生能够在课堂上有这样自如的表现，可见老师十分重视培养学生的综合素质，并扎实落实了学生的思维训练。

台湾的语文课本都是竖排印制（和我们看的部分线装书一样），这与我们的课本排版形式不同。他们的拼音是一种注音符号，这套注音符号是 1913 年由中国读音统一会制定、1918 年由北洋政府教育部发布的，最初共计 39 个字母，排列以“ㄍㄎ”开头，1920 年改订字母顺序，增加一个字母“ㄜ”。1935 年，中国国语推动委员会制定新国音为中国的统一语言规范，而使用的拼音符号即为注音符号，也就是台湾沿用至今的这一套。

第二节是三年级数学课——“小数大小比较”。

走进三年级教室，看到学生人数和一年级学生人数居然差不多，都在 30 人以内。问身边陪同听课的学校老师我才知道，在台湾地区，小学班级人数不能超过 30 人，这是班级人数红线，如果超过 30 人就要扩班。这让我想到了我们市在前几年推行小班化教学，应该就是学习中国台湾、欧洲国家的经验，通过控制班级人数，实现教学的精细化管理和学生的个性化发展。

这位老师上课前先让学生与我们听课的老师打招呼，相互问候，看到孩子们一张张可爱的笑脸，我不禁想到了自己的学生。老师上课利用生活实例导入，拿了两个同样的玻璃杯，1 号杯倒入 0.2 升饮料，2 号杯倒了 0.5 升饮料，让两个学生做“剪子包袱锤”的游戏，赢的学生优先选择杯子。开课的小游戏把学生的积极性调动起来了。在这个环节，学生是从生活中体验到 $0.5>0.2$ 的，老师没有停留在学生认知基础上，而是要求学生从数学知识角度解释。有的学生说，0.5 表示5 个$\frac{1}{10}$，0.2 表示2 个$\frac{1}{10}$，5 个$\frac{1}{10}$大于2 个$\frac{1}{10}$，这样就看出 $0.5>0.2$；还有的学生从计数单位说起，这两个数整数部分都是0，无法比出大小，再看十分位5 比2 大，所以 $0.5>0.2$。

这节课从学生生活经验导入，学生全程参与数学活动。他们在探究、辩论中发现规律，逐步提升完善认识，最后总结出小数大小比较方法。作为听课的我们看到了台湾学生在课堂上敢说、会说，积极探究的氛围，这些都是学生积极参与和谐课堂的体现，我们要学习这种课堂师生交流方式，老师为学生想学、会学创造良好的课堂教学平台。这些都是他们课堂上的优势。我们应该学习他们的经验，坚定自己课堂改革的步伐，逐步转变原来的教授方式，积极引导学生全程参与课堂学习过程，让课堂成为每一个孩子成长的舞台。

下午我们聆听了林进山教授的《家校共建之策略与发展探究》报告。他主要分析了台湾家庭教育的发展、现状和家庭教育的重要性，林教授的很多教学环节都是以互动式、谈话式方式进行的。

问题一：如何看待家庭教育的作用？

林教授举了一个很有趣的例子。《西游记》中的红孩儿和哪吒就反映了不同的家庭教育对孩子成长的影响。先说红孩儿，他的父亲牛魔王不管他，母亲铁扇公主娇惯他，他从小并没有受到良好的家庭教育和熏陶。这个孩子虽然武艺高强，但是没有良好的品行，最后占山为王，要抓住唐僧想吃掉他，最后让观音菩萨收服做了童子。再看哪吒，他的爸爸托塔李天王对他要求严格，有良好的家庭教育。同时他拜名师学艺，从出道以来就打黑除恶，代表正义，后来在天庭中成为杰出青年。这两个家喻户晓、命运迥异的人物充分说明了家庭教育在孩子成长过程中的重要性。不同的家庭教育培养出不同的孩子。良好的家庭教育培养出了人格健全的社会人才，这样的孩子对社会发展就会起到积极的推动作用。反之，责任心不强的父母培养的孩子则会成为社会包袱，或成为危害社会的人。

问题二：附属小学家庭教育做得最有特色的活动是什么？

附小家庭教育最成功的一个典型案例就是亲子共读，每周二至周四晚7：00—9：00两个小时内，家长和孩子到校共读，从10本书中选出两三本来读。读一段时间后孩子要给父母讲故事梗概。读完一本后，学校组织专门的读书会，学生写出读书心得与同学、家长交流，完成后学校统一颁奖，鼓励孩子继续读书交流。每学期末学校组织学生进行“晒书日”活动（据说宋代就有此活动），将自己读过的书在活动日展出，同时为其他同学介绍书本的主要内容。读书既能提高孩子的阅读量，又能让孩子在书中接受正面教育，树立正确的人生观、价值观，避免成为问题孩子。

我们都知道问题孩子成长于家庭，显现于学校，危害于社会。林进山教授组织的亲子共读，让孩子与父母都受到了良好的熏陶，减少了家庭教育中的不良影响，为孩子的成长建立了纯洁干净的土壤。这个活动在晨阳学校也坚持了几年。当时在刘校长的倡导下，每周的组织形式与附属小学的基本相同，学生和家长反响都很好，后来学校规模扩大，这项活动就停了下来。现在看来，这项活动应该继续坚持。

问题三：台湾地区学校如何开展家庭教育？

每个学期开学初，家庭教育中心根据“家庭教育法”规定的七大项内容，结合传统节日、学校在校学生情况，设计提出每学期家庭教育的实施内容。每个学校根据家庭教育中心布置的任务，结合本校实际提前安排，选择先后进行。例如，开学初主要与家长对学生进行守常规教育，对家长进行亲职教育，就是让家长明了如何尽父母职责与职份的教育，相当于内地每年开学初召开的一年级新同学家长会。高年级都会结合学生年龄特点开展不同的教育内容。学校还会结合本校实际情况，每个学期开展家庭教育专家讲座，安排学生家长参加，接受指导。

问题四：家委会与校方是否有矛盾？有了矛盾怎样处理？

学校与家委会在日常工作中因考虑问题的出发点不同，肯定会出现矛盾。在出现矛盾时的处理原则为“为学生好，与家委会多对话，少对立”。如果遇到问题，在化解过程中校长要率先有担当意识，沟通中要相互尊重，厘清双方的权责，让家委会成员参与到学校管理活动中，了解学校活动从而支持学校发展，同时也让家委会了解到家庭教育发展趋势。中国自古重视家庭教育，20世纪台湾开始普及家庭教育，后来发展终身化、多元化的家庭教育，提出尊重、关怀、平等的教育理念，如今又提出了家庭教育的优质化、国际资讯化。因此，只有家长和学校更好的结合，才能为孩子提供更好的家庭教育环境，促进孩子健康快乐成长。

问题四：台湾家委会有什么权利？

附属小学的家委会在学校管理过程中发挥着重要作用，学校建设规划、学校人事变动等重大调整家委会都要参加。学校校长的聘用必须要通过家委会同意，同时家委会还有解聘学校校长的权力，如果家长们对该校校长不满意，他们可以对教育主管部门提出更换校长。这与我们的校长任命方式截然不同。

第四天行程：南投县国中招生。

今天我们参观了南投县国中。在校长引领我们从学校广场穿过教学楼门厅时，我发现门厅左右两边都摆着桌子，上面有桌牌写着：报名咨询处。我就问陪同的老师这是不是在招生。

“是的，我们从四月中旬到五月中旬开始招生。学生家长现在就可以来学校预报名，这里的孩子也是免试就近入学。有的中学有选拔性，但不是进行读写、计算考试，而是通过非语言推理考试来测试学生智商，选拔出优秀学生。学校会利用这一个月时间掌握本校今年的招生情况，如果超出计划就会上报教育主管部门，根据实际情况在一定区域内调剂老师或学生。学校再公示就读学生名单，暑假前这些工作就能完成。”这位老师介绍。

在山东，招生一般是安排在开学前的八月的几天时间内，由家长集中到校报名。当时天气炎热，而且人员拥挤，学校招生人数也不确定，如果招收人数超出学校计划，各种调剂处理工作只能在不到两个周内完成，要不 9 月 1 号开学就“揭不开锅”了，招生热点学校的校长们这个时候也是最发愁。如果我们也像台湾一样，在 4—5 月招生预报名，时间宽松、气候宜人，等到放假前公示名单。这样既不用家长排队，还能让老师们在假期中安心参加各种培训学习。

在南投县国中最令我感动的事是遇到了山东的老乡。这位老师是山东枣庄人。前几天她听校长说有一个山东参观团到校，就把这个消息告诉了自己的爸爸。老人非常激动，就琢磨着给我们这些老乡们准备点什么东西。这不，老人亲自做了些吃的，让我们这些老乡在台湾吃到了他做的特色小吃——甜糕。这位老师还介绍了自己爸爸对故乡的思念。老人家在20世纪90年代回过老家，但现在年事已高无法回山东，所以对家乡更是怀念。我们能够想象到这位老乡作为一位在台湾生活了70多年的山东人的思乡情，也期盼着能尽快结束这种相思之苦。

第五天行程：参观康轩出版社。

在台湾地区参观，我们发现，教材的使用由学校自己决定。台湾有三家较大的教材出版社。每个出版社在开学前要到各个学校介绍自己教材的编写优势，学校结合教材编排、印刷、发行等情况再跟出版社签合同购买。出版社组织专家编写、调整、修改教材时，会邀请学校里的教学权威老师参与，以便对教材使用中出现的问题给予及时删减和纠正。

康轩出版社在台湾地区算是最大的教材出版商，它还是著名的儿童读物出版社。他们在南京有办事处，负责内地刊物的印制发行。这家出版社还在大陆各地创办了很多学校，主要在江苏和广东等省。学校注重中国传统习惯的培养，重视体育锻炼。在康轩就读高中的学生，在这三年学习生涯中必须参加一次铁人三项比赛，否则不能毕业。他们通过这项艰苦卓绝的比赛，帮助学生养成不惧风雨的坚毅品格，帮助学生培养面对风浪的勇气和信心。

几天的实地参观学习，让我看到台湾教育、教学先进的一面，也看到了不足的地方，更看到了同根同祖的家庭教育传承相同之处，两地应该加强交流，相互取长补短，共同为孩子们创设更好的家庭教育、学校教育和社会教育环境。

96. 安全事故猛于虎

第三节是音乐课，我刚刚开始批改作业，音乐刘老师就慌慌张张地跑来喊我："张老师，咱们班刘鹏受伤了，很厉害，得去医院。"

听说学生受伤，我赶紧跑向音乐教室。门口，学生们正围着受伤的刘鹏，地面上有很多血迹，我急忙蹲下查看孩子。

依粟爸爸是医院急诊大夫。"依粟，快给你爸爸打个电话，说我们班一位同学受伤了要去医院。"

这时语文老师也来了。"李老师，你给学校办公室打电话，看看校车在校没有，在的话让师傅把车开到综合楼下，同时再通知刘鹏家长到医院急诊室。”我一边照顾着刘鹏，一边安排着各种事情。

幸好校车在校，医院也联系好了。我和刘鹏、李老师乘坐校车赶往医院。在车上我才知道，学生排队到音乐教室时，李勋和他打闹，巧合的是他右拳打在音乐教室门镶嵌的玻璃上，玻璃破裂，拳头伸过去本能反应再撤回时，胳膊肘被玻璃碴划开了很长的一道口子。

到医院兵分两路，一路直奔急诊室，一路去挂号。到急诊室时，依粟爸爸已经在等候了。

我陪刘鹏到了治疗室，他把受伤的右胳膊放在操作台上，依大夫用剪刀慢慢把衬衣袖子剪开，先是大面积消毒，整瓶消毒液沿着刘鹏的胳膊流下来，只见刘鹏咬着双唇，脸上露出痛苦的表情。

一切准备就绪，打好局部麻醉，缝合工作开始了。看到大夫拿着针在孩子皮肤上穿来引去，我心里直泛疼。每一次针尖下去，刘鹏的嘴角都会跟着抽搐一次。我轻轻地把手压在他的肩膀上鼓励他说：“小伙子勇敢些，一会儿就好了。”

我握着刘鹏的左手，感觉到他的手里已经有汗了，顿时升起了一种为人父的责任感。第三针开始缝了，刘鹏抓着我的手更紧了，我也用力握着他，给他传递一种鼓舞的力量：“你自己不要看，把头扭过来就行。”我边说边离他更近，他就把脸靠在了我的怀里。

第五针、第六针，到第七针时受伤的皮肤长度有点不够了。依大夫就用镊子将皮肤拉长进行了缝合，我看着都有点害怕。

终于缝合完成，我和刘鹏相握的手都麻了，也都被汗水浸湿了。

“等会儿还得打上一针破伤风，观察没有反应后才能回家。这个时间较长，前后得有近一个小时的时间。”护士在一旁告知我们注意事项。

我陪着孩子打完针，直到没有任何反应才离开，已经是中午12：00多了。这件事情后，我召开了以校园安全为主题的班级队会，让学生找出身边的不安全因素，说说自己该怎样避免这种无谓的伤害。我们班还专门做了一期“我和家长叙安全”的手抄报，家长与孩子共同防范孩子可能遇到的伤害，让学生从小树立安全意识。后来刘鹏同学换药、补习功课我都跟他一起。刘老师一直害怕家长到校找麻烦，但是家长的表现一直很理智，没有责怪老师和学校。

刘鹏受伤是我当班主任以来学生受伤最严重的一次。在这件事情的处理中，我始终本着为学生着想的原则。第一时间送孩子到医院，后来又联系医院换药、帮助他学习，这些都感动着、温暖着家长的心，因为照顾好孩子就是家长最大的心愿。

“安全无小事”，我们开学的第一课应该是安全教育课，我们上课的第一原则也应该是学生安全。我们应该多组织安全班队会，让孩子了解身边的安全隐患，知道该怎样避免和防范。同时利用家长会或其他学校活动不断对家长渗透孩子安全教育的内容，让学校、家庭共同维护孩子的安全。

愿今后再也没有学生伤害事故！

97. 学生的想象力

经常听到这么个故事，有位大学教授在黑板上画了个圈，然后问班里的学生：“谁知道这是什么？”

很多大学生很纳闷：“这不就是个圈吗？还有什么其他的意思吗？”还有的同学在想：“不会那么简单吧？肯定有深层次的意思。我还是先不说了……”

在教授的再三追问下，终于有个学生回答道：“这是个圈呀！”教授微微颔首，笑道：“这不就是个圈吗？怎么那么长时间就一个同学回答呢？有的时候不要把事情想得那么复杂。但是，你们知道我问小学生这个问题的时候，他们回答的是什么吗？”教授顿了顿，继续说道：“尤其是一年级的学生，他们的答案可太多了，太阳、月亮、圆环、项圈、套圈等等，想象力何其丰富。但是现在的我们，刚才有谁想到这方面了？为什么你们年纪大了，接触的事物多了，反而没有小学生们想象力丰富了？”

听到这个故事，我被深深地触动了。如果是我的话，也肯定会和大多数人一样回答说这是个圈，不会去想到别的方面。我在任教的五年级也做了这样的测试，结果真的不容乐观。八成以上的同学也只是回答说这是个圈，有自己独特见解的寥寥无几。五年级学生才是十一二岁的孩子呀，如果他们这么小就没什么想象力，凡事只是中规中矩地去做，那么，等他们长大成为这个社会的栋梁的时候，社会的发展可能会很平稳，但改革、创新、发明会离他们很遥远。

“为什么你们年龄大了，接触的事物多了，反而没有小学生想象力丰富了?”那位教授的话一直萦绕在我脑海。确实，不得不承认，随着年龄的增长，我们被很多标准训练得多了，想象力往往被生活中的约定俗成所抹杀。

爱因斯坦说过：“想象力比知识更重要，因为知识是有限的，而想象力概括着世界上的一切，推动着进步，想象才是知识进化的源泉。”想象力代表着这个人的思维方式。思维方式不一样，看待事物的角度也不一样。科学的、开放性的思维方式，能使人想象力丰富，看待事物有独特的见解，这对人的一生都是大有益处的。保守的、固定的思维方式，容易使人故步自封，凡事依照以往的套路来，发明创造也无从谈起。我由此想到，在小学阶段的教学中要注重对小学生进行开放式的思维方式训练。在课堂教学中应引导学生积极参与学习，引发学生数学思考，鼓励学生的创造性思维，注重培养学生良好的数学学习习惯，掌握恰当的数学学习方法，使数学学习不再是仅记住过程，背概念、公式解答问题，更是鼓励学生遇到事情敢于去挑战，从不同角度探索规律、形成猜想，在实践中验证自己的猜想。

当老师给了孩子想象和探索的机会，他们就会创造出惊喜。

98. 家长的修养影响孩子的高度

俗话说：父母是孩子的第一任老师。从这句话可以看出，孩子所养成的性格、习惯都是与家庭息息相关的，家庭环境的好与坏会影响孩子的一生。福禄贝尔说过：“国家的命运与其说是操纵在掌权者的手中，倒不如说是掌握在母亲的手中。”这句话形象地说明了家庭教育的重要性。但我们现在的家庭教育确实存在不少误区。举几个例子，供大家思考。

第一个例子：我的孩子没受伤就行

临近毕业，老师、同学们都在紧张地准备复习考试。一天下午的大课间，班长急匆匆地跑到我的办公室说：“张老师，你快下去看看，咱们班刘瑞与四班的马超打架了。”我一听，马上向楼下跑。这个马超可是我们这一级的打架“大王”，仗着自己块头大、力气大，出手没有数，在年级里没有一个敢惹他的。

在楼梯口碰上四班的班主任孙老师，我一说打架的事，他也一起下来了。

“这家伙，我看着他这两天就要找点事。昨天在教室里刚刚和同学干了仗，这次没准儿又是他找事。”孙老师边走边说。

等我们到楼下，打架的两个同学已经被拉开了。刘瑞蹲在树下，马超趾高气扬地站在那里，一副获胜的样子。

“老师，你们班马超打人，不讲理。”我们班的同学见孙老师来了就喊起来。

“谁让他挡着我……”马超还想说，看到孙老师严厉地盯着他才不再说下去，但丝毫没有做错事情的羞愧。

我赶忙跑到刘瑞身边问伤到哪里了，他说被踹的肚子很痛。我想先把孩子送到学校医务室检查一下，看看情况怎样。

“昨天在班里刚刚和同学吵架，我和你交流时，你自己还说不再惹事。今天你又跑到外面和同学干仗，你真让人操心！”

“我们先陪孩子到医务室让校医看看，不行再到医院检查。”我和孙老师商量。

“行，现在我就和你爸爸说这件事，看看情况，说不定得让他来趟医院。你回教室等着我回来。”孙老师边说边出去打电话。

电话通了。孙老师说：“喂，你好，你是马超的爸爸吗？我是马超的班主任孙老师。”

“有事吗？孙老师。”马超爸爸问。

“刚才马超和别人打架伤着同学了，我们到学校医务室先检查一下，看看情况怎样。”刘老师说。

“我儿子受伤了吗？”马超爸爸急着问。

“你儿子没有事，是他打伤的其他同学。”

“我儿子没受伤就行，对方你陪着看病，医药费我拿就行了。我这里忙就先挂了。”听到自己儿子没受伤后，家长挂断了电话。

孙老师拿着电话看着我，我俩无奈地摇了摇头。

第二个例子：你们合伙欺负我孙子

一天中午，我在学校北路口值班。等学生走完后，我想回到学校脱下值班服再回家。结果刚到校门口，就看见几位老师在围着一位奶奶和一个学生。听了一会儿，我才知道，这个孩子在我们学校二年级就读，前天与同桌出现了一点小矛盾，认为自己吃亏了，放学回家就和奶奶发疯大吵。于是，奶奶领着孙子到校来找老师替孩子“出气”。

“我们的孩子都被欺负了，老师为什么不管?”奶奶喊着。

“我们今天上午已经了解事情经过了，也不是你家孩子自己说的那样。我会处理这件事的。”班主任耐心地解释说。

“你告诉我他家住在哪个小区，我自己找他去，让他家长好好教育一下自己的孩子，特别是不能欺负人。”奶奶不相信班主任的话，想自己去处理。

“大姨，你不能直接到人家里去，这样就激化矛盾了，本来孩子自己在学校完全能处理这件事情，家长掺和了更不好。”一位女老师和她说处理这类事情的办法。

“你们都在帮那个孩子说话，都在欺负我们的孩子。我到教育局告你们去。”这位阿姨越说越生气，越说声越高。她的孙子却平静地站在不远处，看着奶奶与老师们“交锋”。

“阿姨，咱们先回家吃饭，下午孩子还要上学，不能耽误孩子上学时间呀!下午班主任一到校就先处理这件事情。”另一位老师打圆场劝着她回家。这位奶奶却还是不肯罢休。老师们越来越少了，一位老师让孩子去叫奶奶回家，这位奶奶才没好气地带着自己的孙子悻悻地离开学校。

第三例子：溺爱成患

在我们的现实生活中，家庭教育已经溺爱成患，看一下多年前的一篇教育文章，对我们有什么启发?

> 一次，我和一位出租车司机聊天，很快就发现，他的整个生活都以外孙为中心。每天重中之重，就是接外孙放学，然后准备任何他想吃的东西。这位司机很骄傲，现在他的外孙已经是个高大英俊的年轻人了，而他唯一的要求，就是希望孩子好好学习，在学校考出好成绩。
>
> 很明显，他对孩子溺爱有余，管教不足。
>
> 我不止一次地听到、看到这样的故事：祖父母和父母要求孩子在学

校考出好成绩，只要把高分拿回来，大人们对其他问题视而不见。孩子们于是变得越来越自私，对长辈呼来喝去，对他人和社会没有任何责任感。最终，这些孩子的问题不光是父母头疼的问题，而是全社会都要面对的问题。

我一直告诉那些想要生孩子的朋友，严加管教孩子要比宠爱他们困难许多。给他们一块糖，让他们再看一个小时的电视容易，对他们说“不”就不那么容易；在孩子做错事时视而不见容易，抓住时机教给他们正确做人之道就不那么容易。

作为大人，最重要的是，我们必须告诉孩子如何辨别是非，让他在成长的关键点上做出正确的选择。

其实这个世界上并没有所谓的“好孩子”和“坏孩子”。人生只是一系列选择的结果，作为父母，我们无法决定孩子的人生选择。我们所能做的，只是为他们设定好“道德指南针”，希望到了需要做出选择的时候，孩子可以选择正确的那一条路。

（摘自《瞭望东方周刊》，作者崔米娜）

前面我亲身经历的两个“故事”中的长辈，都在孩子面前做了一个坏范本。这些在孩子成长道路上可能会给社会带来极大的潜在危害。身为人师或身为父母的你我，都应深刻反思，在生活中该如何树立榜样，成为孩子正确做人的导师。

99. 师生说“段子”

当老师的在一起谈论最多的是自己现在教的和以前教过的学生。谈论时往往会发现越是被你批评多、责备多的孩子，对老师越是亲热。在班级中越是调皮捣蛋的学生，越容易成为成功人士。这真有点让人难以理解。

我教学 20 多年了，对自己的第一批学生要求格外严厉。现在回忆起初为人师的严厉，都觉得有些不讲“情面”。但他们现在都为人父、为人母了，却经常来看望我，同学们的聚会也总邀请我参加，并且让我坐在“主宾”位上。看到这些学生对老师如此眷恋，同学之间情谊如此深厚，我心里很是欣慰，特别是近几年他们把教师节作为一个聚会的“法定”日子，既是给老师过教师节，也当作同学叙旧、增进友谊的机会。

这不，2017 年 9 月 10 日正好是周日，第一批学生之一陈峰（这级学生会秘书长）早上就打电话提前预约好晚上同学聚会，邀请我必须参加。接到电话后，我就猜今天参加的学生会有谁。下午 3：00 多又电话联系，告诉我先到孙佳飞的厂里集合。我说我知道佳飞的厂址，自己开车去。但陈峰已经开车到小区门口来接我。来到办公楼，走近茶室楼层就听到一个熟悉的声音，知道张珍已经来了。同学们都兴高采烈，原来是回忆起自己上小学的那些事，仿佛又回到 20 多前的童年时代。

在茶室里我们聊了两个多小时，没有谁再提到数学上的加、减、乘、除和语文上的字、词、句、篇，都是敞开心扉地回忆童年那些“趣事”“开心事”。我摘录一些片段与大家共享。

运动会“争气”

甲：运动会上男子 4×100 米接力比赛时，咱们班第三棒同学鞋子掉了，一班的同学嘲笑我们的运动员，我就非常气愤，就想马上去找那个领头的学生。但我参加女子 4×100 米接力比赛，没法马上找他们算账。我跑的是第四棒，冲刺完成，咱们班第一名！我拿着接力棒就到那个班级，就是争这口气让他们看看，后果可想而知。

乙：后果我看到了，还是让老师说说吧！

师：你带咱班学生呼啦啦跑到人家班级的举动被学校领导看见了，先批评我管理学生不严，让孩子跑到其他班级惹事，后说我给你讲情是护犊子。

丙：她这个豪气我到初中也领教过。在做课间操的时候，她不管是几班的同学，只要有不听指挥的，下操后都直接到教室中找人算账。同学们都害怕她。

甲：我是体育部长，有责任抓好学校的课间操活动。

丙：多亏是女体育部长，要是男的，这个管法儿，那不早就干仗了。

众人：厉害！

请张老师吃面条

甲：我讲个小秘密，我和张老师的事，咱们同学们没有知道的。

夏天的一个中午放学晚了，我看见张老师从对面师范学校回来，在食堂没有打上饭。那天正巧父母都不在家，我就问张老师要不要到我家吃面条。因为我只会煮面条。张老师同意了，他骑着自行车还让我坐在前面，我可是坐在老师的怀抱里，可幸福了。回到家一看大门虚掩着，就知道家长又回来了，但这时不能再让张老师回去呀！就硬着头皮和妈妈说了事情经过，妈妈不但没批评我，还很高兴地为张老师做了饭。

乙：你情商高，从小就能表现出来。要是我，不可能想到张老师那个钟点没吃饭，再请张老师到家里吃饭。

丙：现在想着请张老师吃饭也不晚。

周日学习钻垃圾道口被“逮”

甲：还记得我们上小学时，周日到校学习被门卫逮着的事吗?

乙：记得，那时可愿意跟着张老师学习了。我们几个在学校周围住的同学约好周日到校学习，但是教学楼门锁着，后来发现逸夫楼西侧的垃圾口，我们就从那里爬进去学习。有一次在教室里笑得太欢，被巡逻的门卫大爷发现，结果就被“清场”了。好像第二天校长专门找过张老师，提出学校没有老师看护，学生不能在校学习。以后张老师就经常利用周日在校陪我们学习，我们不用再钻垃圾道口了。

丙：我孩子在实验小学上学，我发现我们爬过的垃圾道口已经没有了。再想“故地重游”都找不到了，只能留在我们的记忆里。

众人：哈哈……

“爪子”的故事

甲：还记得英语课上的“事件”吗?

乙：我们的事件太多了，快说是哪一件?

甲：一次上英语课，老师讲到“hand”这个单词时，为了加深认识，就把自己的右手举起来问：“同学们这是什么?”调皮的阿超接着喊了一声：“爪子!”好嘛，这一声激起了后面的“暴风骤雨”，这节课没上好，下课后张老师又出面给英语老师赔情，在班级中又开展了一场“政治教育”课。其实阿超就是反应快，想弄一点儿动静让老师关注他，没想到捅了篓子。

丙：现在阿超在上海一家跨国公司上班，发展得不错。

丁：等春节他回来时，我们联系他一起聚一聚，让他回忆一下自己的“光荣事件”。

春游趣事

甲：还记得春游的事吧！

乙：记得！那次可是提前筹划，找了个“好日子”。咱们去的是广利河南岸，上午走的时候天还很好，临近中午起风了，同学们吃饭时都找背风的地方。在野外，连棵挡风的树都没有，饭里都掺上了尘土，吃得还挺香。

丙：对，活动了一个上午都饿了，饥不择食就是这个道理吧！

甲：我说的是老师布置春游时在教室里发生的一件事，你们还记得吗？

乙：你记得就说吧，这么多年了大家忘了。

甲：老师布置春游的事大家都很高兴，同学们在教室里立刻欢呼，阿峰给张老师提出了一个问题：“老师，在野外没有厕所怎么办？”张老师还表扬了他想事情全面呢！

丙：对，我也记起来了，当时我们只管高兴，想买吃的东西了，你看只有阿峰想到了必须解决的问题。最后我们到了活动现场，张老师划定范围解决了。

众人：哈哈……

多年之后，学生再谈论的这些事使我想了很多很多。教育是个漫长的过程，教育的成效也不是一时一事就能做出定论的。孩子小时候有很多不确定性，这种不确定性都是孩子将来的可能性。我们不能只把目光盯在孩子的学习上，不能用成绩来判定孩子是否“优秀”，也不能用是否调皮判定孩子的“好”与“坏”。如果用成绩、调皮来衡量孩子，只会看到孩子的不足、缺点、毛病，似乎有的孩子“无药可救”。若真如此，那我们的教育是失败的、可悲的，这样评判孩子的教师也是不够聪明的。教育是个良心活，需要我们用爱心、真心去耕耘，帮助孩子们成长。不能“拔苗助长”，急功近利！教育更是个细活、慢活，需要我们耐心地琢磨，需要我们静静地等待每一朵花盛开。

当年春游时吃饭的一张照片

后　记

在教育一线工作已经有26个春秋，说什么也没想到自己写书这事。认为撰写文章出版著作是那些教育大咖、教育精英们才能做到的，我们这些普通老师要做的就是认真地上好备好每一节课，上好每一节课，批改好每一份作业，真诚地与学生谈心交流，正确引导每一位学生健康成长，完成学校教学常规任务。

几年前身边的教育前辈就和我说：你应该把自己的教育故事写下来，总结自己的教育成果，提炼自己的教育心得，准备出一本书让大家共享一下你的教育故事。那时我只是淡淡的一笑，心里想：自己做老师以来确实有记录的习惯，但说到出书就感觉差得太远了。第一是记录内容都是发生在自己课上课下的小事，感觉没有深奥的教育理念；第二是由这些故事引发的思考都是个人的见解，有些也很肤浅。2019年5月到市教科院与刘知晓副院长交流时，我讲了自己身上的几个教育故事。他认真听完后就问我："这件事你记下来吗？这就是很好的教育案例。""我记下来了，这种教育案例我记了不少。""这种教育资源只有你们一线教师才有，你又心细，作了记录，只要把这些年课上课下的教育案例和自己的教育反思整理好，就是自己教育教学的一部专著。整理的过程，也是对自己教学能力和教学思想的一个提升过程。"带着刘院长的鼓励回到学校向段伟校长做了汇报，段校长也积极支持我。

有了领导们的支持和鼓励，说干就干，我就着手准备。从自己电脑中已存的资料，到本子上在20年、10年、5年、1年前用笔记下来的那些事都找了出来。在整理时才发现自己20多年来记录的东西真不少。我就想到了母亲时常和我说的一句话：累没有白受的，说不定哪一天就有用。这不今天就用上了。读师范时的班主任蒋建敏老师也鼓励我说：这些教育案例是发生在你的教学中，它在别人那里只有类似没有相同。

真正整理20多年来积累的教育教学上的事情的确不易，经过近大半年时间的整理，才基本完成了书稿的框架。本来计划利用2020年春节放假时间再向名家、名师请教，听取意见，但是突如其来的疫情打乱了我的计划，全城封闭不能出门。每天早上6：00和儿子一起走进书房，他复习高三功课，准备高考冲刺，我在对面修改书稿，到晚上11：00后才休息，一日三餐都是妻子做好饭端到桌上才喊我们父子吃饭，这些都要感谢妻子对我的默默支持。有时我也会松懈，她都会督促我说：干正事去。《心中有数》的书稿几经磨砺终于完成，回首其间的艰辛，都被喜悦替代了。

在成书过程中，不仅有刘院长、段校长和蒋老师的持续鼓励和支持，还有我的专业导师市教科院郭子平主任、儿童文学作家郭凯冰老师、垦利区三小纪海龙老师，以及张娜、陈佳、董芳菊、杨文龙、付旭姣、齐铁黎、丁艳红、田曼、王吉琨、李光菊等同事和同行的大力支持，他们都是作为第一批读者专为书稿提出了建议，甚至从语句调整到错别字、标点符号都帮助我作了修正。云南大学出版社的陈曦等老师对书稿的编辑修改，也是不辞辛苦。应该说，正是这些敬爱者的鞭策、鼓励和支持，才成就了《心中有数》的尽快付梓。

在此特别感谢山东省教科院副院长李文军博士。我对李文军副院长敬仰已久，但之前他并不认识我。就是这种萍水也未相逢的关系，我冒昧向他请教，他却以极其平易近人的态度和关注年轻教师成长的情怀，在百忙之中阅读书稿并为此书作序，因此我也时时处在一种幸福和感动之中。我想，他对我这样一名普通中小学教师的关爱和支持，实际上就是对全省所有中小学教师的呵护，这也是我们更加努力工作，发展成为一名有情怀的教师的动力。

本书中汇集的部分教学案例，都是笔者在学习、吸收众多优秀教师经验基础上，历经晨阳学校小学数学团队多次磨课而成的，在此一并表示感谢。虽尽心竭力，但由于个人水平所限，不足之处诚望各位同仁专家指正。

张兴芳

2020年5月